이순신 인맥지도

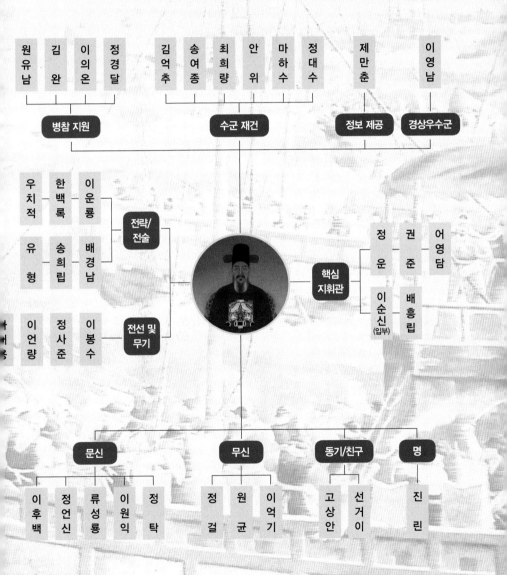

원유남 김완 이의온 정경달
병참 지원

김억추 송여종 최희량 안위 마하수 정대수
수군 재건

제만춘
정보 제공

이영남
경상우수군

우치적 한백록 이운룡
유형 송희립 배경남
전략/전술

이언량 정사준 이봉수
전선 및 무기

핵심 지휘관
정운 권준 어영담
이순신(입부) 배흥립

문신
이후백 정언신 류성룡 이원익 정탁

무신
정걸 원균 이억기

동기/친구
고상안 선거이

명
진린

이순신 영정(현충사 소장)　**이순신, 임진전쟁을 승리로 이끌다**

※ 이 책에 소개한 인물 중 영정(초상화)이 있는 분들입니다. 아직까지는 이순신의 사람들에 대한 영정이
많지 않습니다. 사진을 넣을 수 있도록 도움을 주신 분들께 진심으로 감사드립니다.

정운 영정(쌍충사 소장)   조선수군 최고의 돌격장이 되다

나대용 영정(소충사 소장) 조선 최고의 전투선인 거북선을 설계하다

류형 영정 　이순신의 후계자로 우뚝 서다

〈디지털공주문화대전〉, 《한국향토문화전자대전》(한국학중앙연구원, 2008)

송희립 영정(서동사 소장) 현장 전술의 귀재로 노량해전의 승리에 기여하다

이영남 영정(양성 이 씨 종친회 소장)

원균 휘하에서 이순신의 최측근이 되다

최희량 영정(국립나주박물관 소장)

수군 재건의 중핵을 맡다

領議政 西厓 柳成龍 像

류성룡 영정(충효당 소장)
이순신의 멘토로 이순신을 전라좌수사로 추천하다

이원익 영정(자료 제공 : 충현박물관)　이순신의 활약상을 정확하게 알리다

정탁 영정(정충사 소장)　이순신의 목숨을 구하다

원균 영정(원주 원 씨 종친회 소장) 조일전쟁의 라이벌로 협조와 갈등 관계를 만들다

이억기 영정 이순신과 연합 함대를 구성하다

〈디지털여수문화대전〉, 《한국향토문화전자대전》(한국학중앙연구원, 2008)

조일전쟁을 승리로 이끈 이순신의 사람들

『이순신 파워인맥,
7년전쟁을 승리로
이끌다』에 대한
뜨거운 찬사

※ 2008년 출간된 『이순신 파워인맥』에
대한 언론사와 독자 서평입니다.

언론사

KBS-1TV 역사추적 "최강수군의 비밀 – 이순신의 사람들"

국민일보 "이순신을 영웅으로 만든 잊혀진 31명"

국방일보 "충무공을 둘러싼 31명의 인물 재조명……필자 견해 담겨 전투 상황 이해 도움"

대전일보 "이순신과 함께 국난 극복에 기여한 인맥"

매일경제신문 "임진왜란 전투의 승리 비결은 인맥"

서울경제신문 "이순신을 도운 31명의 인물 재조명"

독자 서평

기분 좋게 잘 읽을 것 같아요 _ 1281ev** 님

다른 책에서는 찾기 힘든 정보를 한 권에 수록하고 있어서 좋습니다 _ cnc** 님

새로운 시각으로 역사를 들어가보자 _ PARK61** 님

아들들에게 권하고 싶은 책 〈이순신 파워인맥〉 _ 동행 님

언제나 주연 뒤에는 훌륭한 조연이 있는 법, 그 조연들과의 인맥도 중요해서 _ parksech** 님

오늘날에도 이런 공직자가 있을까 싶습니다 _ 김준성닷컴

이순신 그의 지략을 배우고 싶다 _ 살아있는소나무 님

이순신 장군을 보필했던 많은 장수들과 이름 없는 장졸들의 값진 희생 _ hunba** 님

이순신 장군의 인재술을 알 수 있는 책 _ seo06** 님

이순신과 이순신의 파워인맥이 있었기 때문에 가능했다 _ nobelprize99 님

이순신의 주변인물에 대해 알고 싶다면 적극 추천 _ psspsshi 님

인맥 관리에 활용할 만한 책 _ 레몬노트 님

현대 사회에서 중요시되는 것 또한 인맥이라 생각됩니다 _ aki22** 님

※ 『이순신 파워인맥, 7년전쟁을 승리로 이끌다』를 소개한 언론사를 가나다순으로 정리하였습니다. 기자님들께 감사드립니다.
※ 『이순신 파워인맥, 7년전쟁을 승리로 이끌다』에 대한 독자 서평과 블로그에 글을 올려주신 독자님들 고맙습니다.

이순신 파워인맥,
이순신을 만든 사람들

이순신 파워인맥, 이순신을 만든 사람들

(임진전쟁을 승리로 이끈 이순신 인맥 38)

[뿌리깊은나무®] 시리즈 No.05

지은이 ㅣ 제장명
발행인 ㅣ 홍종남

2018년 4월 21일 1판 1쇄 인쇄
2018년 4월 28일 1판 1쇄 발행

이 책을 만든 사람들
책임 기획 ㅣ 홍종남
북 디자인 ㅣ 김효정
교정 교열 ㅣ 안종군·주경숙
제목 ㅣ 구산책이름연구소
출판 마케팅 ㅣ 김경아

이 책을 함께 만든 사람들
종이 ㅣ 제이피씨 정동수·정충엽
제작 및 인쇄 ㅣ 천일문화사 유재상

도움을 주신 분들
사진 자료에 도움을 주신 분들(p.368)

펴낸곳 ㅣ 행복한미래
출판등록 ㅣ 2011년 4월 5일. 제 399-2011-000013호
주소 ㅣ 경기도 남양주시 도농로 34, 부영e그린타운 301동 301호(다산1동)
전화 ㅣ 02-337-8958   팩스 ㅣ 031-556-8951
홈페이지 ㅣ www.bookeditor.co.kr
도서 문의(출판사 e-mail) ㅣ ahasaram@hanmail.net
내용 문의(지은이 e-mail) ㅣ jjml545@naver.com
※ 이 책을 읽다가 궁금한 점이 있을 때는 지은이 e-mail을 이용해 주세요.

ⓒ 제장명, 2018
ISBN 979-11-86463-32-1
〈행복한미래〉 도서 번호 063

이순신 파워인맥,
이순신을 만든 사람들

|제장명 지음|

행복한미래

이순신 파워인맥,
임진전쟁을 승리로 이끈 이순신의 사람들

이순신 파워인맥 개정판을 출간하며……

오늘날 충무공 이순신이 우리 민족의 영웅으로 존경받는 가장 큰 이유는 그가 임진전쟁(임진왜란) 때에 이룩한 업적 때문이다. 일본군의 침략으로 나라가 누란의 위기에 처했을 때 바다에서 적을 물리쳐 우리 민족의 생존권을 보호하는 데에 큰 공을 세웠다는 사실을 인정받은 것이다. 이러한 이유로 이순신은 민족의 영웅으로 우뚝 서 있고, 더 나아가 세계 제일의 해전 영웅으로 칭송받고 있다.

이순신이 임진전쟁 시기에 이룩한 업적에 대해서는 그의 사후부터 오늘날에 이르기까지 많은 연구가 이루어져 인구에 회자되어 왔다. 이를테면 그의 충효사상과 개척정신, 희생정신 등을 본받아 국가적 위기를 극복하는 구심점 역할에 기여하기도 하였다. 그리고 임진전쟁 해전 승리의 요인으로 그의 리더십과 전략·전술, 전선과 화포 등을 연구함으로써 이순신의 업적을 구체적으로 밝혔다. 이러한 연구와 병행하여 그의 훌륭한 정신을 본받아 길이 계승하기 위해 정부와 민간 차원의 선양 활동도 시대를 막론하고 추진되었다. 그 결과 오늘날 우리가 생각하고 바라보는 이순신상이 형성되었다.

그런데 이순신상이 형성되면서 여러 가지 문제점도 노정되었다. 그중 한 가지는 임진전쟁 시기에 이룩한 수군들의 업적을 드러내는 과정에서 이순신뿐만 아니라 많은 인물들의 활약이 있었음에도 이것이 부각되지 못했다는 점이다. 심지어 어느 때부터인지 우리 사회에는 이순신과 원균의 악연만 강조하는 이상한 분위기가 형성되기도 하였다. 그리고 그 잔재는 아직도 우리 주변에 남아 있다.

이순신은 누가 뭐라고 해도 우리 민족의 위대한 영웅임에 틀림 없다. 지나친 성웅화 정책을 추진하지 않아도 그의 업적과 정신은 우리 민족의 혈관 속에 살아 숨 쉬고 있다. 따라서 이제는 그에 대한 선양 방법상의 변화를 모색할 시기에 왔다는 점을 인식할 필요가 있다. 다시 말해 임진전쟁 시기 이순신과 함께 국난 극복에 기여한 많은 사람들의 활동상을 부각할 필요가 있다. 이렇게 하는 것이 임진전쟁 해전을 올바르게 이해하고 진정한 의미에서 이순신의 실체를 밝히는 한 방법이 될 것이다.

이순신의 사람들에 대한 역사적인 복원

오늘날은 융합의 시대다. 그리고 사회는 고도로 분화되어 있다. 400여 년 전에도 각자의 역할 분담에 따라 업무를 수행하였다. 특히 임진전쟁 극복의 주역인 조선수군은 당시 일본군보다 기능이 훨씬 분화되어 있었고, 구성원 각자가 전문적인 영역에서 임무를 충실히 수행하였기에 일본 수군을 압도할 수 있었다. 그리고 조직원들 중에는 훌륭한 정신과 능력을 가진 인재들도 많았다. 그들은 자신들의 능력을 최대한 발휘하여 국난을 극복하는 데에 힘썼다. 따라서 이순신의 위대성은 이러한 조직 속의 제 요소들을 잘 통합하여 해전 승리라는 목표를 달성했다는 리더십에서 찾아야 할 것이다.

이러한 관점에서 필자는 이순신과 함께 전란을 극복한 많은 사람들에게 주목하게 되었다. 이순신이 신이 아닌 이상 혼자서 모든 일을 수행할 수 없는 것이다. 다시 말해 윗사람들로부터 도움도 받았을 것이고, 동료와 가족과 친지들의 아낌없는 성원도 어우러졌을 것이다. 특히 그의 휘하에서 맡은 바 임무를 충실히 수행한 막하 인물들의 활약은 매우 중차대했을 것이다.

막하 인물들의 활동을 부연한다면 이들 중에는 지휘관들도 있고, 참모들도 있으며, 그 휘하 말단에는 이름 모를 많은 군사들이 제각기 맡은 일을 수행했을 것이다. 아울러 당시 병농일치의 국방 체제에서 백성들의 도움도 적지 않았을 것이다. 이와 같이 그 활동상이 드러나지 않는 인물들의 활약을 부각시키는 작업은 오늘날의 사회 현상에 비추어볼 때 매우 의미가 있을 것이라 생각한다.

이 책은 지난 2012년도에 출간된 《이순신 파워인맥33》의 개정판이다. 개정판이라는 명칭을 붙인 이유는 제목에 맞는 주제별로 새롭게 수정, 보완한 면도 있고, 필요성이 부족했던 부분들을 과감히 삭제하였기 때문이다. 이번 개정판에서는 인맥에 관련된 내용들을 중심으로 본문을 재구성하였고, 인물 탐구에 있어서 이전에 오류가 있었던 부분을 바로잡으면서 새롭게 5명의 인물을 추가로 연구하여 수록하였다. 총 38명의 인물에 대해 소개하였다. 아울러 최근 우리 사회에서 이순신 관련 정론 확립이 요구되는 시점에 맞추어 이 부분에 대한 몇 가지 주제에 대해서도 수정, 보완하여 수록하였다.

2018년(무술년)은 이순신이 순국한 지 7주갑(420년)이 되는 해다. 이순신을 연구하는 사람으로서 이 뜻깊은 해를 그냥 지나칠 수는 없었다. 이러한 이유 때문에 전란 극복의 영웅인 이순신을 재조명하는 데에 조그마한 기여를 하고자 2012년에 출간된 《이순신 파워인맥33》의 개정판을 준비하였다.

아무쪼록 이 책이 "이순신을 배우는 사람들"을 비롯한 이순신에 대해 관심을 가지고 있는 분들에게 조금이나마 참고가 되기를 바라마지 않는다. 이 분야에 관심을 가진 분들의 많은 조언과 질타를 기대한다.

2018년(무술년) 4월

진해 웅산 자락에서 필자 제장명 배상

차례

여러 장수들 중에서도

권준, 이순신, 어영담, 배흥립, 정운 등은

달리 믿는 바가 있어 서로 같이 죽기를 기약하고서

모든 일을 같이 의논하여 계획을 세웠는데……

(이순신의 장계 중)

1부

이순신 핵심 측근 인물
: 정운, 권준, 어영담, 이순신(李純信), 배흥립

01

정운 : 조선수군 최고의 돌격장이 되다

정운(鄭運, 1543~1592)

1592년 5월 초에 이순신이 이끄는 전라좌수군과 원균이 지휘하는 경상우수군의 연합 함대는 거제의 조라포에 진주하였다. 이때 일본군선 30여 척이 옥포에 주둔하고 있어서 좌우의 척후가 두려워 감히 가까이 가지 못하였다. 정운鄭運은 뒤쪽을 호위하는 장수(후부장)로서 분함을 견디지 못하여 북을 울리고 노를 재촉하여 전진하니 적이 배를 버리고 기슭으로 올라가므로 드디어 그 배를 모조리 불살랐다.

그리고 그해 9월 1일 동래의 몰운대沒雲臺 아래를 지나가면서 땅 이름을 묻고는 내가 곧 죽으리라고 말했다. 얼마 되지 않아서 부산포해전이 치열하게 진행되던 와중에 정운은 앞장서 전투를 독려하다가 적이 쏜 대철환에 머리를 맞고 전사하였다. 일본군이 모두 좋아하면서 "정장군이 이미 죽었으니 다른 이는 걱정할 것이 못 된다."고 할 정도였다. 정운의 사망 소식을 접한 이순신은 "국가가 오른팔을 잃었다."라고 하면서 글을 지어 제사지냈다. 조정에서는 특별히 함경북도 병마절도사를 증직하고, 이순신이 장계로 주청한 바에 따라서 녹도 이대원의 사당에 배향하였다.

이순신이 정운을 이대원(1553-1587) 사당에 배향해주기를 청하는, 장계에 있는 다음 내용을 통해 볼 때 그의 정운에 대한 신뢰가 얼마나 큰지 알 수 있다. "…(전략)… 녹도만호 정운은 맡은 직책에 정성을 다하고 겸하여 담력과 지략이 있어서 서로 의논할 만하였는데, 사변이 일어난 이래 의기를 격발하여 나라를 위해서 제 몸을 잊어 생각이 해이하지 않고 변방을 지키는 일에 힘쓰기를 오히려 전보다 갑절이나 더하므로, 신이 믿는 사람은 오직 정운 등 2~3명이었습니다. 세 번 승첩 때에는 언제나 선봉에 섰고, 이번 부산해전 때에도 몸을 가벼이 여겨 죽음을 잊고 먼저 적의 소굴에 돌입하여 하루 종일 교전하면서도 오히려 힘껏 쏘기를 빨리 하매 적들이 감히 움직이지를 못하였는 바, 이는 정운의 힘이었습니다. …(후략)…"

정운의 자는 창진昌辰이고, 본관은 하동이며, 전라도 영암군(현 해남군) 옥천면 건교촌에서 태어났다. 이순신보다 두 살 많은 1543년생이다. 일곱 살 때에 정충보국貞忠報國(절개가 곧고 충성하여 나라의 은혜에 보답한다)의 네 글자를 패도佩刀에 새겨 스스로 맹세하였다. 일찍 아버지를 여의고 홀어머니를 효도로써 봉양하였다. 비록 무술에 힘썼으나 애써 책을 읽고 자기의 몸가짐을 단아하게 단속하고 마음가짐과 일을 처리하는 데에 오직 도의에 따랐다고 한다.

특히 정운은 심신 수양에 각별히 힘써서 가무나 여색을 듣지도 보지도 않았다고 한다. 그 성품이 곧고 강직하여 부인이 가지고 온 아녀자용

악기를 손수 부숴 버렸고, 부인이 타고 온 준마가 노복을 밟아 죽게 하자, 손수 베어 죽이고 그 가족에게 보상하였다고 한다.

1570년(선조3)에 무과에 급제하여 함경도 길주, 명천 등지 및 유원진을 거쳐 1580년에 금갑도 권관과 함경도 북청에 있던 거산역居山驛의 종6품

정운 영정(쌍충사 소장)

벼슬을 역임하였다. 거산찰방 시절, 감사監司 수행인이 불의한 장난을 하고 돌아다니므로 잡아다가 매를 때렸던 일로 감사에게 미움을 받게 되었다. 또 그로 인하여 벼슬을 버리고 고향으로 돌아왔다가 다시 1583년에 강령현감, 1584년에 웅천현감이 되었다. 여기서도 감사와의 불화로 인해 웅천현감에서 물러났다. 1585년에 제주목 판관이 되었을 때에도 역시 목사와 마음이 맞지 않아 자리를 박차고 돌아와 버렸다.

그는 다만 어디서나 강직하고 정의를 지켰기 때문에 그와 같은 불행을 스스로 샀던 것이다. 그러기에 제주에서 돌아올 적에 망아지 새끼 한 마리도 같이 싣고 오는 것이 없어 모든 사람들이 그의 맑고 깨끗한 행실을 칭송하였다. 그 후 1588년에 사복시 판관이 되었다가 임진전쟁 발발 1년 전인 1591년에 전라도 흥양에 소재한 녹도진이 적의 길목에 있는 요충이라, 특명으로 본진의 만호가 되었다. 정운은 부임하여 성보城堡를 수선하고 기계를 수리하여 위급할 때에 쓰도록 하였다.

이순신이 1592년 2월 흥양에 위치한 1관 4포(흥양현·사도진·여도진·녹도진·발포진)를 순시할 때 녹도진에 들러 정운의 방비태세가 매우 훌륭함을 칭송한 바 있다.

1592년 4월에 일본군이 한꺼번에 쳐들어오니, 영남의 모든 도가 와해되었다. 전라좌수사 이순신의 격문에 응하여 수영으로 달려가서 일을 계획하는데, 다른 장수가, "적의 기세가 매우 날카로우니 가볍게 바깥 바다로 나가지 말고 일단 여기에서 진을 치고서 우수사 이억기가 오는 것을 기다려도 늦지 않다."고 말했다. 정운이 혼자 분연히 말하기를, "영남이 이미 함락되고 승세를 탄 적이 호남을 침범하기 전에 급히 역습하는 것이 호남을 방위하는 것이요, 이것은 또한 영남을 구원하는 것이기도 하오."라고 말했다.

이순신이 크게 깨달아 그날로 군대를 이끌고 전진했는데, 정운은 후부장으로 참전하였다. 이로부터 크고 작은 싸움에서 번번이 솔선하여 앞장서서 적을 무찔렀다. 승리의 보고서가 행재소에 올라가서 1592년 8월에 특명으로 본직을 뛰어넘어 절충장군(정3품)이 되었다.

1652년(효종 3)에 영암의 선비들이 본군의 경호鏡湖에 사당을 세웠는데, 뒤에 녹도사鹿島祠와 함께 사액을 받았다. 1735년(영조 11)에 쌍충사에 제사를 내리고 1795년(정조 19)에 어제御製 어필御筆로 그 충성을 포장襃奬하는 한편, 그 봉사손을 불러 관작을 제수하고 충무전서 한 질을 내렸다. 1796년에 추가로 병조판서를 증직하고 1798년에 충장忠壯이라는 시호를 내렸으며, 같은 해에 왕명으로 순절비를 몰운대에 세웠다.

02

권준 : 이순신의 마음을 읽다

권준(權俊, 1541~1611)

이순신은 1587년 조산만호 겸 녹둔도 둔전관 시절, 북병사 이일의 무고로 백의종군을 하게 되었다. 그 후 이순신은 북병사 이일의 휘하에서 시전부락 전투에 참가하여 공을 세운 후 백의종군직을 사면받았으나, 파직된 채 1588년 윤 6월 아산 집에 돌아와 머물러 있었다. 이순신의 나이 45세 때인 1589년 봄에 전라순찰사 이광李洸은 조정에 건의하여 이순신을 군관 겸 조방장(종4품)으로 삼았는데, 이때 이순신은 순천부사인 권준權俊을 만나게 되었다. 이순신과 권준이 같이 술을 마시다가 권준이 '이 고을이 아주 좋은데, 그대가 한번 나를 대신해 보겠소?'하면서 자못 자랑하고 거만스런 빛을 보였지만, 이순신은 다만 웃고 말았다고 한다.

종3품인 권준이 자기보다 품계가 둘 아래인 종4품 이순신에게 거만스런 태도를 취하였으나 이순신은 이를 개의치 않고 웃어 넘겼다는 것이다. 이러한 사실은 이순신의 넓은 포용력을 나타내는 한편으로 이순신과 권

사천해전도(자료 제공 : 인벤트). 권준은 사천해전부터 참가하여 승전을 거듭하였다.

준은 서로 그 인품을 알고 있었다는 점을 시사해준다. 따라서 이순신은 정3품인 전라좌도수군절도사에 임명된 후 그의 휘하에 있게 된 권준과 서로 일을 의논하고 신임하는 처지가 되었다.

실제로 1592년(임진년) 초부터 이순신과 권준은 자주 만나고 있었으며, 같은 해 2월 29일 '순찰사의 공문이 왔는데, 중위장中衛將을 순천원으로 갔았다 하니 한심한 일이다.'라고 애석해 하고 있다. 즉, 이순신은 제승방략체제에 따라 그의 휘하에서 활동해야 하는 권준을 순찰사가 임의로 육군의 중위장으로 임명하게 됨으로써 그의 통솔권이 침해를 받은 결과가 되었다. 한편으로는 이순신도 유사시 권준을 수군의 중위장으로 기용하려는 뜻이 있었기 때문에 순찰사의 처사를 애석하게 여긴 것이라 하겠다. 권준은 임진전쟁이 발발한 후 경상우수사의 구원 요청이 있었을 때 제일 먼저 달려와 이순신과 군사에 관한 약속을 하였지만 이순신의 1차 출전인 옥포해전에는 참가하지 못하였다. 그 이유는 전라도순찰사가 권준을 육군의 중위장으로 임명하였으므로 전라좌수사 이순신의 지휘를 받아도 좋다는 순찰사의 지시를 기다리지 않으면 안 되었기 때문이었다. 그 후 권준은 이순신의 휘하로 복귀하여 제2차 출전 때부터는 전라좌수군의 중위장을 맡았다. 이후 권준은 이순신 휘하의 핵심 지휘관으로서 함께 작전을 수립하고 전투를 수행하여 많은 전과를 올렸다.

그런데 권준은 비단 지모만 뛰어난 것이 아니라 장수의 기본 무예라할 수 있는 활쏘기에도 매우 능했던 것 같다. 《선조실록》의 다음 기록은이를 잘 설명해준다.

2일에 당포에 도착하니 적선 20척이 강 연안에 죽 정박하였는데, 그중에큰 배 한 척은 위에 청루를 설치하고 밖에는 붉은 비단 휘장을 드리워 놓고서 적장에 금관에 비단옷을 입고 손에 금부채를 가지고서 모든 왜적들을 지휘하고 있었다. 중위장 권준이 배를 돌려 노를 재촉하여 바로 그 밑으로 돌진하여 그 배를 쳐부수고 적장을 쳐다보고 활을 쏘니 시위를 놓자마자 적장이거꾸러졌다.

위 기록에서와 같이 권준은 전투가 맹렬하게 진행될 때 활을 쏘아 일본군 장수를 정확하게 맞혔다. 이것은 웬만한 담력과 실력이 없이는 이루기 힘든 것이다. 따라서 권준은 명사수로 불려도 손색이 없을 것 같다.

그러나 권준은 1594년(갑오년) 2월 암행어사 유몽인의 장계에 의하여탐관오리로 논란이 되었는데, 암행어사의 비밀 장계 초안을 열어 본 이순신은 "임금을 속임이 여기까지 이르니 나랏일이 이러고서야 평정될 리가만무하다. 우러러 탄식할 뿐이다."라고 크게 한탄하고 있다. 이와 같은 유몽인의 장계가 빌미가 되어 권준은 같은 해 9월 순천부사에서 파직되고잡혀가게 되었다. 이때 이순신은 항상 같이 작전을 의논하고 전투에 함께참가하여 큰 공을 세운 권준을 떠나보내는 것이 못내 아쉬웠던 것이다.

03

어영담 : 물길의 달인으로 임진전쟁을 승리로 이끌다

어영담(魚泳潭, 1532~1594)

어영담魚泳潭의 활약상을 단적으로 나타내는 것으로는 조경남의 《난중잡록亂中雜錄》에 기록된 다음의 내용을 참고할 수 있다. 즉, "어영담은 경상도 함안 사람으로 대담한 군략이 세상에 뛰어나고 유달리 강개로웠으며, 과거 급제 전에 이미 여도의 만호가 되었고, 급제 후에는 영남 바다 여러 진의 막하에 있었다. 바다의 얕고 깊음과 도서의 험하고 수월함, 나무하고 물 긷는 편의와 주둔할 장소 등을 빠짐없이 다 가슴 속에 그려 두었기 때문에 수군 함대가 전후에 걸쳐 영남 바다를 드나들며 수색 토벌할 때면 집안 뜰을 밟고 다니는 듯이 하고, 한 번도 궁박하고 급한 경우를 당하지 않았던 것이다. 대체로 수군의 전공은 어영담이 가장 높았는데도 단지 당상관에 올랐을 뿐 선무훈에는 참여하지 못하여 남쪽 사람들은 다들 애석하게 여겼다."

임진전쟁 발발 초기 이순신이 원균의 구원 요청을 받고 작전 회의를 할 때 가장 큰 어려움은 전라좌수영 관할이 아닌, 자신이 잘 모르는 경상도 해역으로 출전해야만 한다는 것이었다. 즉, 경상도 해역의 지형과 해로에 대하여 이순신은 상세히 알지 못하기 때문에 즉시 함대를 출동시키기가 어려웠던 것이다. 이러한 상황에서 이순신이 함대를 출동하도록 결심하는 데에 결정적인 역할을 한 참모는 어영담인 것이다. 어영담은 위의 기록에서와 같이 영남 바다 여러 진에 근무한 경력이 있었고, 임진전쟁 발발 시에는 광양현감으로 있었다.

이와 같이 어영담은 영남과 호남의 여러 진에 근무한 경력이 있기 때문에 영남 해로에 익숙했던 것이다. 이에 이순신은 경상도를 구원하기 위한 함대 출발에 앞서 어영담에게 영남 해로에 대한 정보를 물었을 것이

어영담은 옥포해전에서 한산도해전에 이르기까지 많은 활약을 하였다.
KBS 〈불멸의 이순신〉에서 어영담(김진태 분)이 지도를 보면서 설명하고 있다(ⓒKBS).

다. 따라서 이순신은 어영담을 함대의 중부장으로 삼고, 그와 더불어 작전을 수립하였다. 어영담은 해로에 대한 정보의 제공뿐만 아니라 함대의 지휘관으로서 전투에 임하여 많은 전공을 세웠던 것이다. 이순신은 이러한 어영담에 대해 조정에 올리는 장계를 통해 '호남 한쪽이 이제까지 보전하게 된 것은 이 사람의 일부분의 힘이 아닌 것이 없습니다.'라고 평가하였다.

어영담은 1593년 윤 11월 광양현감직에서 파직되고 말았다. 이에 이순신은 파직된 어영담을 그의 조방장으로 임명해주도록 조정에 장계하였고, 이후 어영담은 조방장으로서 이순신과 함께 전쟁에 임할 수 있었다.

조방장으로 임명된 어영담은 제2차 당항포해전에서 임무를 훌륭하게 완수하였다. 그러나 어영담은 불행하게도 전염병에 걸려 자신의 포부를 다 펼쳐 보지도 못한 채 병사하고 말았다. 그리고 그가 병사하였을 때 이순신이 일기와 장계에 기록하면서 그 슬픈 심정을 토로했듯이 어영담의 위상은 이순신에게 있어서 중차대한 것이었다. 어영담에 대한 이와 같은 이순신의 배려는 다른 장수들의 예에서는 찾아볼 수 없는 극진한 것이었다.

04

이순신李純信 : 한산도해전에서
일본군을 유인하여 승리에 기여하다

이순신(李純信, 1554~1611)

충무공 이순신 휘하에는 한자漢字 이름이 다른, 동명이인 이순신李純信이 있었다. 1592년 7월 8일, 한산도 해전이 벌어졌을 때 당시 전라좌수사 이순신은 견내량에 포진해 있던 일본 함대를 한산도 앞바다로 유인하여 공격할 계획을 세웠다. 그리하여 판옥선 5~6척을 일본 진영 가까이 보내 적을 유인하도록 하였다. 이때 유인할 목적의 판옥선에 선봉이 되었던 장수가 바로 이순신李純信이었다.

적진에 근접한 후 전투를 하는 척하다가 일제히 배를 돌려 나올 때 일본군의 맹렬한 추격을 받았다. 당시 조선수군의 판옥선은 일본 배에 비해 높고, 크며, 견고하다는 장점이 있었던 반면에 속력이 떨어지는 단점이 있었다. 이때 일본군의 추격을 받아 각기 전속력으로 판옥선을 몰았는데, 이때 이순신은 적진에 너무 근접하는 바람에 맨 뒤에서 돌아 나오게 되었다. 그리하여 적선이 거의 따라붙게 될 지경에까지 이르렀지만 다행히 아슬아슬하게 빠져 나올 수 있었다. 그만큼 그는 우직하고 성실했던 것이다.

이순신은 종실 양녕대군의 후손으로, 자는 입부立夫이며 어려서부터 학업에는 취미가 없고, 무예만을 익혔다. 25세에 무과에 급제하고 선전관·온성판관·의주판관을 거쳐 혜산진 첨절제사가 되어 오랑캐들을 무찔렀지만, 모략에 의해 변방 장수 이억기 등과 함께 파면되었다가 다시

한산도해전도(전쟁기념관 소장). 이순신은 한산도해전에서 판옥선 5~6척으로 일본 진영에서 유인할 때 선봉이 되었다.

방답첨사로 임명되었다.

임진전쟁 초기 방답첨사로 복무한 그는 이순신이 가장 신임하였던 핵심 참모 중의 한 사람이었다. 그는 1592년 정월 10일 전라좌수영 산하 방답진에 부임하면서 이순신과 인연을 맺게 되었다. 그가 부임하였을 때 방답진의 군비는 형편 없는 상태였다. 그는 방답첨사로 부임한 이후 전쟁 준비에 진력하였는데, 《난중일기》에 보면 좌수사 이순신이 그가 전쟁 준비에 애쓰고 있는 사실을 인정하고 크게 기뻐하고 있다. 이와 같이 이순신의 신임을 얻게 된 그는 원균의 구원 요청이 있게 되었을 때 이순신이 제일 처음 불러 상의한 고급 지휘관이었으며, 제1차 출전인 옥포해전 시에는 함대의 가장 중요한 직책인 중위장을 맡게 되었다.

그 후 이순신 막하에서 중위장, 전부장 등으로 해전에서 큰 활약을 하였다. 그 공로로 절충장군(정3품 당상관)에 올라 충청수사가 되었다. 그랬다가 다시 모함을 입어 고령진 첨사로 좌천되어 1년, 다시 추천되어 유도방호대장留都防護大將이 되어 군사를 이끌고 서호(경기도 수원에 있는 못)에 주둔, 서울의 방어를 책임졌다.

칠천량해전 후 이순신이 통제사에 복직되자 그도 다시 수사가 되어 이순신의 막하로 들어가 경상우수사의 직책으로 중위장이 되어 노량해전에서 결사적으로 싸웠다. 특히 노량해전에서 그는 척후장의 임무를 성실히 수행하였을 뿐만 아니라 전투에 참가하여 일본군선 10여 척을 분멸시키는 큰 활약을 보였다. 그리고 이순신이 전사한 뒤에는 그가 전군을 인솔하여 개선하였다. 광해군 때 58세로 영에서 죽었으며, 인조는 그에게 좌찬성을 증직하고 무의武毅라는 시호를 내렸다.

05

배흥립 : 이순신과 함께 수군 재건의 핵심 활동을 하다

배흥립(裵興立, 1546~1608)

이순신이 올린 장계 중에 다음과 같은 구절이 있다.

　여러 장수들 중에서도 권준, 이순신, 어영담, 배흥립, 정운 등은 달리 믿는 바가 있어 서로 같이 죽기를 기약하고서 모든 일을 같이 의논하여 계획을 세웠는데, …(중략)… 〈정운을 이대원 사당에 배향해주기를 청하는 장계請鄭運追配李大源祠狀〉

위 장계에서 보듯이 배흥립裵興立은 임진전쟁 초기 이순신 휘하에서 흥양현감으로 제1차 출전 때부터 참전하여 초기 해전에서 승리를 거두는 데 크게 기여한 이순신의 휘하 핵심 인물 5명 중 한 명이다.

배흥립은 1546년(명종 1)생으로 이순신보다 1살 적다. 본관은 성산星山,

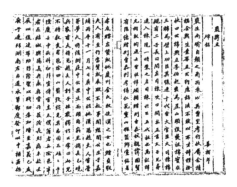

배흥립과 관련된 국조인물고(©국조인물고). 국조인물고는 조선 정조 때 조선 건국에서 숙종 때까지의 주요 인물에 관한 사항을 항목별로 나누어 편집한 책이다.

자는 백기伯起으로, 현감 배인범裵仁範의 아들이다. 1572년(선조 5) 무과 별시別試에 응시하여 전체 52명 중 15위(을과 12위)로 급제하여 선전관과 결성結城·흥양興陽 등의 현감을 역임하였다. 흥양현감으로 있을 때 좌수사 이순신의 명에 따라 전함을 많이 건조하여 전란에 대비하였다.

1592년 임진전쟁이 일어나자 전라좌도수군절도사 이순신의 휘하로 제1차 출전(옥포·합포·적진포해전)에서 전부장前部將으로 참전하였고, 제2차 출전(사천·당포·당항포·율포해전)에서는 후부장後部將으로 참전하였다. 이어서 한산도·부산포·웅포해전에 참전하였으며, 1596년에 장흥부사長興府使가 되었다. 특히 배흥립은 제1차 출전에서 제3차 출전 기간 동안 매 해전마다 적의 대선을 격침시키는 등 그 공이 매우 컸다. 배흥립은 제2차 출전에서의 공을 인정받아 그해 8월에 광양현감 어영담魚泳潭과 함께 정3품 통정대부通政大夫로 가자되었다.

이후 장흥부사로 보직된 배흥립은 1596년 3월에 사헌부로부터 탄핵을 받아 파직되었다. 그 후 정유년 초(1597. 2.)에 경상우수사가 되었다가 사간원에서 파직을 건의하자 체직되어 조방장이 되었다. 당시 선조는 나라가 위급한 때에 힘껏 싸우는 장수는 비록 잘못이 있다고 하더라도 대단한 것이 아니라면 깊이 책할 것 없이 부리는 것이 가하다는 입장을 가지고 있었다. 특히 수군은 지금 한창 적과 대치하고 있으니 그 형세가 대단히 긴박하다고 보았다. 그러나 이러한 형세에도 불구하고 선조는 부득이 통제사 이순신과 경상우수사 배흥립도 갈아야겠다는 입장을 견지하였다. 이순신과 함께 활약한 배흥립의 경상우수사직을 체직시켜 원균의 조방장으로 삼았던 것이다.

배흥립은 그해 7월 16일의 칠천량해전에서 패색이 짙자 전투 도중 물러나와 탈출하였다. 그리하여 이순신이 삼도수군통제사로 임명된 후 서진을 할 때 합류하여 이순신과 함께 수군 재건의 길을 함께 했다. 이러한 배흥립의 행동에 대해 조정에서는 칠천량해전에서 배흥립의 활약이 미미한 점을 들어 처벌을 논의할 정도였다. 패색이 짙은 상황에서 개죽음을 당하는 것보다 물러나 후일을 도모하자는 것이 배흥립의 결심이었다.

결국 배흥립은 이순신과 함께 수군 재건에 힘써 명량해전에서 큰 공을 세웠다. 이순신이 장계를 올려 우수사 김억추, 조방장 배흥립, 거제 현령 안위 등과 함께 각기 병선을 정돈하여 진도 벽파정碧波亭 앞바다에서 적을 맞아 죽음을 무릅쓰고 힘껏 싸워 적을 물리쳤다고 보고한 바와 같이 배흥립은 이순신 휘하에서 명량해전을 승리로 이끄는 데에 큰 공을 세웠다. 그 후 노량해전에도 조방장으로 참전하여 공을 세우고, 가의대부嘉義大夫로 승진하였다.

임진전쟁이 끝난 후 배흥립은 1600년(선조 33) 6월에 경상우수사가 되었으며, 1601년에는 전라좌수사가 되었다. 1603년 공신도감의 보고에 의하면 임진전쟁 동안 해상전투에서 세운 공은 이순신이 권준權浚·이순신 李純信·안위安衛·배흥립裵興立의 공보다 컸다고 언급함으로써 배흥립의 공 노 역시 매우 높게 평가하고 있음을 알 수 있다. 다른 보고에는 권준, 이 순신, 정운, 배흥립으로 기록되어 있어서 배흥립은 네 번째로 그 공이 크 다고 평가하였다. 그리고 공신도감에서 정한 육전과 해전을 막론하고 공 을 세운 26인의 명단에 배흥립도 포함되어 있다. 그러나 그 뒤에 확정된 18인에는 들지 못하였다. 결국 선무원종공신 일등에만 녹훈되었다.

배흥립은 1604년 5월에 공조참판이 되었다. 무관 중 공조참판이 된 사례는 보기 드물다. 그러나 사간원의 반대로 결국 그해 6월에 지훈련원 사知訓鍊院事로 보직이 변경되었다가 7월에는 충청수사로 전보되었다. 그 리고 이듬해인 1605년 9월에는 충청병사로 전보되었고, 사헌부의 탄핵 을 받아 파직되었다.

그 후 1607년 총관摠管으로 영흥대도호부에 부임하였다가 이듬해 병 으로 사직하였다. 뒤에 고향에 정문이 세워졌다. 시호는 효숙孝肅이다.

2부

이순신 파워인맥,
임진전쟁을 승리로 이끌다

01

김완 : 이순신의 휘하로 칠천량해전까지도 참전하다

김완(金浣, 1546~1607)

《이충무공전서》에 보면 이순신은 김완金浣의 활약에 대하여 다음과 같이 표현하였다.

> 왜적의 전함과 맞서 싸울 적에 남 먼저 북을 치고 용기를 북돋우니 모든 군사가 더욱 용기를 내어 싸웠는데, 그것은 김완에 힘입은 바가 많다. 하물며 생선과 소금을 흥정하여 잘 팔고 양곡과 미숫가루를 잘 비축하여 군사들을 배고프지 않게 한 공은 정말 놀랍다.

위의 기록을 통해 볼 때 김완은 다른 사람들의 용기를 북돋워주는 역할을 했으며, 장사 수완도 훌륭했다는 사실을 알 수 있다. 다시 말해 조선수군의 사기를 진작시키는 데에 큰 역할을 했음을 알 수 있다. 이 때문에 드라마 〈불멸의 이순신〉에서 코믹한 연기를 부여한 것 같다.

김완은 1546년 경상도 영천에서 태어났는데, 어린 시절부터 골격이 장대하고 날렵하여 용맹스러운 가운데 선비의 기풍이 있었다. 성장하면서 공부를 열심히 하여 학문과 글씨, 시문과 서한이 뛰어났지만, 과거에는 운이 없었다. 그리하여 무과 준비로 방향을 바꿔 손자·오자 병법에다 마술과 궁술을 익히고 육도와 삼략을 담론하였는데, 결국 1577년에 무과에 급제하여 1589년에는 선전관을 지냈다. 그 후 1591년에 전라좌수영 관할 사도첨사로 보직되어 이순신의 막하가 되었다.

김완은 임진전쟁 초기 이순신의 휘하에서 사도첨사라는 핵심직을 수행하면서 전공을 많이 세움으로써 조정으로부터 표범 가죽으로 만든 두건과 흰 삼베를 하사받기도 하였다. 특히 김완은 이순신 휘하 5관 5포 진장들 중에서 배흥립과 함께 원균이 지휘한 칠천량해전에 참가하여 고군분투하면서 적선 수척을 격침시킨 공을 세웠다. 당시 이순신 휘하의 인물들이 대부분 교체된 가운데서도 김완은 조방장이자 거제도 복병도장으로서 원균으로부터 신임을 받았다. 이는 그의 구김살 없는 성격과 유연한 근무 태도에 기인한 것으로 생각된다.

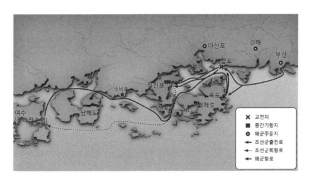

옥포, 합포, 적진포 해전도로 김완은 옥포, 합포, 적진포 해전에서 대선 3척의 전과를 올렸다(ⓒ행복한미래).

칠천량해전에서 힘껏 싸우다가 왼쪽 다리에 탄환을 맞고, 등선한 일본군의 칼에 왼쪽 살쩍머리(뺨 위 귀 앞에 난 머리털 부분)를 맞고는 물속으로 떨어졌다. 그때 마침 헤엄을 잘 치는 사람이 있어서 김완은 작은 섬에 구조되었다. 그곳에서 김완은 칡덩쿨을 뜯어 뗏목을 만든 후 간신히 마산포에 이르렀으나 일본군에게 발견되어 포박 당한 채 안골포로 이송되었다. 이곳에서 사흘 동안이나 항복하라는 협박을 받았으나 김완은 죽음을 맹세하고 굽히지 않았다. 일본군이 성을 내어 곧 죽이려고 하는데, 마침 구해주는 사람이 있어서 일본국으로 이송되어 감옥으로 보내졌다.

김완은 일본인이 주는 음식을 끊고 버티고 있던 중 우리나라에서 잡혀간 포로들이 몰래 주는 음식으로 연명하였다. 그 후 1598년 2월 보름에 문대모文大謨와 더불어 몰래 빠져나와 산을 넘어가니 골짜기에 한 작은 절이 있고 거기서 한 노승이 환대해주었다. 그곳에서 머물다가 작별하였는데, 일본 승은 은화를 노자로 주기도 했다. 그 후 우여곡절 끝에 일본에서 탈출하여 4월에 동래의 선암사에 도착한 후 5월 초 양산에 가서 군수에게 자초지종을 설명하였다. 군수 박응창이 순영巡營에 달려가 보고하니 경상감사 이용순이 그가 죽음을 무릅쓰고 힘써 싸운 것과 일본군에게 위협을 당하면서도 굽히지 않은 일들을 갖추어 조정에 보고하였다.

임금은 이 보고를 받고는 "이 사람이야말로 우리나라에 태어난 중국 옛날의 소무蘇武*와 같은 사람이다."라고 하면서 특별히 함안군수에 보직시켰고, 1606년에 선무 원종공신 일등훈에 참록되었다.

....
* **소무**　중국 전한의 충신으로 자는 자경이다. 무제 때 흉노에 사신으로 갔다가 억류된 지 19년만에 귀국하였는데, 절개를 굳게 지킨 공으로 전속국典屬國을 배명拜命했다. 오언고시五言古詩의 창시자 중 한 사람으로 알려져 있다.

02

나대용 : 조선 최고의 전투선인 거북선을 설계하다

나대용(羅大用, 1556~1612)

나대용羅大用은 1556년 나주에서 태어났다. 기상이 괴위魁偉(얼굴 생김새가 위대함)하고 도량과 재간이 넓고 컸다. 어려서 경적을 공부하여 일찍 문장을 성취하였고, 활쏘기와 말타기도 잘하여 칼과 창을 쓰는 것이 귀신과 같았다. 그는 왜구의 끊임없는 행패를 보다 못해 일찍이 붓을 던지고 거북선 연구와 사예射藝에 종사하여 1583년(28세) 무과에 급제하였다. 그는 봉사라는 미관말직으로 있으면서 윗사람을 찾아뵙는 것을 좋아하지 않았으므로 아는 이가 드물었다. 그리하여 관직을 그만 두고 낙향하여 오로지 거북선 연구에 심혈을 기울였다.

그 후 몇 년이 지난 1591년, 장차 왜구가 대대적으로 침입하리라는 풍문과 이순신이 전라좌수사로 부임했다는 소식을 듣고, 종제 나치용과 함께 이순신을 찾아가 거북선에 대한 연구 결과를 소상히 보고하였다. 그때 이순신은 그를 한 번 보고 탄상하여 장수의 재주가 있음을 알았다고 한다. 그리하여 "나의 동지를 얻으니 더 이상 기쁠 수가 없다."하고 즉시 조선造船 담당 장교로 임명, 거북선 제작에 착수하도록 하였는데, 그때 그의 나이 36세였다.

거북선 제작에 착수한 지 1년이 지난 1592년 3월 27일에 완성된 거북선은 방포 실험을 마친 후 사천해전을 시작으로 당포전, 당항포전, 견내량전, 안골포전 등에서 적진에 돌입하여 좌충우돌 적선을 무찌르며 바다의 요새로서 우리나라 전선의 상징이 되었다.

나대용 영정(소충사 소장)

나대용은 조선 기술에만 능한 것이 아니라 전략·전술과 지략에도 뛰어나 한때 발포진장 또는 유군장遊軍將으로 활약하면서 일본군을 무찌르는 데에 공을 세우기도 하였다. 1597년에 그가 복병장의 임무를 수행하다가 일본 장수 조승감鳥乘監의 부장 망고질지亡古叱之라는 자를 생포, 심문하여 일본군의 정상 및 그 장수의 명칭을 일일이 알아내기도 하였다.

한때 모함으로 파직을 당했을 때에도 오직 거북선 연구에만 매진하였고, 1573년 3월 이순신이 옥에 갇혀있을 때에는 동지들과 같이 옥문 밖에서 통곡하며 무고함을 호소하기도 했다.

그리고 전쟁 후에는 순찰사 한효순의 휘하 장교가 되어 새 전선인 창선槍船을 창안, 제조하였으며, 이어 남해현령으로 있을 때에는 쾌속정인 해추선海鰍船을 발명, 제조하였다. 그리고 왜적의 수급을 1,100급이나 참획하는 공을 세우기도 하였다. 이에 선조는 교서를 내려 "우리 봉강封疆 (제후로 봉하여 내준 땅, 곧 조선을 의미함)을 굳건히 하여 호표虎豹가 산에 있는 기세를 과시했고, 적의 침략을 응징하여 경예鯨鯢(鯨은 고래의 수컷, 鯢는 고래의 암컷이니, 모두 다 잔고기를 잡아먹는 동물이라 악당의 괴수에 비긴다)가 파도를 일으키는 근심을 근절시켰다."하고 청룡도와 삼지창을 내려주었다. 그리고 통정대부에 이어 경기수사에 승진되었으나 사천해전 때 입은 전상이 악화되어 부임하지 못하고 1612년(광해 4) 향년 57세를 일기로 세상을 떠났다.

당대 도원수 권율이 말하기를 "이순신은 체암공遞庵公(나대용의 호)이 없었던들 그와 같은 무공을 세울 수 없었을 것이고, 나대용은 이순신이 아니었더라면 큰 이름을 이룰 수 없었을 것이다."라고 하였다.

03

이봉수 : 화약 제조의 1인자로 활약하다

이봉수(李鳳壽, 1553~?)

임진전쟁 시기 조선수군이 승리한 요인 중에는 우수한 선재화포를 보유했음이 절대적이다. 그러나 이러한 총통으로 대변되는 화포를 발사하기 위해서는 화약이 필수적이다. 그러나 당시 개전 초기에 한성이 함락되면서 군기시 도성 창고에 보관 중이던 화약이 모두 불타 버렸다.

이러한 시점에서 조정으로부터 화약 지원을 받을 수 없는 전라좌수군으로서는 자체적으로 화약을 만들어야 했다. 화약을 만들기 위해서는 3가지 요소가 충족되어야 한다. 즉 목탄, 염초, 유황이 그것이다. 이중 목탄은 숯이므로 만들기가 용이하다. 유황은 광물이므로 채굴하거나 중국으로부터 수입하면 된다. 그러나 염초는 화학 반응을 일으켜 추출해야하는 물질이다. 이 방법이 매우 복잡하고 어렵다. 이러한 상황에서 화약제조, 특히 염초자취술에 능한 이봉수李鳳壽의 역할은 중대한 것이었다.

1593년에 이순신이 유황을 내려주기를 청한 장계 내용을 요약해보면,

전라좌수영은 이봉수라는 화약 전문가를 보유함으로써 화약을 제조할 수 있었다.
KBS 드라마 〈불멸의 이순신〉에 나오는 장면으로, 왼쪽 아래에 화약통이 보인다(ⓒKBS).

당시 전라좌수영과 각 진포에 비치된 화약량이 부족한 데다가 다섯 차례
나 영남 해역으로 출동함으로써 거의 다 써 버린 상태임을 호소하고 있
다. 더욱이 전라도 순찰사, 방어사, 소모사, 소모관 및 여러 의병장과 경
상도 순찰사 및 수사들이 청구한 것이 번거로울 정도로 많아, 남은 것이
거의 없는 상태임을 알리고 있다. 화약을 확보할 방안이 없던 차에 이순
신의 군관 훈련 주부 이봉수가 화약 제조법을 알아내어 3개월 동안 염초
1,000근을 만든 후 그 염초를 조합하여 각 진포에 보급하였으나 오직 유
황만은 확보할 길이 없어 조정의 조치를 기다린다는 내용이다.

　이러한 사실을 통해 볼 때 당시 화약 제조법이 일반화되지 못했고, 다
른 진영에서는 화약을 제조할 능력이 없는 형편에서 오직 전라좌수영만

이 이봉수라는 화약 전문가를 보유함으로써 화약을 제조할 수 있었던 것이다.

이봉수의 본관은 수안遂安, 타고난 모습이 준수하고 지혜와 용기를 겸비하였다. 가정의 유훈으로 활 쏘고 말 달리는 기예를 배우고 종제 방직과 함께 제갈무후의 포진법을 연습하더니, 1580년(선조 13) 별시 무과에 응시하여 총 44명 중에서 35위(병과 27위)로 합격하였다. 임진전쟁을 당한 후 강개한 마음을 이기지 못하여 종제와 함께 이순신을 찾아갔다. 그리고는 이순신에게 "장부가 이러한 세상에 가히 그 용기를 시험해볼 만하다."고 하면서 미리 생각한 방어 전략을 말하였더니, 이순신은 그의 의기가 늠름함을 인정하고 드디어 군무를 맡겼다. 그래서 좌수영 방어의 요충지인 돌산도와 좌수영 사이의 수로에 철쇄를 가설하고 높은 봉우리에 올라가서는 망대를 구축하기도 하였다. 그리고 주요 해전에서 일본군을 무찔러 공을 세웠으므로 여러 번 포상을 받았고, 판관에 제수되었으며, 선무원종훈에 참록되었다.

04

이언량 : 거북선의 돌격장이 되어 전투를 승리로 이끌다

이언량(李彦良, ?~1598)

이언량李彦良은 개령 사람으로 어려서부터 힘이 세어 그를 따를 사람이 없을 정도였고, 지략도 있었다. 1588년에 무과에 올라 벼슬이 훈련원 첨정僉正에까지 올랐다.

임진전쟁이 일어나자 집안 재산 중 상당 부분을 염출하여 이순신의 막하로 가서 함께 근무하게 되었다. 그는 나대용 등과 함께 거북선을 만들었고, 돌격장으로 추대되었다. 그해 5월 7일의 옥포해전에서 돌격장의 임무를 수행하였고, 5월 29일의 사천해전부터는 거북선 돌격장의 임무를 수행하였다. 그 후 당포, 견내량, 부산, 당항포 등의 전투에서 최선봉 돌격장으로서 몸을 돌아보지 아니하고 앞장서서 왜선을 수없이 불살랐다. 그중에는 황금 투구를 쓰고 붉은 갑옷을 입은 왜장이 있었는데, 크게 호통을 치면서 노를 재촉하며 화살로 맞혀 배 가운데 쓰러뜨리기도 했다. 그리고 거의 완전히 사로잡을 뻔하였으나 너무 적진 중에 깊이 들어갔기 때문에 형세가 그 이상 추격하기가 어려웠는데, 곁에서 돕고 있던 아군이 왜적 한 사람을 잡아 물에 던졌다. 이 전공으로 훈련원 주부가 되었고, 그 후 다시 초계군수를 지내고 부호군副護軍으로 승진되었다.

거북선은 칠천량해전 시에 침몰되어 없었지만 그는 노량해전에서도 이순신의 군관으로 참전하여 돌격장으로서의 임무를 다하였다. 특히 명나라 장수 진린의 배가 일본군에게 포위된 것을 보고, 그것을 구하려고 적진 가운데로 돌입하였다가 적선에 의하여 자신의 배가 포위되어 형세가 매우 위급하자 뱃머리에 서서 크게 부르짖으면서 칼을 빼어들고 용감히 싸우다가 탄환에 맞았다. 그는 생포되기가 싫어서 스스로 몸을 바다에 던져 전사하고 말았다.

전라좌수사 시절 거북선을 건조하는 그림이다.
이 그림은 이순신의 십경도 중 4경도 그림이다(자료 제공 : 현충사)

05

정사준 : 정철총통으로 화포의 효율성을 높이다

정사준(鄭思竣, 1553~?)

이순신이 대부분의 해전에서 승리를 거둔 배경에는 총통을 제조한 후 전선에 장착하여 사용한 것도 중요한 요인의 하나였다. 그중 조선의 대형 총통은 주변국 화포에 비해 절대적 위력을 발휘하였기에 큰 문제가 없었다. 그러나 개인 휴대 무기인 승자총통의 경우에는 사용하기도 불편했을 뿐만 아니라 명중률이나 파괴력 면에서 일본군의 조총에 비해 손색이 있었다. 이러한 고민을 해결한 사람이 바로 정사준鄭思竣이었다. 다음의 《임진장초》(계사 8월 계본)에 나타난 기사를 살펴보면 이를 잘 알 수 있다.

"신은 여러 번 큰 싸움을 겪으면서 왜적의 조총을 노획한 것이 많았으므로 항상 눈앞에 두고 그 묘법을 연구해보았습니다. 조총은 총신이 길기 때문에 그 총구멍이 깊숙하고 그렇기 때문에 나가는 힘이 맹렬한데, 우리나라의 승자나 쌍혈총통 등은 총신이 짧고 총구멍이 얕아서 그 맹렬한 힘이 왜의 총통만 같지 못하며 그 소리도 웅장하지 못하므로 조총을 만들어 보려고 하였습니다. 그런데 신의 군관 …(중략)… 정사준이 묘법을 생각해내어 대장장이 낙안 수군 이필종, 순천 사삿집 종 안성, 피난하여 본영에 와서 사는 김해 절종 동지, 거제 절종 언복 등을 데리고 정철을 두들겨 만들었는데, 총신도 잘 되었고 총알이 나가는 힘이 조총과 꼭 같습니다.

또 일하기도 그리 어렵지 않아서 수군 소속의 각 관포에서 우선 같은 모양으로 만들게 하였으며, 한 자루는 전 순찰사 권율權慄에게 보내어 각 고을에서도 같은 모양으로 만들도록 제의하였습니다. 지금 당장에 적을 막아 내는 병기는 이보다 좋은 것이 없습니다. 그러므로 정철로 만든 조총 5자루를 봉하여 올려 보내오니 조정에서도 각 도와 고을에 명령하여 모두 만들어 쓰도록 했으면 좋겠습니다. 그리고 만드는 데에 관여한 정사준과 위의 대장장이 이필종 등에게 각별히 상을 내리셔서 감격하여 열심히 일하게 하고, 모두들 서로 다투어 만들어 내게 함이 좋을 것으로 생각됩니다."

한편 정철총통을 만든 시기에 대해서는 《난중일기》에 기록된 두 군데의 기사를 통해 알 수 있다. 첫 번째는 계사년 5월 12일로, "새로 만든 정철총통을 비변사로 보내면서 흑각궁, 과녁, 화살을 넉넉하게 보냈는데……."라는 기사가 있다. 두 번째는 《이충무공전서》 수록본 《난중일기》 계사년 9월 14일자 기사와 초서체 《계사일기》 9월 15일 이후 몇 가지 기록들 중의 일

조선의 개인 휴대 무기인 승자총통의 사용할 때의 불편함, 명중률, 파괴력 면에서 일본군의 조총에 손색이 있었다. 이러한 고민을 해결한 사람이 바로 정사준이었다. 사진은 현충사의 승자총통(자료 제공 : 현충사).

부로, "쇠로 만든 총통은 전쟁에 가장 긴요한 것이건만, 우리나라 사람들은 그 만드는 법을 알지 못하더니, 이제 온갖 연구를 거듭하여 조총을 만들어 내었는데, 왜의 조총보다 더 잘 되어 명나라 사람들이 진중에 와서 시험으로 놓아 보고서는 좋다고 칭찬하지 않는 이가 없다. 이미 그 묘법을 알았으니 도내에 같은 모양으로 많이 만들어 내는 것이 좋겠기로 순찰사, 병사에게 견본을 보내고 또 공문을 돌리도록 했다."라고 기록되어 있다.

이렇게 볼 때 정철총통은 5월에 이미 만들어졌지만, 전황 여건에 따라 바로 검증을 받지 못하고 3개월이 지난 후에 제대로 검증을 받고 대량 생산이 이루어진 것으로 추정된다.

정사준의 자는 근초謹初이고, 호는 성은城隱이며, 본관은 경주이다. 완력이 뛰어나고, 지략이 있으며, 도량이 넓었다. 1584년(선조 17) 별시 무과에 응시하여 총 202명 중에서 5위(을과 4위)로 합격하였다. 임진전쟁이 일어나자 형제들과 함께 "나라가 위태롭기 이와 같은데 어찌 앉아서 보기만 할 것인가."하고 집의 종들을 인솔하고 군량미 1,000석을 내어 전라좌수사 이순신의 막하에 종군하였다. 조총을 만든 공로로 포상을 받았고, 임진전쟁 후 전라좌수영에 이순신 타루비*를 세웠으며, 결성현감을 지냈다.

순조 때에 좌승지를 증직하고, 1812년(임신년)에 추가로 높여 병조참판을 증직하였으며, 1823(계미년)에 승평의 옥계사에 모시었다.

....

* **타루비** 중국 양양의 현산峴山 위에 있는 비석 이름이다. 진나라 때 양호羊祜라는 사람이 양양 태수가 되어 오나라와 싸우는 한편, 그곳 백성들을 잘 다스렸다. 양양 사람들이 그의 덕을 사모하여 그가 늘 거닐던 현산 위에 비를 세우고 사당을 지어 해마다 제사를 지냈는데, 언제나 그 비석을 바라보고는 그리운 눈물을 지었기 때문에 두예杜預가 그 비석을 '타루비'라고 불렀다. 이러한 내력을 가진 이름을 좌수영 군사들이 이순신을 그려 비석을 세운 것에 붙여 주었다. 지금 이 비석은 여수 전라좌수영대첩비각 안에 함께 보존되어 있다.

06

류형 : 이순신의 후계자로 우뚝 서다

류형(柳珩, 1566~1615)

1598년 사로병진작전이 한참 진행되고 있을 즈음에 좌의정 이덕형은 명나라 육군 대장 유정제독의 접반사로 순천 지역에 내려와 활동하고 있었다. 그러던 한때 이덕형은 이순신을 불러 전황에 대해 논의하던 중 다음과 같이 은밀히 말했다. "공의 부하로서 가히 공을 대신할 만한 사람이 누구입니까?"하고 물었더니, "류형柳珩보다 나은 사람은 없습니다."하고 말했다. 그 뒤에 또 물었을 때에도 "충의와 담략이 류형보다 나은 이가 없소. 관직은 비록 낮으나 크게 쓸 만하오."라고 답했다. 당시 해남현감으로 근무하면서 이순신 막하에서 활동한 류형에 대한 이순신의 평가이다. 이순신은 그를 후계자로 생각할 정도였던 것이다.

류형의 자는 사온士溫이고, 호는 석담石潭이며, 진주 사람이다. 1566년에 태어난 그는 성품과 도량이 씩씩하고 무술을 좋아하여 익힌 반면에 글 공부나 집안 살림 보살피기를 좋아하지 않았다. 일찍 아버지를 여의고 가정의 교훈을 따르지 아니하므로 어머니가 울며 꾸짖자, 효심이 지극한 류형은 어머니의 명령에 따라 공부하여 얼마 지나지 않아 독실한 선비가 되었다.

그가 일찍이 탄식하여 말하기를, "늙은 어머니가 집에 계시는데 구차하게 녹을 얻어 봉양하려면 문관이든 무관이든 무슨 관계가 있겠는가." 하고 낮에는 활을 쏘고, 밤에는 책을 읽는 중에 고금의 특이한 공로와 위대한 업적을 고찰하면서 감개가 격렬하고 항상 큰뜻을 가졌었다. 그러던 중 그의 나이 23세(1589년)에 어머니의 상을 당하여 삼년 여묘廬墓 살이를 하고 슬픔과 예절로써 복상을 마쳤다.

류형은 임진전쟁이 일어난 해 창의사 김천일이 의병을 일으켜 강화에 주둔하자, 무기를 들고 종군하였다. 1593년에 행재소에 나아가 백의로 근왕하여 선전관에 임명되었고, 통제사 이순신의 진영에 사신으로 나갔다. 이때 류형은 이순신을 처음 대면했는데, 이때 이순신은 그를 한 번 보고서는 신뢰하게 되었다.

1594년에 무과에 급제하여 다시 선전관이 되었다. 하루는 선조가 직접 당직하는 무신을 불러 시험하였는데, 류형이 비슷한 목표 중의 하나를 쏴서 바로 맞히는 것을 보고 임금이 직접 그 집의 내력을 묻고, 말을 내려주며 타일러 말했다. "나라의 일에 힘써서 네 할아비와 아비를 욕되게 하지 말라."하니 류형이 감격하여 말하기를, "내가 여러 대의 신하로서 뜻이 본디 충성을 다하는 데에 있었는데, 하물며 난세를 맞아 외람되게 은교恩敎를 입었으니 맹세코 싸움터에서 적을 치다가 죽으리다." 하였다. 그러고는 마침내 등에 '충성을 다하여 나라에 보답한다.'는 진충보국盡忠

報國의 네 글자를 먹물로 새겼다. 금남錦南 정충신鄭忠信이 그의 등에 먹물을 직접 새겼는데, 아무개에게 먹물을 넣었다는 사실을 삼가서 말하지 아니했으므로 세상에 아는 이가 없었다. 오직 정승 이항복이 이것을 듣고 등을 어루만지며 더 공경했을 뿐이다.

그때에 훈련도감을 새로 설치하고 장관을 가려 뽑았는데, 류형도 이에 참여했다. 몸소 기예를 익히고 교관으로서 군인들을 교련하는 데에 열중하였으므로 위엄 있는 이름이 크게 나타났다. 정승 이덕형이 그때에 훈련도감의 제조를 겸해 있었는데, 류형을 매우 기특하게 생각하여 감찰로 하여금 찾게 하여 해남현감으로 나가게 했다. 이 정승이 말하기를, "이 사람은 사람을 다스리거나, 군사를 다스리거나 못하는 일이 없는데, 작은 벼슬을 주어 보내니 아깝다."고 했다. 해남현에 이르러서는 토호를 억누르고 가난한 백성을 사랑하니 온 고을 안이 그를 신뢰하였다.

류형 영정 《디지털공주문화대전》, 《한국향토문화전자대전》(한국학중앙연구원, 2008)

이순신과 류형의 인연

해남현감으로 근무하던 그는 통제영에 군량이 떨어졌다는 말을 듣고 쌀 오십 섬을 싣고 가서 이순신을 뵙고, 또 그 현의 수군을 통제영에 부속시켰다. 해남현의 제도가 여러 도에서 으뜸으로 평가받음으로써 이때부터 이순신은 그가 쓸 만하다는 것을 깊이 알게 되어 마음을 기울여 서로 의지했다. 류형도 기쁜 마음으로 이순신에게 순종하여 나라 일에 충성을 다하니 군중의 기밀을 번번이 묻고 의논하여 두 사람의 마음이 서로 합치하였다.

정유년에 이순신이 옥에 갇혀 백의종군하게 되고 한산을 지키지 못하게 되자 류형은 통곡하며, "수군을 잃었으니 양호 지방을 막을 수 없고, 이것은 또 경기를 도울 수 없는 것이다."라고 말하면서 피를 뿌려 대중에게 맹세하고 여러 고을에 창의를 격려하였다.

이순신이 복직하였을 때 당시 수군 장정은 충분하지 못했다. 류형은 이순신과 힘을 합쳐 전략을 수립하면서 수군 인력 충원 방법에 대하여 제안을 하였다. 당시 여러 섬으로 들어간 피난민이 많고 장정도 쓸 만한 사람이 많은데 각각 배를 사사로이 가지고 처자를 보호하는 현상을 감안하여 이순신에게 수군 충원 방책을 다음과 같이 건의하였다. 즉, "그 처자와 수령들의 가속을 한곳에 안돈시키고 가정을 돌보는 염려를 없게 한다면 이 무리들은 모두 우리의 소용이 될 것입니다."라고 하였다. 이에 대해 이순신은 좋은 방책이라고 하면서 이것에 따랐다. 이렇게 해서 수천 명의 장정들이 충원되어 다시 과거의 위용을 떨치게 되었다.

1598년 조·명 연합 수군이 예교성을 공격하는 와중에 진린이 이끄는 명 수군의 전선 3척이 썰물에 미처 빠져나오지 못한 채 갯벌에 얹히게 되었다. 일본군은 화공을 준비하고 개미떼 같이 몰려오고 있었다. 진린 도독은 어찌할 바를 모르고, 이순신도 별 계책이 나오지 않았다. 이때 류형은 모든 배를 세 배의 고물(함미)에 매고 한꺼번에 힘을 합쳐 노를 움직여 마침내 나올 수 있게 하였다.

노량해전을 며칠 앞둔 시점에 순천의 적과 사천의 적이 서로 봉화를 올리며 응하는 모습을 보고는 류형이 다음과 같이 이순신에게 계책을 건의하였다. "만약 사천의 적을 맞아 쳐서 돌아갈 길을 끊는다면 소서행장도 사로잡을 수 있을 것입니다." 그리하여 진을 바다 가운데로 옮기고 기다리니 과연 사천의 적군이 다 와서 싸우게 되었다. 전투가 한창인 때에 류형은 탄환 여섯 방을 맞았다. 셋은 갓을 뚫었고, 둘은 바지를 스쳐 갔으며, 하나는 오른쪽 갈비를 뚫었으나 큰 부상에 이르지 않았다. 사람들은 신의 도움이라고 말하였다. 이튿날 적이 또 많이 공격해 왔다. 류형이 크게 소리치고 곧 앞으로 나아가니 여러 군사가 뒤따랐다. 한낮쯤이되어 왼쪽 옆구리에 탄환을 맞았으나 그것도 모르고 꼿꼿이 서서 적을 쏘는데 아무렇지도 않은 듯했다. 한참 뒤에 기절하여 옷을 벗기고 보니 피가 엉켜서 덩어리가 된 것도 있었다. 이때 이순신이 총에 맞아 전사했다고 하므로 소리를 내지 않고 통곡하며 싸움을 독려하였다.

해전이 끝난 후 부산첨사로 발탁되었다가 부임하기 전에 경상우수사로 임명되었다. 그는 전라좌수영대첩비 건립에도 힘썼는데, 그가 죽을 때에 그 자제들에게 "이순신의 비가 서지 않거든 내 무덤 앞에도 비를 세우지 마라."라고 하는 등 이순신에 대한 사모의 정이 극진하였다.

07

송희립 : 현장 전술의 귀재로 노량해전의
승리에 기여하다

송희립(宋希立, 1553~1623)

1598년 가을, 당시 조·명 연합 수군은 사로병진작전의 일환으로 순천 예교성을 공격하고 있었다. 예교성 수륙 합공이 명 육군 제독 유정의 무성의로 인해 성과를 거두지 못한 채 답보 상태에 있었다. 이때 송희립宋希立은 이순신의 참모로서 다음과 같은 계책을 세워 건의하였다.

"왜적이 이미 요새지에 웅거하고 있으므로 힘으로 빼앗기는 어렵습니다. 지금 명나라 군사와 우리 군사가 바다와 육지에서 나란히 내려와 만약 육군이 예교로 다가가고 수군이 장도를 움켜쥐고 영남의 바닷길을 막아 안과 밖에서 왜적의 허리와 등을 중단한다면 사천의 왜적은 틀림없이 돕지 못할 것입니다.

설령 도우려고 하더라도 피차 사이에 전령이 통하지 아니하니 서로 응할 수가 없기 때문입니다. 왜군의 사기가 떨어지고 양식이 바닥이 나서 기세가 꺾이고 군색해짐을 기다려 사방에서 진격하면 행장을 가히 사로잡을 수 있을 것입니다." 하니 이순신이 크게 기뻐했다.

노량해전에서는 적을 무수히 죽였는데, 갑자기 탄환을 이마에 맞아 넘어져서 거의 죽게 되었다. 이 사실을 보고받은 이순신이 놀라 황급히 애석해 하는 사이에 자신 역시 가슴에 탄환을 맞아 죽게 되었다. 다행스럽게도 송희립은 총알이 이마를 스쳤기에 곧 깨어나 기운을 가다듬고 군중을 순회하여 옷을 찢어 이마를 싸매고 용기가 백배하여 독전하여 진군하였는데, 이순신은 이미 전사한 뒤였다.

송희립 영정(서동사 소장)

이순신이 유언으로 자신의 죽음을 부하들이 알지 못하도록 하라고 했지만, 큰 아들 이회와 조카 이완은 소리를 내어 곡을 하려고 하였다. 이 때 송희립이 전투 상황이 심각함을 알아차리고 상인喪人들의 입을 막아 곡을 못하게 하였다. 그런 후 장대에 올라 이순신의 갑옷과 투구를 벗겨 본인이 착용한 가운데 기와 북채를 잡고 전투를 독려함으로써 전투의 마무리를 승리로 장식할 수 있었다.

이순신이 전사한 후 송희립의 신속한 조치로 조선수군은 이순신이 무사한 것으로 알고 더욱 분발하여 전투에 임했다. 그리하여 정오 무렵에 끝난 노량해전에서 일본군 전선 200척을 분멸시키는 큰 승리를 거둘 수 있었다.

송희립은 본관이 여산으로 어려서부터 남이 따를 수 없는 용맹을 가졌으며, 항상 나라를 위해 몸 바칠 뜻을 품고 있었다. 어버이를 봉양하고 형을 섬기는 데 효도와 우애를 다하였다. 1583년(선조 16) 별시 무과에 응시하여 총 500명 중에서 196위(병과 159위)로 합격하였다. 임진전쟁을 맞아 그의 형 대립과 함께 이순신의 막하에 갔다. 이순신이 평상시에 그 용맹을 듣고 있었으므로 도착하자 매우 기뻐하여 참좌를 삼았다.

송희립은 임진전쟁 초기부터 이순신의 막하에서 군관으로서 이순신의 두터운 신임을 받았다. 특히 그의 전술에 대한 식견은 모두가 탄복할 정도였다. 그는 경상도 출동을 적극 주장할 만큼 의기도 강했고, 해전마다 많은 전과를 거두기도 하였으며, 조·명 연합 작전 시에는 현장에서의 전술 운용에 탁월한 능력을 발휘하였다.

08

송여종 : 한산도 진중 과거 급제자로 절이도해전의 일등 공신이 되다

송여종(宋汝悰, 1553~1609)

송여종宋汝悰은 1553년(명종 8)에 여산에서 태어났다. 어려서부터 무예를 닦아 임진전쟁이 일어나기 전년에는 낙안군수 신호의 막하에 있었다. 임진전쟁이 일어나서 그의 부모가 모두 일본군에게 죽임을 당하자, 슬픔을 견디지 못하여 그의 아우 여순과 함께 이순신의 막하에 바로 들어가 처음부터 공로를 세웠다.

그 무렵에 선조 임금은 몽진하였고 세 도성이 다 무너져 연도에 왜적들이 겹겹이 진을 치고 있어서 문안하러 달려가던 관원들도 문득 길이 막혀 중도에 돌아오는 형편이었다. 이순신은 부산포해전이 끝난 후 송여종에게 조정에 보고할 장계를 주었다. 당시 이순신의 부산포해전 승첩장계의 말미에 기록된 내용을 보면 송여종에 대해 다음과 같이 평가하고 있다.

태인현에 사는 업무교생業武校生 송여종은 낙안군수 신호의 대변군관待變軍官으로 네 번이나 적을 무찌를 때 언제나 충성심을 분발하여 남들보다 앞서서 돌진하고 죽음 바쳐 힘써 싸워서 왜의 머리를 베었을 뿐만 아니라 전후의 전공이 모두 일등에 참예한 자이므로 이 계본을 모시고 가게 하였습니다.

따라서 송여종은 이순신의 장계를 쥐고서 적의 진영을 돌고 돌아 낮에는 숨고, 밤에는 움직여 죽을 고비를 여러 번 넘겨 마침내 의주행재소에까지 당도했다. 그때 선조는 술까지 내리면서 다음과 같이 말했다. "전라좌수사 군관 송여종은 맨발로 걸어 천리길을 멀리 왔으니, 지극히 가상한 일이다. 남쪽의 수령 가운데 빈 자리가 있으면 보직케 하라."하므로 이조에서는 곧바로 남평현감을 제수했는데, 병조에서 또 장계를 올려 청하기를, "녹도만호(정운)가 탄환에 맞아 죽었으므로 마땅히 그 후임을 선택해야 할 것인데 송여종을 이미 남평현감으로 제수하기는 했으나 일찍이 이순신의 관하에서 공을 세웠고, 또 해전에 익숙하니 이 사람으로 대신하게 하십시오."라고 하였다.

그는 1594년(갑오년) 한산도 통제영에서 치른 진중 과거에 급제하였다. 이 진중 과거는 이순신이 수군의 실정을 감안하여 이루어진 것이었다. 즉, 당시 과거는 무군사 광해군이 거주하던 전주에서 치러짐에 따라 먼 길을 수군들이 갈 수 없는 현실을 보고하여 한산도에서 치러줄 것을 요청한 데에 따른 것이었다. 아울러 이 과거는 한산도 지형 특성상 기사騎射 종목을 수군들이 치를 수 없는 점을 감안하여 편전으로 대체하여 치러진 것이었다. 당시 과거 급제자는 100명이었는데, 그중 자료에 나타나는 사람은 송여종밖에 없다.

과거에 급제한 송여종은 더욱 분발하여 활동하였으며, 수군재건에도
큰 성과를 거두었고, 명량해전을 비롯한 그 후의 해전에서 혁혁한 전공
을 세웠다. 특히 명량해전에서 송여종은 영등포만호 정응두와 합력하여
적선 11척을 깨트리는 데 큰 공을 세웠다. 그리고 그는 녹도만호로 보직
하던 중인 1598년 7월 19일에 벌어진 절이도 해전에서 가장 큰 전공을 세
웠다. 당시 적선 100여 척이 녹도 인근의 절이도 북방 해역을 침공해 왔
는데, 조선수군은 그중 50여 척을 격침시키는 대전과를 거두었다. 이때
송여종은 6척의 적선을 사로잡았고, 적 수급 69급을 베는 등 가장 큰 공
을 세웠다.

　　그 후 노량해전에서도 적극적인 참전으로 해전 승리에 기여하였으며,
전쟁이 끝난 다음 해인 1599년에 단성현감이 되고, 다음 해에는 절충장

군으로 사복시정이 되었다. 그 뒤로
도 계속하여 임치첨사·흥양현감·경
상좌수군 우후 등을 역임하고 1609
년(광해 원년)에 부친상을 당하여 애
통해 하다가 그대로 병을 얻어 세상
을 떠났다.

한산도 통제영의 진중 과거 급제자는 100명이
었는데, 그중 자료에 나타나는 사람은 송여종
밖에 없다. 과거 시험 합격 증서로는 백패白牌
와 홍패紅牌가 있었다. 그림은 조선 시대 급제
증서이다. 사진은 남원 양 씨 종중 문서 일괄
중 양이시의 과거 합격증이다(자료 제공 : 한국학
중앙연구원).

09

정경달 : 이순신의 대변인으로 종횡무진하다

정경달(丁景達, 1542~1602)

임진전쟁 강화기에 접어들었을 때였다. 명나라 사람 원외員外 양위楊位가 찬획주사贊畫主事의 직무를 띠고 와서 접반사 정경달丁景達에게 말하기를 "중국에서 …(중략)… 군사를 출동시켜 귀국에 구원병으로 왔으나 산천의 형세와 싸움터의 형편을 자세히 알지 못하기 때문에 귀국의 장수와 함께 의논하여 일을 치르고자 하는데, 지혜가 많고 군사에 능숙한 사람이 누구냐?"라고 물으므로 대답하기를, "우리나라에 이순신이라는 이가 있어 삼도통제사가 되었는데, 군사를 사용하는 방법이 신과 같아 얼마 안 되는 수군을 이끌고 100만 명의 억센 적병을 제압했습니다. 우리나라가 지금까지 유지된 것은 모두 그 분의 힘입니다."라고 했다. 양위가 말하기를, "이순신의 훌륭한 전술과 지모는 일찍이 들어 안 바 있었는데, 당신의 말이 과연 듣던 바와 같다."고 하였다.

1597년 3월, 이순신이 옥에 갇혀 있을 때 정경달은 이순신의 구명 운동차 한성에 가서 류성룡과 이항복을 만났다. 이때 그들이 묻기를 "그대가 남쪽에서 왔으니 원균과 이순신의 시비를 들려줄 수 있을까?"하므로 정경달이 말하기를, "누가 옳고, 누가 그른 것은 말로써 해명할 것이 아니라, 다만 보니 모든 군민들이 울며 부르짖지 않는 이가 없으며 '이공이 죄를 입었으니 우리들은 어떻게 살꼬.'할 뿐이었소. 이것을 보면 그 시비를 알 수 있을 것이오."라고 하였다.

그러나 조정 대신들을 통한 이순신 구명 운동이 답보 상태에 빠지자 정경달은 직접 선조 임금을 찾아 독대한 가운데 다음과 같이 말했다. 즉, "이순신의 나라를 위한 충성과 적을 방어하는 재주가 옛날에도 그 짝이 없으며, 전진에 임하여 머뭇거림이 또한 병가의 이기는 계획입니다. 기회를 보고 정세를 살피고 있는 것을 가지고 방황하면서 전투를 하지 않는다고 하여 죄인이 될 수 있겠습니까? 전하께서 만약 이 사람을 죽인다면 사직이 망하는 것을 어찌하겠습니까?"라고 과감하게 이순신의 석방을 건의하였다.

이와 같이 정경달은 이순신의 입장과 처지를 전달해주는 대변인과 다름없었다. 그는 본관이 영성으로 1570년(선조 3) 식년 문과에 응시하여 총 34명 중에서 30위(병과 20위)로 합격하였으며, 이순신보다 3살이 많았다. 1592년에 선산부사로 있을 때 왜란을 맞이하여 군사를 모집하고 집안의 양곡도 군량으로 모아 활용하였다. 그리고 감사 김성일, 병사 조대곤과 더불어 신기한 책략을 짜내어 네 곳에 진을 치고 금오산 아래에서 적을 물리치기도 하였다.

이순신과 정경달의 인연

　정경달이 이순신의 막하에 있게 된 것은 1594년에 이순신이 정경달을 종사관으로 삼게 해 달라고 조정에 건의함으로써 이루어진 것이다. 이순신은 그가 신병으로 가까운 장흥에 내려온 사실을 확인하고 통제사에게도 다른 고급 무장들과 같이 문관으로 종사관을 파견해줄 것을 요청하면서 정경달을 지목했던 것이다. 정경달은 문관으로서 이순신의 막하에서 제반 행정 업무와 무관들이 하기 어려운 일들을 능숙하게 처리하였다.

　정경달은 1594년 1월 13일에 통제사 종사관으로 임명되었고, 명에 따라 곧 전라우수사 이억기 함대의 병력 징발 등을 검칙하였다. 이어 2월 26일에는 한산도에 도착하여 이순신과 대면하였다. 그는 이 자리에서 선산부사 시절 효과를 보았던 도청都廳을 열읍에 설치하자고 건의했는데, 이순신은 이를 즉시 받아들였다. 그는 이순신이 해상에 출전 중일 때에는 그를 대신하여 각종 군무를 담당하였고, 특히 군량 확보와 둔전 관리를 위해 동분서주하였다. 군량 문제가 심각했던 1594년 6월, 그는 이순신

정경달의 시문집인 반곡집盤谷集(반계사 소장)

이 관심을 기울였던 순천의 돌산도, 흥양의 도양장, 해남의 황원곶과 강진의 화이도 등 연안의 둔전을 돌아보면서 경작을 감독하였다.

그는 부임 직후인 1594년 2월에 영광군수, 7월에는 함양부사로 임명되었으나, 이순신이 장계를 올려 정경달의 활약상을 아뢰고, 유임을 청해 이를 관철시켰다. 그는 1595년 2월 남원부사로 이임할 때까지 군량 확보와 둔전 관리를 중심으로 통제사의 군무를 보좌하였다.

이순신의 《난중일기》에는 둔전을 통해 군량을 거두어들인 것이 여러 번 확인되고, 또 체찰사 이원익이 그와 함께 둔전을 둘러보고 기뻐했다는 기록으로 보아 상당한 효과가 있었음을 짐작할 수 있다. 요컨대 당시의 둔전 경영은 군량 확보에 보탬이 되었을 뿐만 아니라 유리하는 백성을 안집시키는 효과도 있었기 때문에 그 의의가 적지 않았다고 할 수 있다.

10

안위 : 이순신과 함께 명량해전을 승리로 이끌다

안위(安衛, 1563~?)

안위安衛의 본관은 순흥으로, 힘과 용기가 있었고 무예를 겸비하였다. 1592년에 영유무과永柔武科에 올라 대동찰방이 되었다. 그 후 임진전쟁 시기에는 경상우도의 거제현령이 되었고, 1594년에는 왜군의 정황에 대하여 매우 중요한 정보를 통제사 이순신에게 보고한 바 있다. 1597년 7월 16일의 칠천량해전 때에 경상우수사 배설 휘하로 참전했다가 전투 초기에 물러나와 한산도 진영을 소개疏開시킨 후 서진하였다. 이후 수군 상황을 파악하던 이순신과 7월 21일 노량에서 만나 그동안의 경위를 소상히 보고하였다. 이순신의 《난중일기》에 "거제의 배 위에서 자면서 새벽까지 이야기를 나누었다."는 기록에서 알 수 있듯이 안위는 이순신이 신뢰하는 장수였다. 이후 이순신을 따라 명량해전에서 분투하였는데, 그때 그의 나이 35세였다.

명량해전이 벌어졌을 때 이순신의 기함이 홀로 진의 선두에 서서 적

1595년(선조 28)에 선조가 안위를 거제현 령으로 임명하면서 내린 교지이다(자료 제공 : 국립전주박물관).

과 접전을 벌였고, 나머지 배 12척은 횡렬진으로 뒤에 포 진한 형태였다. 당시 조선수 군은 칠천량해전의 참패로 인해 전쟁 공포증에 걸린 장졸들이 많았다. 따라서 어느 누구도 쉽게 적 진에 뛰어들 엄두를 내지 못하고 있었다. 얼마간의 시간을 이순신이 홀로 버텼지만 역부족임을 실감하여 이순신은 중군장과 휘하 지휘관들을 호 출하였다. 이때 가장 먼저 돌진해 온 장수가 바로 거제현령 안위였다.

안위의 전선이 먼저 도착함으로써 다른 지휘관들과 군사들도 용기를 얻어 전투에 적극 임하게 되었다. 아무도 선뜻 나서지 못하고 주저하고 있을 때 안위는 용기를 내어 가장 먼저 이순신 곁에 도착하여 격전을 벌 인 것이다. 이러한 안위의 행동이 전 수군 장졸들에게 미친 효과는 매우 컸다. 따라서 명량해전의 승리는 솔선수범한 이순신의 명령에 따라 가장 먼저 적진에 돌입한 안위의 공이 으뜸이라 해도 과언이 아닐 것이다.

이러한 명량해전의 공로를 이순신이 조정에 장계함으로써 안위는 무 경칠서를 하사받았고, 전라병사로 임명되었다.

그 후 동계桐溪 정온鄭蘊의 상소로 안위는 '이순신의 다음 가는 장수'라 하여 선무원종공신에 책록되었으며, 병자호란 때에는 74세의 늙은 장군 으로 출전하여 북으로 올라오다가 충청도 은진에 이르러 강화가 성립되 었다는 소식을 듣고 통곡하며 돌아갔다. 뒤에 김제 학당사에 배향되었다.

11

제만춘 : 이순신에게 적정의 고급 정보를 제공하다

제만춘(諸萬春, ?~?)(조선 중기)

이순신은 병법 원칙에 충실하였기에 정보 획득에 매우 치밀하고도 열성적인 노력을 쏟았다. 그의 정보 획득 방법은 매우 다양했는데, 예를 들어 전투 시에는 편제상 척후장을 반드시 두었고, 평시에는 망장을 두어 적정에 대한 탐색에 진력하였다. 뿐만 아니라 포로가 된 적을 심문하기도 하고, 아군이 적의 포로가 되었다가 탈출해 온 경우에는 이들을 크게 활용하였다. 그리고 민간인들은 물론이거니와 항왜(항복한 왜군)들로부터도 정보를 획득하였다.

이순신의 《난중일기》에는 정보 획득을 맡은 인물들이 다수 나타나고 있다. 예를 들어 한산도 유진 시 벽방망장을 맡은 제홍록諸弘祿, 명량해전을 맞아 육지에서 적정을 탐색하여 보고한 임준영任俊英, 같은 시기 해상에서 적정을 보고한 탐망군관 임중형林仲亨은 해전 승리에 크게 기여하였다. 그러나 이들보다도 더 고급 정보를 제공하여 이순신의 전략 구상에 큰 도움을 준 사람은 바로 제만춘諸萬春이었다.

제만춘은 본관이 칠원으로 고성에서 태어났다. 처음에는 경상우수영에 소속된 군교軍校(지방 하급 군직)로서 용력이 있고, 활을 잘 쏘는 것으로 이름이 났다. 1592년에 임진전쟁이 일어나자 9월에 우수사 원균의 명령을 받아 작은 배를 타고 격군 10여 명과 함께 웅천으로 가서 적의 형세를 탐색하였다. 임무를 수행하고 영등포로 돌아오던 중 갑자기 일본군 병선 16척을 만나 같은 배에 탔던 사람과 함께 사로잡혀 묶여 갔는데, 일본 장수 협판중서脇坂中書라는 자가 제만춘을 보고 가두어 두었다.

이순신과 제만춘의 인연

이순신이 올린 장계에는 그의 행적이 매우 자세히 적혀 있다. 이순신의 장계를 보면 그가 1593년 7월 24일 밤중에 성석동, 박검손 등 12명과 함께 왜선을 훔쳐타고 노를 재촉하여 이키도에 이르러 순풍을 만나 동래 수영 아래에 배를 매고 8월 13일 본가로 돌아왔다고 적혀 있다. 그 후 8월 15일에 삼도의 네 수사가 합진하고 있는 곳으로 왔는데, 그때 마침 삼도수군통제사가 된 이순신은 제만춘이 신하의 절개가 없음을 성내어 처음에는 베어 죽이려고 했다. 그러나 그가 죽음을 무릅쓰고 도망해 온 것을 불쌍히 여기고 그의 적정에 대한 상세한 정보 제공 내용을 적어 장계를 올려 일본군의 정상을 보고하였더니 조정에서는 그를 풀어주고 다시 이순신의 군중으로 돌려보냈다.

이순신의 장계 내용을 보면 제만춘은 이순신에게 매우 상세한 적정을 보고하였다는 사실을 알 수 있다. 당시까지만 해도 일본 땅 큐슈의 사가현에 설치한 일본 침략군 대본영인 나고야(名護屋) 성의 사정에 대해서는

《임진장초》는 임진전쟁 때 이순신이 조정에 장계狀啓한 글들을 다른 사람이 따로 옮겨 적은 것을 모은 책이다. 해전의 경과, 조선 수군과 일본군의 정세 등을 자세히 알 수 있는 소중한 사료이다(자료 제공 : 현충사).

아무도 몰랐는데, 오직 그곳에서 억류되어 있다 온 제만춘의 증언이 유일하다시피 하였다. 그는 기억을 더듬어 일본군 본영의 실상에 대하여 많은 것을 알려주었다. 예를 들어 1593년 초에 있었던 웅포해전에서 일본군이 입은 피해 상황이라든지, 도요토미 히데요시[豊臣秀吉]가 머물고 있는 나고야성의 내부 구조와 경계 상태, 명나라 사신 일행이 일본 진영에 머물고 간 상황에 대한 묘사, 그리고 명나라 사신이 도요토미 히데요시에게 보낸 문서의 내용, 한산도해전에서 일본군의 피해 규모, 제2차 진주성 전투(1593. 6. 20.~29.)에 일본군이 본토 병력 3만 명을 추가로 보내어 성을 함락시키는 것을 도왔다는 사실, 일본 사람들도 전쟁을 도발한 도요토미 히데요시를 매우 미워하고 있다는 세간의 인심, 탈출한 경로에 위치한 부산 지역의 왜군 분포도 등 매우 고급스런 정보를 제공하였다.

한편 《이충무공전서》(권14 〈화국지和國志〉)에는 조선수군의 전선에 관한 내용이 다음과 같이 기술되어 있다. 즉, "이충무공의 백번 싸워 백번 이긴 것은 대개 신기함과 정당함이 섞여 나오고 충성과 용맹의 떨침만이 아니라 배의 장점이 저들의 단처를 제압할 수 있었기 때문이다. 일찍이 들으니 임진란 초기에 고성 사람 제만춘이 사로잡혀 저 나라로 들어가 협판이라는 자의 집에 있으면서 북쪽을 침범한 적이 도요토미 히데요시에게 보고한 글월을 보았는데, 거기에는 '조선 사람의 수전이 육전과는 크게 다르고, 배가 크고 빠를 뿐만 아니라 누각과 뱃전까지도 든든하고 두꺼워 총탄이 뚫고 들어가지 못하고 우리 배가 부딪히면 모두 부서진다.'라고 했다는 것이다."

이와 같이 제만춘은 적 수군의 장단점에 대해서도 매우 중요한 정보를 제공하였다. 이것은 이순신의 수군 전술 구상에 큰 도움을 주었을 것이다. 이러한 제만춘의 정보 제공의 공을 높이 평가한 이순신은 조정에 건의하여 제만춘을 항상 대동하면서 군관을 삼았는데, 제만춘 역시 의기를 떨쳐 힘껏 도와 마침내 공을 세우는 데에 도움을 주었다. 그 뒤에 군관의 한 자리를 종신직으로 얻어 늙어 죽도록 통영에서 근무하였다.

12

이의온 : 해로통행첩 제도로 군량미를 확보하다

이의온(李宜溫, 1577~1636)

이의온李宜溫의 본관은 여주로, 문원공文元公 이언적 선생의 손자이다. 1597년 20세의 나이에 이순신의 막하로 나아갔다. 그는 가학의 전통을 이어받아 학문과 지략이 있는 인물이었다.

이순신은 평소에 운주당에 거처하고 있었으며, 매일 밤이 깊어 북소리가 그치면 그는 이의온을 불러들였다. 이순신과 대면해서는 군무에 대하여서만 말하고 비록 아는 것이 있어도 말을 하지 않다가 드디어 둔전에 관한 계책을 건의하였다. 이순신이 기뻐하면서 탄식하기를, "어찌 그대가 알고 보는 것이 이같이 심원한가, 진실로 내 마음에 꼭 맞는다."하고 그렇게 시행하도록 하였다. 그때에 군대는 해마다 줄어들고 군량도 부족하였으므로 그가 가산을 기울여 군량을 보조하였으며, 고금도에서는 해로통행증을 만들어 바다를 지나는 피난선들에게 쌀을 납부하고 통행증을 받아가도록 영달하여 장부가 여러 권으로 쌓여 그 계획이 적중하였다.

이순신이 그의 공로를 감하感荷(입은 은혜를 느끼어 감사히 여김)하여 상달하니 조정에서는 군자감 직장을 제수하였다. 의온이 사양하여 말하기를 "왜병이 아직 물러나지 않았는데, 이런 작은 공로로 중은重恩을 받을 수 있습니까? 상과 벌이 모두 군중의 기율인데, 원컨대 밝게 살펴주시기 바랍니다."라고 하였다.

　명나라 장수 진린은 성격이 사나워서 불평하는 일이 많았는데, 이순신이 일찍부터 조리에 맞게 설명하여 진린을 설득해 왔다. 하루는 진린이 진영을 순시하면서 말하기를 "이순신의 막하에는 훌륭한 장수가 많구나."하였다. 또 이르기를 "이의온은 용략이 유여하고, 충의가 대단하니 실로 쉽게 얻을 수 있는 인물이 아니다."라고 평가하였다.

제승당은 이순신이 부하들과 함께 작전 계획을 세우고 일을 보던 운주당 자리에 영조 때 새로 건물을 짓고 제승당이라는 이름을 붙였다(사진 : 통영시청).

1598년 10월 초 2일 유도에서 큰 싸움이 벌어졌는데, 이의온이 손수 쏘기도 하고, 치기도 하며 병사들보다 더 앞장서서 왜적을 많이 살상하였다. 또 활을 뽑아 쏠 때마다 많은 왜적이 거꾸러졌다. 왜적들이 크게 부르짖으며 "저 나이 젊은 장수가 가장 빠르고 용감하다. 저 사람을 죽이지 않으면 우리들은 살아남을 수가 없을 것이다."라고 하였다.

이때 갑자기 누런 옷을 입은 왜적 하나가 우리 진영 뒤에서 뛰어나와 이의온의 왼쪽 어깨를 쏘았다. 군중에서 이 소식을 전하자 이순신은 급히 보좌관을 시켜 보호하게 하였다. 그러나 화살촉이 아직 박혀 있었으므로 박힌 화살을 뽑아내고 각혈을 입으로 빨아내면서 말하기를 "나의 좋은 보좌역을 거의 잃을 뻔했다. 정성을 다해 보호하고 아껴서 함께 큰 공을 세우자."고 하니 이의온이 감격하여 눈물을 흘리며 말하기를, "이 몸이 한 번 죽음은 하나도 아깝지 않으나 아직 강한 왜적들을 물리치지 못하였으니 국은에 보답하지 못한 것이 한입니다."라고 하였다.

마침 온갖 좋은 약을 얻어 다행히 다시 살아났다. 이순신이 약속하기를 "모든 장사들이 먼저 적의 머리를 베려고 다투다가 도리어 사상하는 사례가 많고, 또 한 사람의 적을 벨 때에는 여러 적을 쏠 수 있으므로 비록 머리를 베지 못한다 하더라도 죽을힘을 내어 싸우는 것이 으뜸이 된다."라고 하였으며 이순신이 공을 논하여 조정에 보고했는데, 특명으로 규정에 알맞은 포상을 하도록 하였다.

13

최희량 : 수군 재건의 중핵을 맡다

최희량(崔希亮, 1560~1651)

이순신이 최희량에게 내린 문서에는 다음과 같은 내용이 있다.

이제 보고서를 보니 참으로 가상하다. 군공과 목 벤 것 등은 속히 올려 보
낼 것이며, 미처 못 잡은 놈도 남김없이 잡아 올려 보내도록 하라(무술년 4
월 4일).

이는 1598년 흥양현감 최희량(崔希亮)이 첨산에서 승첩한 내용을 장계
로 올린 것에 대한 이순신의 답신이다. 당시 통제영이 고금도에 설치되어
수군 재건에 힘쓰고 있을 무렵, 흥양현감으로 재직 중인 최희량이 일본군
과 첨산에서 전투를 벌여 승리한 전말을 보고한 것에 대한 답서인 것이다.

최희량은 본관이 수성으로 1560년(명종 15)에 태어나 이순신보다는 15
살이 어리다. 일찍 경사(經史)를 배우다가 27세에 붓을 던지고 무예를 배웠

資憲大夫兵曹判書宣武原從一等功臣
崔公希亮字景明謚武臣
九二壽臨瀋武宣
一五六〇年生

최희량 영정(국립나주박물관 소장)

다. 임진전쟁이 일어난 뒤 1594년 그의 나이 35세 때 진중무과를 치루는 과정에서 도요토미 히데요시의 화상을 걸고 활을 쏘게 하여 그 이마를 정통으로 맞히자 크게 기뻐하여 특히 흥양현감을 제수했던 것이다. 그리하여 이순신의 막하로 들어와 특히 배 만드는 일과 군기를 수보하는 일에 힘을 썼으며, 명량해전 이후에는 작고 큰 전투에 12번 싸워 매번 승첩을 거둔 기록을 남겼고, 왜군의 머리를 벤 것이 230여 급이고, 사로잡은 수효도 많았으며, 우리 포로 신덕희 등 700여 명을 도로 빼앗아 오고, 왜의 군량 500여 석을 빼앗는 등의 공을 세웠다.

특히 최희량은 명량해전 이후 조선수군의 재건 노력에서 으뜸가는 공을 세웠다. 흥양현의 선재船材를 활용하여 많은 전선을 건조하는 데 기여하였다.

이와 같이 여러 번 특별한 공로를 세워 이순신이 그를 칭찬하는 장계를 올렸으나 얼마 뒤에 모략을 받아 파직되었다. 그러나 이순신은 그대로 진중에 머물러 있게 하고 군관을 삼았다.

1598년 노량해전에서 이순신이 탄환을 맞아 배 위에서 죽으니 최희량은 통곡하고 고향으로 돌아가며 '난리라 세상 일이 변해만 가네/돌아가 이름 없이 살아가리라.亂中人事變/歸臥欲藏名'라는 시를 지었다.

그 후 문을 닫고 세상에 나오지 않았다. 영조 때에 병조판서를 증직하고 시호를 무숙武肅이라 하였으며, 정조 때에 나주 초동에 충일사를 짓고 제향하였다.

14

정대수 : 명나라 제독에게 조선수군의
의기意氣를 보여주다

정대수(丁大水, ?~?)(조선 중기)

1598년 이순신이 명나라 수군 도독 진린과 함께 명나라 육군 제독 유정과 약속하고 합세하여 순천 예교에서 일본군을 치려고 하였는데, 제독 유정이 여러 번 약속을 어기고 응하지 않았다. 정대수丁大水는 이순신의 사신으로 편지를 가지고 유정의 진중으로 가서 대의로써 설유하였더니 유정이 크게 화를 내어 정대수를 베려고 하였다. 그러나 그는 조금도 얼굴빛이 변하지 않고 대답하기를, "나의 목숨은 조금도 아깝지 않으나 명나라 황제께서 제독에게 명하여 우리나라를 도우라고 하였는데 그 도리가 과연 어떻게 되겠습니까? 하물며 수군과 육군이 합세하여 왜적을 치기로 한 약속이 있는데 군사는 움직이지 아니하고 도리어 무고한 사람을 죽이려 하니 이 또한 분한 일이 아니겠습니까?" 하니 유정이 더욱 화를 내어 그 앙화를 예측할 수 없는 지경에 이르렀다. 그때 좌의정 이덕형이 접반사의 임무로 유정의 진영에 와 있었는데, 어렵게 말려서 겨우 화를 면할 수 있었다. 정대수가 풀려나서 돌아오는데 이덕형이 유정의 진영 문 밖에까지 따라 나와 손을 잡고 말하기를 "그대야말로 진정한 의사다." 라고 하였다. 돌아와 통제사 진영에서 말하기를 "사는 일에 굳이 연연하 지 않았을 뿐이다."라고 하였다.

정대수는 본관이 창원으로 그의 어머니가 큰 내를 건너는 꿈을 꾸고 임신하였으므로, 이름을 대수人水라고 지었다고 한다. 그래서 그때 사람 들이 세상에 유위有爲한 인재가 될 것이라고 기대하였다. 과연 그는 자질 이 총민하고 용모가 준수하여 나이 겨우 10세에 경사자집經史子集에 통달 하였으므로, 향리에서는 그를 신동이라고 일컬었다. 나이 15세에 아버지 가 작고하고 어머니를 지극한 효성으로 봉양하였다. 여러 번 향리에서 천

정대수의 위패로 여수 오충사에 있다.
〈디지털여수문화대전〉, 《한국향토문화전자대전》(한국학중앙연구원, 2008)

거하였으나 되지 않으니 드디어 개연히 붓을 던져 버릴 생각을 하였다.

1588년(선조 21)에 무과에 급제하여 처음으로 선전관이 되었는데, 임진전쟁이 일어나 왜적이 창궐하자 집안 어른들이 의병을 일으켜 왜적을 막으려고 하였다. 대수 또한 의병을 거느리고 어머니에게 고하고 가려고 하니 숙부가 경계해 말하기를, "너는 곧 우리 집의 종손으로 위로는 사당을 모셔야 하고, 늙은 어머니가 있을 뿐만 아니라 수사 이순신이 그 어머니를 부탁하여 우리 집에 있게 되었으니 그런 것을 저버리고 너마저 전쟁터로 나갈 수는 없다. 그러니 너는 집에 남아서 모두 잘 보호하도록 하면 나는 여러 아우들과 더불어 의병을 모아서 전쟁터로 나갈 것이다. 그러면 나라도 위하고 집안도 위하니 가히 두 가지를 온전히 할 수 있을 것이다."고 했다.

그러자 대수가 개연히 눈물을 흘리며 말하기를, "한평생 동안 글을 읽어서 배운 것이 무엇이며, 우리 집안이 본디 충의로써 이어 전해 왔는데, 이 국난을 당하여 가만히 앉아서 집안만 지켜야 하겠습니까? 이 조카가 붓을 던지고 무예를 익힌 것은 오늘에 쓰기 위한 것입니다."라고 고집을 꺾지 않았다.

숙부는 더 이상 말리지 못하고 드디어 함께 전라좌수영으로 가서 이순신을 뵈니 이순신이 경탄해 말하기를 "그대의 여러 숙부들은 이미 함께 국난을 막고 있는데, 그대는 아직 나이가 어리고 또 늙은 어머니가 계시어서 지극한 효행으로 봉양하다가 이 국난을 당하여 분연히 의거해 동참하였다. 이야말로 '충신은 효도하는 가문에서 구하라'는 옛말 그대로다."라고 하였다.

이순신과 정대수의 인연

1592년 임진전쟁이 일어나자 이순신의 휘하에서 순초장巡哨將으로서 전공을 세웠다. 이순신의 막하에 있으면서 군무를 성실하게 수행하고 작전에 훌륭한 계책을 세웠다. 당항포해전에서 그는 작전 계획을 세워 말하기를, "왜적의 세력이 매우 왕성하니 정면으로 부딪히지 말고 적병을 유인하는 방책을 써서 그것을 쳐부수어야 합니다."했더니 이순신이 그 방책을 채택하여 크게 왜적을 참획하고 전승을 거두었다. 그 후 그는 해전에서 부상을 입어 3년 동안 치료하였는데, 겨우 조금 차도가 있었다.

칠천량해전에서 조선수군이 패함으로써 일본군이 영호남 각지에 출몰하자 그는 다시 의병을 일으키고자 하였으나 세력이 약하여 어찌할 바를 모르고 있었다. 그때 이순신이 다시 복직하여 고금도에 진을 치고 있다는 말을 듣고 곧바로 달려가 막하에 종군하니 이순신이 그로 하여금 우익장을 삼고 함께 작전 계획을 세우곤 하였다.

마지막 노량해전에서 이순신이 총탄을 맞았을 때 정대수도 역시 총탄을 맞아 그 상처를 싸매고 돌아왔다. 그는 한때에 함께 죽지 못한 것을 한탄하였으나 얼마 안 있어서 순국하고 말았다. 선무원종훈 1등에 참록되고 병조판서에 증직되었다. 시호는 충정忠正이며, 오늘날 여수의 오충사에 제향되었다.

15

배경남 : 극진한 수군 사랑의 모범을 보이다

배경남(裵慶男, ?~1597)

임진전쟁이 일어난 해 부산진성 전투에서 전사한 정발의 후임으로 부산첨사로 발령받아 내려간 배경남裵慶男은 부산으로 가지 못하고 전라도 유격장이 되었다. 그리하여 바로 전투에 투입되어 일본군의 머리 36급을 베고 우마 68필을 탈환하는 공을 세웠다. 이러한 공로를 보고받은 순찰사는 조심성 없이 작전을 수행했다고 보고함으로써 배경남은 오히려 중죄를 받았다. 그런 와중에도 배경남은 적의 머리 1급을 베어 도원수와 순찰사에게 보고하기까지 하였다.

그러던 중 1593년 4월에 추위 때문에 병을 얻어서 위중해졌고, 이질까지 겹쳐 식음을 전폐하는 지경에 이르렀다. 더욱이 앉고 서고하는 데도 남의 부축을 받을 정도가 되어 전혀 종군할 형편이 못되었다. 그리하여 답답한 사유를 적어 도원수에게 소지所志를 올리고 본가로 물러와서 조리하던 중 신병이 조금 차도가 있었다. 그래서 다시 종군하고 싶었지만 워낙 중병을 겪은 뒤라 기력이 쇠약하여 걸을 수 없고, 말을 타고 달리는 일은 도저히 감당할 수 없으므로 수군에 소속되기를 희망하였다.

원래 그는 연해안인 강진 고을에서 생장한 관계로 배에 대한 것을 조금 알고 있으므로 신병이 다 낫는 대로 수군에 소속되어 죽을힘을 다해 싸울 것을 맹세하였다. 이러한 내용의 소지를 받은 이순신은 그 정성이 칭찬할 만하고 바닷가에서 생장하여 배에 익숙하다 하였으므로 우선 그 소원에 의하여 신조 전선의 여러 장수들 중의 빈 자리에 보충 임명하여 군사를 거느리고 적을 무찌르게 하겠다는 내용의 장계를 올렸다.

그리하여 배경남은 이순신 막하에서 좌별도장이 되어 제2차 당항포 해전에서 왜 대선 1척을 격침시키는 등의 큰 활약을 하였고, 조방장까지 되었다. 그러다가 1597년 칠천량해전에서 전사하였다.

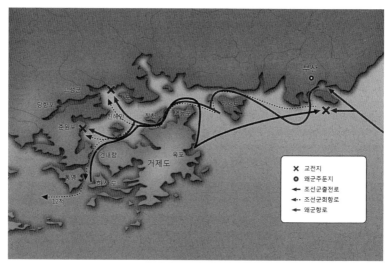

**칠천량해전도. 배경남은 극진한 수군 사랑으로 모범을 보였는데,
안타깝게도 칠천량해전에서 사망하였다**(ⓒ행복한미래).

16

한백록 : 초기 해전에서 최고의 전과를 거두다

한백록(韓百祿, 1555~1592)

임진전쟁 첫 전투인 옥포해전을 앞두고 이순신이 만난 경상우수군 장수들의 역할도 이순신의 해전 승리에 큰 영향을 미쳤을 것이다. 아울러 이들이 주축이 되어서 이후 경상우수군의 활동을 이끌고 전력 증강을 주도하는 데 기여했다고 볼 수 있다. 어떤 인물들이 이순신을 도와 전투를 승리로 이끌었는지 다음의 기록을 통해 살펴보자.

초6일 진시(오전 8시)에 ①원균元均이 우수영 경내의 한산도에서 단지 1척의 전선을 타고 도착하였으므로 적선의 많고 적음과 현재 정박하고 있는 곳과 접전하던 절차를 상세히 물었습니다. 그리고 그 도의 여러 장수인 ②남해현령 기효근奇孝謹, ③미조항첨사 김승룡金勝龍, ④평산포권관 김축金軸 등이 판옥선 1척에 같이 타고, ⑤사량만호 이여념李汝恬, ⑥소비포권관 이영남李英男 등이 각각 협선을 타고, ⑦영등포만호 우치적禹致績, ⑧지세포만호 한백록

韓百祿, ⑨옥포만호 이운룡李雲龍 등은 판옥선 2척에 같이 타고 초5일과 6일에 계속 뒤따라 왔으므로

위의 기록에 보면 이순신이 처음 만난 경상우수영 장수들은 모두 9명이다. 이들 중 자료부족으로 활동 내용을 확인하기 힘든 장수들은 생략하고, 전공이 큰 사람과 향후 활약상, 이순신과의 관계를 고려하여 가장 영향을 크게 미친 인물 3명에 대해 살펴보고자 한다. 그 첫 번째 인물이 바로 한백록이다.

한백록의 자는 수지綏之이며 본관은 청주淸州이고 춘천 서면 당산리堂山里 출생이다. 어려서부터 영특하고, 부모에게 효도하였으며, 경전과 병서 읽기에 익숙했다. 장성해서는 손자孫子·오자吳子의 병서를 즐겨 읽었으며, 무인의 길에 뜻을 두었다.

1580년(선조13) 경진庚辰 알성무과謁聖武科에 급제하였다. 진잠현감鎭岑縣監직을 수행하면서 농업과 잠업을 권장하며 병기를 수리 보완하여 사졸훈련에 힘쓰던 중 거제현 관하 지세포만호知世浦萬戶에 보직되었다.

임진전쟁이 일어나 부산이 함락되자 조정에서는 한백록을 부산진 첨절제사로 임명하였다. 그러나 부산이 적의 수중에 놓여 있어서 부임치 못하고 지세포만호로 근무하였다. 그러던 중 경상우수사의 요청에 따라 경상도를 구원하러 온 전라좌수군과 당포에서 합류하였는데 이때 그는 옥포만호 이운룡, 영등포만호 우치적과 함께 판옥선 2척에 나눠 타고 참전하였다. 이어서 첫 해전인 옥포해전에서는 일본군선 5척을 다른 경상도 수군 장졸들과 함께 분멸시켰다.

이어서 벌어진 제2차 출전에서 조선수군은 적선 총 72척을 분멸시켰

는데 이때 한백록도 경상우수군 지세포만호 직책으로 이순신의 작전에 협조하여 전공을 세우는 데 기여하였다. 그리고 한백록이 가장 크게 활약한 해전은 제3차 출전인 한산도대첩이었다. 당시 조선수군은 약 80척의 적선을 분멸시키고 적군 9천여 명을 사상시키는 큰 전과를 거두었다. 그런데 안타깝게도 한백록은 이 해전에서 큰 공을 세운 후 부상을 당했다가 회복되지 못한 채 미조항 부근에서 전사하고 말았다. 당시 조선 조정은 한백록을 초기 해전에서 가장 큰 공을 세운 인물로 평가하고 있었다는 것을 《선조실록》 기록에서 확인할 수 있다.

비변사가 아뢰기를,

"경상수사慶尙水使 원균元均의 승첩을 알리는 계본啓本은 바로 얼마 전 이순신李舜臣이 한산도閑山島 등에서 승리한 것과 한때의 일입니다. (중략) 적을 벤 것으로써 대략을 논하면 힘을 다하여 혈전했음에는 의심이 없습니다. 다시 1등에 참여된 이는 마땅히 별도로 포상을 하여야 할 듯합니다. 첨사僉使 김승룡金勝龍, 현령縣令 기효근奇孝謹은 특별히 당상堂上에 올리고, 현감縣監 김준계金遵階는 3품으로 승서陞敍하고, 주부主簿 원전元㙉은 5품으로 승서하고, 우치적禹致績 등 4인은 6품으로 승서하고, 이효가李孝可 등 13인은 공에 맞는 관직을 제수하소서. 만호萬戶 한백록韓百祿은 전후 공이 가장 많은데 탄환을 맞은 뒤에도 나아가 싸우다가 싸움이 끝나고 오래지 아니하여 끝내 죽음에 이르렀습니다. 극히 슬프고 애처로운 일이니, 또한 당상(堂上)으로 추증하소서."

하니 답하기를, "이에 의하여 조처해야 한다."

위 기록을 본다면 한백록은 이미 한산도해전에서 큰 공을 세우면서 부상을 당했지만 이어진 안골포해전에도 참가하여 적을 무찔렀다는 뜻이다. 이와 같은 수공을 인정한 조정에서는 당상관에 임명하도록 조처하고 있다,

한백록은 전쟁이 끝난 후 1605년 선무원종공신宣武原從功臣 이등으로 책록策錄되었으며, 1807년(순조 7)에는 병조판서로 증직되었다. 그리고 1811년(순조 11)에 '충장忠壯'의 시호가 내려졌다.

한백록을 '가선대부'로 임명한다는 교지

17

이운룡 : 이순신과 원균에게 인정받다

이운룡(李雲龍, 1563~1610)

이운룡의 본관은 재령(載寧)이며 자는 경현(景見), 호는 동계(東溪)이고 주 거주지는 청도(淸道)였다. 가계를 거슬러 올라가보면 본래 신라(新羅)의 원신(元臣)인 이알평(李謁平)의 후예이다. 고려 초에 문하시중(門下侍中) 우칭(禹偁)이 부마(駙馬)로 재령군(載寧君)에 봉해졌는데, 이로부터 재령 이씨가 있게 되었다. 후세에 이르러 청도(淸道)로 옮겨 살게 되었는데, 대대로 높은 관직을 역임하는 벌족(閥族)이 되었다.

증조부는 제용감 정(濟用監正)을 지냈으며, 조부는 부령부사(富寧府使)였고, 부친 몽상(夢祥)은 중직대부(中直大夫)로서 남해현령(南海縣令)을 지냈는데, 3세(世) 모두 무과(武科)를 통해 벼슬길에 올랐다. 특히 부령과 남해는 대를 이어 무과에 장원을 하였다.

그의 출생에 관한 기록 중에는 모친 이씨(李氏)가 1562년(명종 17) 9월 16일에 공을 낳았다고 일부 사료에 기록되어 있다(『澤堂集』 권10, 「碑銘」'息城

'李公墓碑銘'에는 이때 태어난 것으로 되어 있지만, 『萬曆十二年甲申秋別試文武榜目』에는 1563년에 태어난 것으로 되어 있다. 이는 아마도 출생 사실을 올린 시점이 1563년이었던 것으로 보인다. 따라서 공식적으로는 출생연도를 1563년으로 하되 실제 태어난 시점은 1562년으로 볼 수 있다). 이운룡은 이춘남(李春男)의 딸에게 장가들어 1남 1녀를 두었는데, 아들 엄(釅)은 전 평택현감(平澤縣監)이고 딸은 박위(朴瑋)에게 출가하였다.

이운룡은 성장해서는 스승 밑에서 학업에 힘을 쏟아 향리의 칭찬이 대단하였다. 공이 비록 무과를 통해 벼슬길에 나서기는 하였지만, 시간이 한가할 때면 마치 유생처럼 서책과 서한(書翰)을 가까이하곤 하였다.

이운룡은 청년시절 정로위(定虜衛)에 소속되었다가 그의 나이 22세이던 1584년(선조17) 무과 별시(別試)에 응시하여 병과(丙科) 85위(102/202)에 올랐다. 이후 1587년 선전관에 임명되고, 1589년 정월에 옥포만호로 임명되었다.

옥포만호로 3년째 근무하던 1592년 4월 임진전쟁이 일어나자 자신의 근무지인 옥포해전에 참가하였다. 이 싸움에서 그는 선봉장으로 임전하여 다른 경상우수군과 함께 적선 5척을 분멸시키는 데 기여하였다.

그 뒤 한산도대첩 등 여러 해전에 참가, 진두에서 용감히 싸워 적군의 내양(內洋) 진출을 막아 우리 수군이 남해의 제해권을 장악하는 데 큰 공을 세웠다. 그 후 웅천현감과 동래부사직을 거친 후 1595년에는 정3품 통정대부에 올랐으며, 1596년 이순신의 천거로 경상좌수사에 승진된 후 전쟁이 끝날 때까지 경상좌도의 수군을 주도하였다.

이운룡의 활동을 기록한 많은 사료들에서 공통적으로 드러나는 그의 업적은 임진왜란 발발 시 도주하려는 원균의 잘못된 행위를 꾸짖어 이순신과 합세하여 적을 막도록 하는 데 기여했다고 기록하고 있다. 한편 원균과 이순신 사이에 크게 틈이 벌어졌을 때, 조정에서 친하게 하려고 애썼으나 끝내 화해시키지 못하였음은 주지의 사실이다. 그런데 유독 이운룡만은 두 사람 사이에서 누구의 편도 들지 않았으므로 두 사람 모두 그를 중하게 여겼다고 한다.

이순신은 통제사제도 시행 후 웅천현감이던 이운룡을 불러서 각별한 얘기를 나누며 놀이를 함께하는 등 신뢰하는 모습을 보이고 있다. 특히 과거시험을 볼 때 참시관으로 웅천현감 이운룡을 임명하여 중시하는 모습을 보이기도 한다. 이운룡이 웅천현감에서 경상좌수사로 보직되게 된 것도 이순신이 이운룡의 능력을 조정에 잘 전달했던 덕이었던 것으로 추정된다.

그는 1596년에 경상좌수사가 된 이후 전쟁이 끝난 후에도 1602년까지 계속 경상좌수사로 봉직하였다. 이운룡에 대하여 명나라 유격 모국기가 1599년에 선조에게 작별인사를 하면서 크게 칭찬한 적이 있다. 즉 "수로총병 이운룡은 육군의 정기룡과 함께 훌륭한 장수로, 몸을 돌보지 않고 나아가 싸우는 것은 이보다 나은 사람이 없다."라고 언급할 정도로 그 능력을 높게 평가받았다.

이운룡은 1604년 전후의 논공행상에서 선무공신(宣武功臣) 3등에 책록되고, 식성군(息城君)에 봉해졌다. 아울러 도총부 부총관(都摠府副摠管), 포도대장(捕盜大將), 화기도감제조(火器都監提調)를 겸하였다. 그리고 비변사 당상(備邊司堂上)의 임무를 수행하게 되었는데, 그가 건의한 여러 가지 계책이 많이 채택되었다. 그 후 이운룡은 1605년 2월에 안릉군(安陵君)으로 봉해졌으며, 그해 7월에 경상우수사 겸 통제사로 제수되었다. 1607년 통제사직을 마치면서 식성군(息城君)으로 봉해졌으며, 1608년에는 함경도 남병사로 봉직 중 사헌부에서 술을 좋아한다는 이유로 파직을 건의하자 광해군은 "힘껏 싸워서 공이 있는 장수이니 바꾸는 것은 불가하다."고 하면서 거부할 정도로 신임을 받았다.

이후 충청수사를 거친 후 경술년(1610, 광해군 2)에 또 탄핵을 받고 체직되어 집에 돌아왔는데, 종기를 앓으며 오래도록 낫지 않다가 7월 2일에 이르러 생을 마치니 49세였다. 이후 병조판서에 추증되었으며, 청도의 금호서원(琴湖書院)과 의령의 기강서원(歧江書院)에 제향되었다.

이운룡의 묘소

18

우치적 : 노량해전에서 가장 큰 전공을 세우다

우치적 (禹致績, 1560~1628)

우치적의 본관은 단양(丹陽)이고 1560년(명종15)에 태어났다. 그의 부친은 우필성(禹弼成)이며 승훈랑(承訓郎)으로 행중림도찰방(行重林道察訪)을 지냈다. 우치적의 자는 여가(汝嘉)이며 주 거주지는 한성이었다. 그의 나이 24세이던 1583년(선조16) 알성시(謁聖試) 무과에 응시하여 병과(丙科) 14위(40/101)로 합격하였다. 여러 무관직을 거쳐 1592년에 경상우수영 소속인 영등포만호(永登浦萬戶)가 되었다.

그해 4월에 일본군선이 경상도 해안의 각 수군진포(水軍鎭浦)를 급습하자, 수사인 원균의 지휘하에 적선 10여 척을 쳐부수는 데 공을 세웠다. 5월 7일의 옥포해전에서는 옥포만호 이운룡(李雲龍)과 함께 선봉에서 연합함대를 인도하였으며, 이 해전에서 다른 경상우수군 장수들과 합력하여 적선 5척을 분멸시켰다.

이후 많은 해전에서 경상우수군의 선봉장으로서 크게 활동하였고, 적에게 잡혀 있던 우리 백성들을 다수 구해내었다. 약 4년간 경상우수군 소속으로 활동하면서 전공을 많이 세웠다. 1596년에 순천부사가 되었으며, 원균이 지휘한 칠천량해전 시 원균의 기함에 탑승하여 함께 싸웠다. 패색이 짙어지자 원균이 춘원포에 상륙했는데 함께 상륙한 사람이 선전관 김식과 순천부사 우치적이었다. 원균은 선전관 김식에게 임금에게 해전의 패전 전황을 신속히 알리도록 지시하고, 우치적에게는 전라도 지역으로 가서 수군의 패전 사실을 신속히 알리고 일본군의 침입에 대비하도록 조치할 것을 지시했다. 이에 순천부사 우치적은 신속하게 전라좌수영 쪽으로 달려가 미리 대비를 할 수 있도록 조치하였다.

우치적은 정유재란 시기 내내 순천부사직을 유지한 가운데 1598년에 노량해전(露梁海戰)에서 일본군을 무찌르는 데 큰 전공을 세웠다. 그는 노량해전이 격렬하게 진행될 때 적장 한 명이 대궁을 휘어잡고 루선 위에 높이 앉아서 독전하는 것을 보고 활을 쏘아 적장을 죽였다. 우치적은 혼전과 격전이 계속되고 있는 위급한 상황에서 침착하게 적의 장수급을 제거하는 데 성공하였다.

도원수 권율은 노량해전의 승리에 기여한 수군 장수들의 전공에 대해 다음과 같이 보고하였다. 통제사 이순신이 전사한 뒤에 통사 손문욱(孫文彧) 등이 임기응변으로 잘 처리한 덕택에 혈전할 수 있었다는 것, 이후 명수군 도독 진린이 함몰을 면한 것도 조선수군의 활약 때문이었다는 것, 노량해전에서 가장 큰 공을 세운 사람은 당연히 이순신이 탄 배였으며, 장수들로서는 우치적(禹致績)·이섬(李暹)·우수(禹壽)·류형(柳珩)·이언량(李彦良) 등이 공을 세웠다고 하였다. 우치적의 이름을 가장 먼저 거론할 정도로 우치적의 전공이 컸음을 알 수 있다.

우치적은 임진왜란이 끝난 후 여러 중요 보직을 거쳤고, 1611년에는 제10대 삼도수군통제사(1611. 8~1614. 2)로 복무하였으며, 1628년 함경북도 병마절도사로 재직하던 중 순직하였다.

우치적 장군의 초상과
〈불멸의 이순신〉의 우치적 장군을 연기한 이재포 배우

19

이영남 : 원균 휘하에서 이순신의 최측근이 되다

이영남(李英男, 1563~1598)

　　조선 중기 수군 장수 중에는 이영남李英男이라는 인물이 2명 있다. 한 사람은 임진전쟁 때 경상우수사 원균 휘하에서 소비포권관직을 수행하다가 이순신과 각별한 인연을 맺고, 임진전쟁 마지막 전투에서 가리포첨사로 참전했다가 전사한 인물이다. 다른 한 사람은 광해군 때에 제13대 통제사로 재임한 인물로, 1615년(광해군 7) 10월에 도임하여 이듬해인 1616년 2월에 진중에서 사망했다고 기록된 인물이다. 그런데 이 두 사람의 이름이 동일하다보니 각각 문중에서 혼란을 일으키고 있다. 여기서 전자는 본관이 양성 이씨임이 확실하고, 후자는 전의 이씨로 추정된다. 따라서 여기서 소개하고자 하는 것은 양성 이씨 이영남이 이순신과 어떤 인연을 맺었는지에 대해 소개하고자 한다.

　　이영남의 자字는 사수士秀이며, 본관은 양성陽城이다. 조부는 음죽현감陰竹縣監 이계보李季寶이고, 부친은 창신교위彰信校尉 이사종李嗣宗이다. 1563년에 현 충청북도 진천군 덕산면 기전리에서 태어났다.

이영남은 22세 때인 1584년(선조 17) 갑신 별시 무과에 응시하여 총 202명 중에서 180위(병과 163위)로 합격하였다. 이영남의 과거 동기로는 종족宗族으로, 나이는 많지만 먼 조카뻘인 이설李渫을 비롯하여 이운룡李雲龍, 배응록裵應祿, 이의득李義得, 이정표李廷彪, 최도전崔道傳, 유황柳滉, 신영해申榮海 등 이순신의 휘하에서 활약하는 인물들도 많이 합격했다. 초기 관직으로는 선전관宣傳官이 되었다. 이후의 행적은 잘 드러나지 않는다. 막연히 북방에서 군관으로 근무했을 것으로 추정할 뿐이다.

그러다가 1592년(선조 25) 임진전쟁 개전 당시에는 경상우수군 중의 소비포권관所非浦權管이 되었다. 《선조수정실록》에서 율포만호로 기록되어 이로 인하여 다른 자료에 잘못 기록된 곳이 많은데, 율포는 권관權管을 파견하는 곳이며, 《임진장초》에도 5월 4일자로 소비포권관으로 기록하고 있다. 아울러 《정만록》 등 다른 기록에 개전 초기의 율포권관으로 이찬종李贊宗이 명확히 나온다. 이영남은 소비포권관으로 재직하고 있으면서 전라좌수사 이순신과의 연합 함대 구성을 요청하는 청병 사절로 활동하여 일을 성사시켰다. 아울러 임진년 첫 출전에서 이순신함대와 함께 참전한 장수 중에 이영남은 소비포권관으로 참전하여 첫 해전인 옥포해전에서 5척의 적선을 분멸시키는 데에 큰 역할을 담당하였다. 그리고 전라좌수영과 경상우수영의 연합 함대가 구성된 후에도 소비포권관으로 3년간 근무하였다.

이순신과 이영남의 인연

이순신과 이영남의 관계가 어떠했는지에 대해서는 《난중일기》에 매우 상세하게 나온다. 이영남에 대해 처음으로 언급한 것은 1593년(계사년) 2월 7일이다. 당시 웅포해전을 치르기 위해 경상우수군과 연합했을 때 교류가 보인다. 이후 2월 중에 네 번 더 만났다는 기록이 보인다. 그중 하루는 원균의 잘못된 행동에 대해 보고하였다(2월 23일). 이순신은 이 해에만 23회(2월 5회, 3월 1회, 5월 6회, 6월 4회, 7월 2회, 8월 3회, 9월 2회)나 소비포권관 또는 이영남을 언급하고 있다. 소비포권관직을 가진 이영남에 대해 1594년(갑오년)에는 34회, 1595년(을미년)에는 4회 기록하였다.

이영남 영정(양성 이 씨 종친회 소장)

이순신의 일기에 보면 초기에는 이영남이 왔다 갔다는 간단한 기록이 주를 이루고, 원균에 관한 정보를 얻는 내용을 기록하고 있다. 그러다가 1593년 9월 13일에는 이영남과 술을 함께 마셨고, 이후 같이 식사를 하기도 했으며, 잠을 함께 자기도 하였다. 그리고 1594년 4월 25일부터 5월 중순까지 이순신이 전염병에 걸려 앓고 있을 때, 이영남은 약을 보내기도 하였다(5월 10일). 병이 나은 후에는 이영남과 함께 종정도놀이를 즐기기도 하였고, 그해 5월 27일에는 이영남이 아프다는 사실을 일기에 기록할 정도로 각별한 정을 나누고 있다. 이영남은 이순신에게 쇠고기 등을 보내기도 하였고, 이순신은 이영남과 함께 활을 쏘기도 하였다. 이처럼 이순신과 이영남은 날이 갈수록 더욱 친밀해져 거의 측근이 되는 모습을 보이고 있다.

그러면 이순신과 이영남은 단순히 정보만 듣고 인간적인 정만 나누는 관계였을까? 결코 그렇지 않다. 임진전쟁 시기 조선수군에 삼도수군통제사 제도가 생긴 것은 1593년 8월부터이다. 이후부터 통제사인 이순신은 이영남을 중용하는 모습을 보인다. 예를 들어 1594년 3월 4일과 5일에 있었던 제2차 당항포해전에서 이영남은 당시 조방장 어영담이 지휘하는 30척 전선 지휘관 중의 한 명으로 발탁되었다. 이 해전의 결과 좌선봉장 훈련판관 겸 소비포권관 이영남은 왜군의 대선 2척을 분멸시키는 최고의 전과를 거두었다. 이어 한달 후에 있었던 한산도 진중 무과를 시행함에 있어서 그는 여도만호, 남도포만호와 함께 녹명관錄名官에 선발되어 과거 진행의 실무를 맡기도 하였다.

그런데 이영남은 경상우수사가 직속 상관이다. 어떻게 해서 자신의 주장主張을 존경하지 않고 이순신에게 무한한 존경심을 표했을까? 심지어 이영남은 원균의 잘못된 행동을 이순신에게 보고하고 있다. 이것은 아마도 초기 해전을 치루는 과정에서 만난 이순신이 이영남에게는 이상적인 지휘관의 표상으로 작용했을 것으로 추정할 수 있고, 이순신도 이영남의 자질을 높게 평가하면서 인간적인 매력을 느꼈을 수도 있다. 반면에 이영남은 자신의 주장인 원균의 지휘 스타일에 혐오감을 느꼈을 수도 있다. 그러했기 때문에 자신의 근무지를 수시로 비우면서 이순신에게 가까이 다가간 것이다. 이러한 과정에서 괘씸죄에 걸려 원균으로부터 곤장 30대를 맞은 적도 있고(1594년 7월 21일 기사), 원균이 자신을 모함하려고 하는 징후(1594년 9월 11일 기사)를 눈치채고 근 2개월 동안 스스로 근신하여 이순신을 만나지 못한 적도 있다.

이러한 관계 속에서 두 사람은 매우 친밀한 관계를 유지하다가 이영남은 이후 태안군수를 거쳐 1595년(선조 28) 북방으로 전직되어 약 6개월 동안 강계부판관江界府判官을 역임하였다. 《난중일기》 1596년(병신년) 5월 7일~12일의 기사에는 이영남이 한산도를 방문하여 이순신과 같이 진에 머물던 이야기와 평안도 이야기를 하면서 회포를 푼 것이 기록되어 있다.

- 5월 7일 계유 비. 밤에도 걱정하고 앉았는데 문 두드리는 소리가 나기에 열고 물어보니 이영남이 도착한 것이었다. 불러들여 조용히 옛날 지내던 일을 이야기했다.
- 5월 8일 갑술 맑음. 아침에 이영남과 이야기하고 늦게 나갔다.
- 5월 9일 을해 맑음. 몸이 몹시 불편하여 나가지 않았다. 이영남과 평안도 일을 이야기했다.
- 5월 11일 정축 맑음. … 거제(안위), 영등(조계종), 이영남들과 잤다.

• 5월 12일 무인 맑음. 이영남이 돌아갔다.

　이후 1596년 11월 6일에 장흥부사에 임명되어 12월에 부임하였지만, 1597년(정유년) 5월에 상중喪中에 고기 음식을 먹었다는 이유 등으로 탄핵을 받아 교체된다. 이후 충청병사 이시언李時言의 조방장으로 활약하였다. 그러다가 1598년(무술년)에 정확한 시기는 불명이나 가리포첨사로 옮겼다가 노량해전에서 전사한다. 종전 후 전공 심사를 받은 결과 1605년(선조 38)에 선무원종일등공신宣武原從一等功臣에 녹훈되었다. 이후 1621년(광해군 13)에는 병조참판에 추증되었다. 통제영이 있던 전라남도 완도군 고금도의 충무사忠武祠에 이순신 장군을 주벽으로 하여 배향되었다. 묘소는 충청북도 진천군 덕산면 기전리에 있다.

20

원유남 : 충청수군의 위상을 높이다

원유남(元裕男, 1561~1631)

충청우후로 활동한 원유남을 소개하기 전에 먼저 임진왜란 기간 중 충청수사는 누가 임명되어 활동했는가에 대해 소개하고자 한다. 임진왜란 발발 초기 충청수사는 변양준이었다. 이후 1592년 12월경에 정걸로 바뀌었다. 1년간 근무한 정걸은 1593년 11월경에 구사직으로 바뀌었고, 구사직은 1594년 3월 16일에 전선 9척을 거느리고 한산도로 온다. 그러다가 1달 뒤인 4월 15일에 파직되어 나가고 이어서 4월 18일엔 이순신李純信이 충청수사로 부임한다. 이순신은 1594년 10월 13일 이후 충청수영으로 복귀한 후 파직당하고 자료에 보이지 않는다. 그 후 새 수사로 이계정이 부임했지만 1595년 3월 휘하 함선을 거느리고 충청수영을 떠나 서해를 따라 내려오던 도중 전선에서 불이 나 사망하고 만다. 이계정의 후임 수사로 선거이가 1595년 5월 18일 한산도에 부임해 활동하였다. 그러다가 선거이는 9월 15일에 한산도를 떠나 충청수영으로 복귀하고, 한산도에는 1594년 7월부터 근무해온 충청우후 원유남이 충청수군을 이끌었다. 충청수영으로 복귀한 선거이는 1596년 7월에 황해병사로 전보되고 후임에는 함경도 남병사를 역임한 최호가 보직된다. 최호는 1596년 후반기까지 충청수영에 머물다가 그해 11월에 한산도로 가서 지원하라는 지시에 의해 1596년 말 이후 한산도로 남하하여 활동하게 된다. 그리고 최호는 1597년 7월의 칠천량해전에서 전사한다. 최호의 후임으로 권준이 임명되어 활동한다. 1598년 초기 권준이 해직되고, 그 후임으로 함경도북병사를 지낸 오응태가 보직되어 노량해전까지 활약한다.

이와 같이 임진왜란 발발 후 1596년까지 충청수사를 역임한 사람은 변양준→정걸→구사직→이순신李純信→이계정→선거이→최호→권준→오응태 등 9명이다. 이 중 이순신과 한산도에서 활동한 사람은 정걸, 구사직, 이순신, 선거이뿐이다. 함께한 시기도 그렇게 길지 않다. 오히려 우후로 활동한 원유남이 이순신과 밀접한 관계를 유지하고 있다. 이순신이 충청수군을 활용한 작전을 수행할 때 주로 우후 원유남과 협의하였다.

원유남의 본관은 원주原州이며, 자는 관부(寬夫, 관보寬甫라고도 기록되어 있음)이고 할아버지는 첨지중추부사 송수松壽이다. 아버지는 통훈대부通訓大夫 호호豪이며 행경흥도호부사行慶興都護府使를 지냈고, 어머니는 상주김씨尙州金氏로 승훈랑承訓郎 광후光厚의 딸이다.

청년기를 한성에서 생활했으며 23세 때인 1583년(선조16) 무과 알성시謁聖試에 병과丙科 34위(60/101)로 급제하였으며, 1586년 무과중시에도 급제하였다. 1592년 임진왜란이 일어나자 권율權慄의 휘하에서 공을 세운 후 충청수영의 우후가 되어서 한산도 진중에서 활동하였다. 1596년 강원·충청·강로江路 등의 조방장助防將을 지냈다. 이듬해 정유왜란이 일어나자 분의복수군奮義復讐軍의 장령將領으로 활약하였다.

이순신과 원유남이 접촉을 시작한 시점은 1594년부터이다.《난중일기》에는 1594년 7월 9일에 처음으로 충청우후 원유남이 보인다. 충청수사가 구사직에서 이순신으로 바뀌었을 무렵 원유남은 한산도에 내려와 활동을 시작한 것으로 볼 수 있다. 그는 충청우후직을 맡아서 활동하는데 충청수사는 충청수영에 근무하면서 한산도에 왕래하는 반면 우후 원유남은 한산도에 계속 머물러 이순신과 자주 접촉하였다. 특히 1596년에는 이순신과 원유남의 접촉 빈도가 매우 높았다. 아마도 수사는 자주 바뀌고 한산도와 본영을 교대로 근무하긴 해도 우후는 지속적으로 한산도에서 근무하다 보니 이순신의 원유남에 대한 의존도가 높아진 것으로 보인다. 비록 강화기간 동안의 활동에 집중되어 뚜렷이 드러나는 전공은 보이지 않지만 이순신의 수군 운영에 있어서 당시 충청도 수군을 지휘하는데 원유남의 도움은 절대적이라고 할 수 있겠다. 원유남 역시 충청수군의 실질적인 책임자로서 경상도와 전라도에 비해 규모가 작았던 충청수군의 위상을 제고하는 데 큰 노력을 기울였을 것이다.

원유남은 전란이 끝난 후 1605년 창성부사昌城府使를 거쳐 지중추부사知中樞府事가 되고, 1623년 인조반정에 가담하여 정사공신靖社功臣 3등에 녹훈되고 원계군原溪君에 봉해졌다. 1624년 이괄李适의 난이 일어나자 왕명을 받아 유도대장留都大將으로서 재상 윤방尹昉과 더불어 서울을 지켰다. 시호는 충숙忠肅이다.

원유남 장군 묘소에 있는 '묘표'(묘에 대한 설명)

21

마하수 : 피난선으로 명량해전을 승리로 이끌다

마하수(馬河秀, ?~1597)

마하수馬河秀는 본관은 장흥이며, 1564년(명종 19) 별시 무과에 급제하여 벼슬이 감찰이 되었고, 1585년에 선공감 주부가 되었다.

성질이 꼿꼿하여 남에게 굽히지 않고 잘 어울리지 않았으므로 다른 사람들과 화합되지 않았다. 마하수는 워낙 효자인지라 어버이가 늙어서 거동이 불편해지자 벼슬을 그만 두고 집에 돌아가 봉양하였다. 임진전쟁을 당하여 부모를 피난시킨 채 지내다가 1595년에 어버이의 명령으로 배흥립의 막하로 가서 의병을 거느리고 특별한 공적을 쌓았다. 같은 해 7월에 어버이가 일본군에 의해 죽자 복수할 것을 결심하고 더욱 적과 함께 살기를 원하지 않았다. 1597년 정유재란 시 배 한 척을 만들어 해상에서 피난하다가 이순신이 복직했다는 소식을 듣고 기뻐하며 여러 사람과 같이 배를 준비해 가지고 '우리들이 무엇을 걱정하랴' 하고 자제와 종과 군량과 기계를 싣고 회령포로 가서 이순신을 찾았다. 이에 이순신이 이르기를 "칼날을 무릅쓰고 찾아오니 무척 수고했구려. 그대의 고을에서 온 피난선이 몇 척인고?"하므로 마하수는 "10척 가량 됩니다."고 대답했더니 이순신이 다시 "내가 나라의 어지럽고 흔들리는 때에 임무를 맡아 세력이 궁하고 힘이 부족하니 자네가 시골 배를 모으고 나의 후원이 되어 군의 위용을 갖추도록 해달라."하므로 마하수는 "제가 비록 늙고 쇠약하오나 가슴 속에 오직 '의'라는 글자 하나를 가졌습니다. 마땅히 공과 함께 죽고 삶을 같이 하겠습니다."했더니 이순신이 극구 칭찬했다.

명량해전에서 마하수는 피난선 100여 척과 함께 바깥 바다에서 진을 벌리고 있다가 이순신이 적에게 포위됨을 알고, 네 아들(성룡·위룡·이룡·화룡)과 함께 일본군의 진중에 뛰어들어 싸웠다(자료 제공 : 현충사).

그리하여 마하수의 요청에 의해 백진남·김성원·문영개·변홍원·백선명·김택남·임영개 등 10여 인이 각각 피난선을 가지고 와 모였다. 정명열도 역시 그 가운데 끼어 있다가 마하수를 보고는 "우리들이 본래부터 길러온 충성심을 오늘날을 당하여 늦추어서는 안 됩니다. 들자오니 통제사 이순신이 방금 피난선으로 하여금 먼 바다에 열 지어 군대같이 가장하라 하시니 이 기회를 타서 같이 나간다면 파죽의 승세가 오직 이 한 번에 있을 것이오."하므로 마하수도 "내 마음도 벌써 정했다."고 대답했다.

이러한 마하수의 참전 소식을 들은 많은 피난선들도 모여들어 모두 100여 척이나 되었다. 그리하여 명량해전이 벌어졌을 때 마하수는 피난선 100여 척과 함께 바깥 바다에서 진을 벌리고 있다가 이순신이 적에게 포위됨을 바라보고는 칼을 뽑아들었다. 그는 "대장부는 죽을 뿐이지 어려움을 당하여 어찌 구차하게 면할 것이냐."라고 외치면서 네 아들(성룡·위룡·이룡·화룡)과 함께 일본군의 진중에 뛰어들어 오랫동안 힘껏 싸웠다. 결국 적의 세력이 크게 허물어지면서 베고 노획한 것이 무척 많았다. 그러다가 마침내 탄환에 맞아 죽었다. 네 아들은 초상난 것을 숨기고 좌우를 쳐 죽이고 헤쳐 나와서 고향 배에 시체를 보호하도록 부탁한 후에 손에 칼을 들고 다시 나아갔다. 그러나 이미 적은 이순신에게 격파되어 전군이 달아나고 다시 손을 쓸 수가 없었다. 뒷날 호남의 유생들이 공적을 조정에 올려 참판에 증직되었다.

3부

이순신을 '명장'으로
만든 사람들

01

이후백 : 이순신에게 공직자의 자세를 전수하다

이후백(李後白, 1520~1578)

이순신이 무과에 급제한 후 가장 먼저 보직을 받은 곳은 함경도 삼수 고을에 위치한 동구비보의 권관權管(종9품)직이었다. 이곳은 산간 오지 중의 오지로 일등 귀양지이기도 하였다. 기록에 의하면 임진전쟁 중에 설상가상으로 큰 지진까지 일어나기도 하였다. 이곳에서 이순신은 만 2년간의 초급 무관직을 수행하였다.

이순신이 근무하던 기간 중 당시 함경감사로 근무하던 이후백李後白이 각 진을 순행하여 변방 장수들에게 활쏘기 시험을 받았는데, 변방 장수들로서 벌을 면한 자가 적었다. 특히 그는 벌을 줄 때 곤장을 잘 때려 '곤장 감사'라는 별명을 얻기도 하였다. 그가 이순신이 근무하던 곳에 와서는 이순신의 군기 보수와 방비 태도에 대해 칭찬을 아끼지 않았다. 이때 이순신은 이후백에게 다음과 같이 말했다.

"사또의 형벌이 너무 엄해서 변방 장수들이 손발 둘 곳을 모릅니다."라

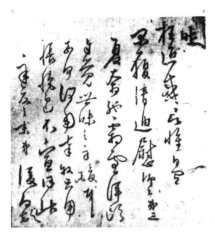

이후백의 필적

고 했더니, 감사가 웃으며, "그대 말이 옳다. 그러나 난들 어찌 옳고 그른
것을 가리지 않고 하랴."하였다.

이후백은 본관은 연안이고, 호는 청련靑蓮으로 1520년(중종 15)에 태어
나 1555년(명종 10) 36세 때에 과거에 급제하였다. 벼슬은 호조판서, 이조
판서, 대제학에까지 이르렀으며, 1578년(선조 11)에 호조판서로 함양에 성
묘를 갔다가 병에 걸려 죽었다.

그가 이조판서로 근무할 때 공정한 태도에 힘쓰고 청탁을 받지 않아
비록 친구라 할지라도 만약 자주 가면 좋지 않게 여겼다. 어느날 일가 사
람이 찾아와 벼슬을 부탁하니, 안색이 변하면서 사람의 성명이 많이 기
입된 책자를 꺼내 보여주었다. 이는 장차 벼슬을 주려는 사람들의 이름
이었는데, 그 일가 사람의 성명도 또한 그 기록 속에 있었다. 후백이 말하
기를, "내가 자네 이름을 쓴 것은 장차 천거하려던 것이었는데, 이제 자
네가 벼슬 구하는 말이 있었으니, 만약 구하는 사람이 얻는다면 이는 공

도公道가 아니다. 아깝다. 자네가 말을 하지 않았다면 벼슬은 얻었을 것일세." 하였다. 이후백은 한 벼슬을 임명할 때마다 그 사람이 가히 맡길만하고, 안 한 것을 항상 널리 물어서 했고, 만약 적당하지 않은 사람에게 벼슬을 주었을 때는 밤새도록 잠을 자지 못하고, "내가 국사를 그르쳤다."고 하면서 한탄하기도 하였다.

이후백은 벼슬을 살 때 직분을 다하고 스스로 몸을 청고淸苦(청렴하여 곤궁을 견디어 냄)하게 가져서 벼슬이 판서에 이르러서도 가난하고 검소하기가 유생과 같았다. 선물을 일절 받지 않았고, 손님이 와도 식탁이 보잘것 없어 사람들이 그 결백에 감복하였다. 이러한 그의 공직자로서의 강직하고 청렴한 태도는 처음 벼슬길에 나온 이순신의 공직관에도 큰 영향을 미쳤을 것으로 보인다.

02

정언신 : 이순신을 추천하고 이순신의 참된 스승이 되다

정언신 (鄭彦信, 1527~1591)

이순신이 조산보만호 겸 녹둔도 둔전관 시절 여진족의 침입을 제대로 방어하지 못했다는 이유로 북병사 이일의 휘하에서 백의종군을 하였다. 그 기간 중 여진족의 본거지인 시전부락에 대한 대토벌전이 있었다. 이 전투에서 이순신은 우화열장으로 참가하여 전공을 세운 바 있다. 그 공로로 이순신은 특사되어 아산에서 쉬고 있었다. 당시 사소한 것들로 인해 파직되었을 경우에는 곧 복직이 가능했지만, 백의종군을 당한 후 복직되기란 쉽지 않았다. 그런 상황에서 1589년(선조 22) 1월, 비변사에서는 무신을 불차채용不次採用 하겠다면서 추천하라고 했다. 조정의 이름 있는 신하들이 각기 자신들이 평소 그 역량을 높이 평가하고 있던 무장들의 이름을 제출함으로써 수십 명의 무장들이 추천되었다. 이때 이순신을 추천한 대신은 2명이 있었는데, 그중 한 사람이 정언신鄭彦信이었다.

여기서 정언신이 이순신을 추천한 것은 특히 의미가 크다. 정언신은

1583년(계미년) 니탕개의 난 때에 현지에서 토벌을 총지휘했던 순찰사였기에 당시 전투에 참가했던 북도 장사들의 역량을 누구보다도 정확하게 파악할 수 있는 사람이었고, 당시에는 병조판서로서 전국의 군정을 지휘하고 있었기 때문이다.

정언신의 호는 나암懶菴이고, 본관은 동래이다. 1527년(중종 22)에 출생하여 1566년에 문과에 급제하고 한림·부제학을 역임한 후 병조판서를 거쳐 1589년에 정승이 되었다. 그러나 정여립의 옥사에 관련되어 남해로 귀양을 갔다가 1591년에 65세를 일기로 죽었다. 그 후 1599년에 복관復官되었다.

북병사 시절 번호藩胡의 귀순한 자들이 정언신의 은혜와 신의를 사모하여 아들을 낳으면 매양 정언신의 성명을 따서 이름을 지을 정도로 덕망이 높았다. 계미년 니탕개의 난 때에 임금이 함경도 순찰사에 발탁하고, 운검雲劍(의장에 쓰는 큰 칼)을 주었다. 정언신은 인재를 알아보는 데에 능하였으니 막하에 있던 이순신을 비롯하여 신립·김시민·이억기 들은 모두 명장이었다.

정언신과 관련된 국조인물고(ⓒ국조인물고)

이순신이 39세 때 건원보 권관으로 근무하던 시절, 부친 이정이 그해 11월 15일에 73세를 일기로 세상을 떠났다. 이순신이 이 소식을 해가 지난 1월에 듣게 되어 상부에 보고한 후 아산으로 향할 때 정언신은 의관을 제대로 갖추지 못한 이순신이 건강을 해칠까 염려하여 여러 번 사람들을 보내 뒤를 보살펴주라고 당부하기도 하였다.

한편 1589년에 정여립 모반 사건이 발생하여 많은 선비들이 수난을 당하였는데, 특히 정여립이 속한 동인들의 피해가 컸다. 이순신을 아끼던 우의정 정언신도 정여립과 9촌간이라는 이유로 유배되어 병으로 죽었다.

당시 정언신이 투옥되었을 때 이순신이 옥으로 문안을 갔다. 이때 금오랑들이 술을 마시며 노래를 부르는 것을 보고 "죄가 있고, 없는 것은 왕이 가릴 것이나 재상이 옥중에 있는데 미안한 일이 아니냐."고 꾸짖었다. 이러한 행위를 볼 때 이순신은 정언신과 매우 밀접한 관계임을 여실히 알 수 있다.

03

류성룡 : 이순신의 멘토로 이순신을 전라좌수사로 추천하다

류성룡(柳成龍, 1542~1607)

이순신이 자신의 재능을 마음껏 발휘하도록 도와 준 사람들 중에 으뜸은 단연코 류성룡柳成龍이었다. 그만큼 류성룡은 이순신의 멘토로서의 역할을 충실히 수행한 사람으로 평가된다. 류성룡의 본관은 풍산이며, 자는 이현而見, 호는 서애西厓이다. 《홍길동전》의 저자 허균許均은 그의 문집 《성소부부고惺所覆瓿藁》에 다음과 같이 적어 놓았다.

> 나의 친가는 건천동에 있는데 청녕공주靑寧公主 댁 뒤부터 본방교本房橋까지 겨우 34집으로 조선 이래 많은 인재를 배출하였다. …(중략)… 근세 인물로는 류성룡, 나의 형(허성許筬으로 추측됨), 이순신, 원균 등이 일시에 이곳에서 태어났다.

다시 말해 임진전쟁 당시 명상名相으로 조선 정국을 주도하던 류성룡,

명나라와의 외교에 공이 컸던 허성許筬(1548~1612), 이순신과 함께 수군으로 활약한 원균元均 등이 같은 동네 출신이라는 것이다. 그러나 이 기록이 정확하다고는 볼 수 없다. 왜냐하면 이순신은 건천동 출신이지만 류성룡은 안동 출신이고, 어려서 고향에서 지내다가 소년 시절에 한성으로 올라왔기 때문에 일시에 태어났다는 표현은 맞지 않는다고 본다. 이것은 같은 시대에 이곳에서 살았다는 표현이 적합할 듯하다.

구체적으로 보면 류성룡이 13세에 한성에 와서 수학했기 때문에 3살 차이인 이순신이 10살에 만나 같은 동네에서 살았다는 이야기가 성립한다. 따라서 어느 정도 친분을 쌓기 위해서는 2~3년의 기한이 필요하다고 볼 때 이순신이 아산으로 내려가기 전 약 3년 정도 류성룡과 교분을 쌓았을 것으로 추정된다.

어쨌든, 후에 선조에게 이순신을 천거한 사람은 류성룡이다. 선조가 류성룡에게 이순신이 어떤 인물이냐고 묻자, 류성룡은 이렇게 답하였다. "이순신은 한 동네 사람이어서 신이 어려서부터 아는데, 직무를 잘 수행할 사람이라 생각합니다. 그는 평소에 대장이 되기를 희망하였습니다. 또 성품이 강인하고 굳세어 남에게 굽힐 줄 모릅니다."라고 하였다. 이 말은 류성룡이 어렸을 적부터 이순신과 교분이 있었다는 것을 의미한다.

류성룡의 이순신 전라좌수사 천거

이순신이 오늘날 민족의 영웅으로 각광을 받게 된 것은 그가 자신의 능력을 십분 발휘할 수 있도록 수군 지휘관에 천거한 류성룡의 공로가 매우 크다고 할 수 있다. 왜냐하면 역사에 가정은 없다고 하지만 만약 임진전쟁 직전에 류성룡이 이순신을 전라좌수사직에 천거하지 않았다면 어떻게 되었을까? 아마도 이순신은 정읍현감직에 그대로 머물러 있었거나 수군직이 아닌 다른 직책을 전전했을 수도 있었을 것이다. 그럴 경우 과연 오늘날 우리가 대하는 이순신의 모습이 가능했을까? 이런 면에서 이순신에게 있어서 류성룡은 가장 든든한 후견인—리더십 용어로 멘토— 이었던 것이다.

이러한 이유 때문에 이순신과 류성룡의 관계에 있어서 우선적으로 생각할 수 있는 것은 바로 천거이다. 류성룡은 당시 난국을 극복하기 위해서는 인재를 확보하는 것이 선결 과제임을 제시하였다. 그러면서 당시 조선은 인재 등용에 제약 요소가 많고, 길도 협소하며, 담당 관리의 부정과 적재적소에 등용할 수 있는 자질을 갖춘 자가 없기 때문에 인재를 구하기가 어렵다는 뜻을 개진하였다. 이에 따라 선조는 반드시 인재를 얻은 다음에야 일을 할 수 있으니 비변사 당상은 각기 알고 있는 사람을 천거하라는 명을 내렸다.

이에 류성룡은 인재 등용의 대원칙을 구체적으로 정리한 후 10조목을 작성하여 왕에게 품의하였다. 그 10조의 내용 중 가장 수위에 위치한 원칙을 보면 '식견과 사려가 깊고 병법을 훤히 알아서 장수의 책임을 감당할 만한 자'로 규정하고 있다. 즉, 10가지의 요건 중 첫 번째로 장수가 될 만한 인물은 바로 이순신을 염두에 둔 것으로 보인다.

류성룡은 이순신이 그러한 자질을 갖추고 있었음에도 하급 관료로 명망이 알려져 있지 않았기에 인품이나 자질이 정당하게 평가받지 못하고 있었다고 보았다. 다시 말해 이순신은 필요한 시기에 격식을 혁파하여 과감하게 천거해줄 대상을 만나지 못하고 있었던 것이다. 그러던 중 결국 류성룡이 우의정 겸 이조판서를 맡게된 1591년에 당시 정읍현감에 있던 이순신을 전라좌수사로 발탁하게 되었다.

류성룡은 이순신을 어떻게 알고 있었을까?

당시 류성룡이 이순신을 어떻게 평가하고 있었을까? 그가 같은 문우인 학봉 김성일에게 보낸 편지 내용을 통해 알 수 있다.

> 전라좌수공은 담력과 지략이 남보다 뛰어나다는 것은 내가 매우 잘 알고 있습니다. 현재의 무장 중에는 그와 비교할 만한 사람이 없을 것 같으니 수상에서의 모든 책임은 오로지 그 사람에게 있습니다. 영공께서도 서로 통하여 그와 모든 일을 논의하고 힘을 합하여 서로 도우면 유익한 점이 기필코 적지 않을 것입니다.

이러한 류성룡의 인식과 병행하여 이순신도 류성룡에 대하여 매우 밀접한 관계임을 보이고 있다. 특히《난중일기》임진년 3월 5일의 기사에는 다음과 같은 기록이 보인다.

> 저녁에 서울 갔던 진무가 돌아왔다. 좌의정 류성룡이 편지와《증손전수방략增損戰守方略》이라는 책을 보내왔다. 이 책을 보니 수전, 육전, 화공전 등에 관한 전술을 낱낱이 설명했는데, 참으로 만고에 뛰어난 이론이다.

이러한 사실을 볼 때 당시 비변사에서 만든 병법서를 도제조都提調를 겸한 류성룡이 이순신에게 참고하도록 직접 보냄으로써 이순신의 전략·전술 수립에 많은 도움이 되었을 것이다.

류성룡 영정(충효당 소장)

　이와 같은 기록 외에도 류성룡과의 밀접한 관계를 나타내는 기사가 종종 보인다. 예를 들어 '영의정에게 편지를 썼다' 또는 '영의정의 편지가 왔다'는 기록이 수차례 나타나고 있다. 그리고 서신 왕래도 가끔 한 기록도 보이는데 특히 《이충무공전서》에는 그에게 쓴 편지의 원문도 수록되어 있다.

　류성룡은 전쟁 기간 내내 이순신의 후원자로서 역할을 수행했지만 이순신이 옥에 갇히게 될 때에는 정작 아무런 힘도 발휘하지 못했다. 이것은 그가 《징비록》에서 '내가 이순신을 천거했기 때문에 나와 사이가 나쁜 사람들은 원균의 편을 들어 이순신을 몹시 모함했다.'라고 밝힌 것처럼 이순신을 두둔할 경우 자신의 실각도 우려했음을 알 수 있다. 일부 시각에서는 이러한 사실을 가지고 류성룡의 좀 더 적극적인 변호가 아쉬웠음을 토로하기도 한다.

류성룡은 그의 절친한 지기였던 이순신의 죽음에 대해 매우 애석해하였다. 그는 《징비록懲毖錄》에서 이순신의 평소 모습과 그가 재주를 다 펼치지 못하고 죽은 것에 대해 다음과 같이 안타까워하는 심경을 피력하였다.

그의 사람됨은 말과 웃음이 적었고, 용모가 단아하고 수려하여 근엄한 선비와 같았다. 그러나 그의 가슴 속에는 담기가 있어 몸을 잊고 싸우다가 순국하였으니, 이는 평소부터 그의 정신 속에 쌓여온 수양의 결정이었다. …(중략)… 이러한 재질을 가진 그가 명을 타지 못하여 재주의 한 가지도 제대로 베풀어 보지 못한 채 세상을 떠났으니, 아! 참으로 안타까운 일이로다.

04

이원익 : 이순신의 활약상을 정확하게 알리다

이 원익 (李元翼, 1547~1634)

이원익李元翼은 임진전쟁 강화기부터 정유재란기 동안 도체찰사로서 임진전쟁을 극복하는 데에 큰 활약을 한 인물이다. 그리고 이순신과의 관계도 매우 좋아 《난중일기》 곳곳에도 그와 관련된 일들이 보인다. 특히 1596년 후반기에 선조의 이순신에 대한 인식이 매우 부정적인 방향으로 흐르고 있을 때에도 이원익은 이순신을 변호하는 데에 노력을 아끼지 않았다. 《선조실록》에 수록된 1596년 10월 5일의 선조와 이원익과의 대화 내용을 살펴보면 이를 짐작할 수 있다.

> **선조**　통제사 이순신이 일에 힘을 쓰나?
>
> **이원익**　그 사람은 졸렬한 사람이 아니라 일에 힘을 쓰옵니다. 그래서 한산도에 군량을 많이 쌓아 두었다 하옵니다.
>
> **선조**　처음에는 왜적을 부지런히 잡더니만 그 뒤에 들으니 게으른 생각이

없지 않다는 데 위인이 어떤고.

이원익　소신의 소견에는 여러 장수들 가운데 제일 쟁쟁한 사람이라 보옵니다. 전장에서 처음에는 부지런하다가 나중에는 게을리한다는 것도 신으로서는 알지 못하는 일이옵니다.

선조　통솔하는 재능은 있나?

이원익　소신의 생각에는 경상도 여러 장수들 가운데 이순신이 제일인 줄 아옵니다.

이와 같이 이원익은 이순신의 인격을 알아주던 현철한 인물이었고, 당시에 가장 저명한 재상이었다. 호는 오리梧里이며 1547년생으로, 이순신보다 2년 아래다. 태종의 왕자 익녕군 치의 현손이다. 23세에 과거에 급제하여 승문원承文院(조선 시대에 교린의 문서를 맡아보던 관아)에 들어갔다.

천성이 침착하고 사교를 즐기지 않아 공무가 아니면 밖으로 나오는 일이 없었으므로 아무도 그를 알아주는 이가 없었으나 류성룡만은 그를 어진 이로 알아주었고, 또 율곡 이이도 그의 능력을 알고 조정에 추천하였다.

지방으로 나가 행정할 때에도 그 수완과 업적이 컸고, 형조참판을 지나 임진전쟁 때에는 이조판서로서 평안도 도순찰사를 겸하여 한걸음 앞서 떠나갔다. 다음해 1593년에는 명장 이여송이 평양을 공격할 때에 같이 가담했고, 전후에도 계속 전쟁의 수고가 크다 하여 다시 숭정대부(종1품)가 되었다. 1595년에 우의정으로 4도 도체찰사가 되어 체찰부를 영남에 두고 전쟁 방어에 힘을 다했다.

그해 8월에 이원익이 진주에 이르러 통제사 이순신과 함께 군사상 사

무를 의논하고 수군의 건의 사항들을 함께 처리하였다. 이어서 이원익이
한산도 통제영을 시찰하고 돌아가려 할 때에 이순신이 말하기를, "군중
에서는 필시 대감이 잔치를 베풀고 상도 있으려니 하고 기다릴 터인데 이

이원익 영정(자료 제공 : 충현 박물관)

제 아무것도 주지 않는다면 실망할까 두렵소." 했더니, 이원익은 "아무런 준비가 없으니 어찌하랴." 하였다. 그러자 이순신은 "내가 벌써 소 30여 마리를 잡아 마련해 두었으니 대감의 이름으로 먹이기만 하면 되오." 하니 이원익이 크게 기뻐하며 허락하여 온 군중이 모두 즐거워하였다.

이원익은 이순신에 대해서는 특별한 이해를 가졌고, 그 인격을 서로 존경하였던 것이다. 이순신이 옥에 갇힐 때에는 장계를 올려 그의 무죄를 역설하였다. 그러나 위에서는 듣지 않으므로 그는 "이 사람이 죄를 받으니 국사는 다 틀렸다."라고 어이없는 탄식을 연발하였다.

그 후 1598년에 조정으로 돌아와서는 명나라에 대한 외교 정책을 수립하는 데에 힘썼고, 전쟁이 끝난 후에는 좌의정이 되어 군사 수습에 애를 썼으며, 1604년에는 호성공신으로서 완평부원군을 봉하고 광해군 때 영의정이 되었다.

그는 영의정으로서 광해군의 실정함을 극간하다가 홍천에 귀양을 갔고, 인조가 반정한 뒤에도 그를 영의정으로 다시 불러 봉직시킴으로써 인심을 안정시켰다. 인조 때에는 호란에도 많은 공을 세웠는데, 무릇 3조를 통하여 영의정을 지내며 오직 덕망과 인격으로써 후세에 모범이 되었다. 1634년에 88세로 죽으니 시호는 문충文忠이었다.

기록에 의하면 이원익의 금도襟度(남을 용납할 만한 도량)가 정하고 밝아 표리가 순수하며 한결같고, 평생에 언어와 기색이 온화하여 얼굴 빛과 웃는 모습이 사랑스러웠으나 큰일을 당해서는 움직이지 않는 높은 산악과도 같았다. 벼슬을 살거나 일을 처리함에 있어서는 순전히 시서詩書를 응용하고, 다시 고사를 참고하니 자연히 이치에 합당하였다. 어느 재상이 사람들에게 말하기를, "누가 오늘날 성인이 없다고 하던가. 완평은 참 성인이다." 하였다. 조정에서 큰 의논이 있으면 반드시 그의 한마디 말을 기다려서 결정하였다. 오성 이항복과 상촌 신흠도 매사를 이원익의 재결에 따른다고 할 정도였다.

특히 이원익의 독특한 점은 그의 한어漢語 실력이었다. 이원익은 과거에 급제하자마자 한어를 열심히 공부하였다. 임진전쟁을 당하여 명나라 군대의 부원과 더불어 사신의 왕래가 빈번해졌는데, 역관들의 해득하는 바가 매우 낮은 수준이었다. 이원익이 이때 평안감사가 되어 응접하는 데에 조금도 막힘이 없어 명나라 장수가 크게 기뻐하여 말하기를, "이 사람이 한인이 아니냐?"고 할 정도였다.

이원익은 평소 검소하기가 따를 자가 없을 정도였다. 이원익이 은퇴하여 향리로 돌아갈 때 인조 임금은 흰 이불과 흰 요를 하사하여 그의 검소한 덕을 표하도록 하였다. 그리고 그의 거처 현황을 물었는데, 승지가 대답하기를, "초가집이 쓸쓸하였고, 비바람도 못 가리는 형편이었습니다." 하였다. 임금이 말하기를, "정승 40년에 초가뿐이더냐." 하고 본도 감사로 하여금 정침正寢(사무나 제사, 의식을 행하는 방)을 지어주도록 하였다.

이원익이 죽었을 때 인조 임금이 도승지 이민구를 보내어 조상하였다. 민구가 보고하기를, "영중추부사의 상사에 집이 가난하여 모양을 이루지 못하고 있사옵니다." 하였으므로 명하여 관재棺材 제구를 보내주었다고 한다.

05

정탁 : 이순신의 목숨을 구하다

정탁(鄭琢, 1526~1605)

이순신이 1597년 2월 26일에 한산도에서 압송되어 3월 4일 한성의 의금부에 투옥되었다. 그리고 이어서 위관委官에 의해 한 차례의 고문을 받았다. 당시 이순신의 죄상은 선조 임금이 반드시 죽이겠다는 의지를 표명할 만큼 무거운 것으로 간주되었기 때문에 이순신의 목숨은 경각에 달려 있었다. 특히 윤근수와 김응남을 중심으로 한 류성룡 반대파들은 이순신 죽이기에 열심이었고, 현풍현감 박성은 이순신의 목을 베어야 한다는 상소를 올리기까지 하였다.

이러한 시기에 이순신의 구명 운동을 벌인 인물들도 많았다. 앞에서 언급한 이원익을 비롯한 많은 동인 계열의 조정 신료들과 이순신의 막하 인물幕下人物*들까지 이순신의 구명에 발 벗고 나섰다. 그러나 정작 이순신

....

* **막하 인물** 이순신의 막하 인물은 이순신 휘하에서 활동한 지휘관과 참모뿐만 아니라 수군의 하부 구조를 형성하는 인물들과 의병들을 포함한 것이다.

의 천거자이자 후견인인 류성룡은 아무런 역할도 할 수 없었다. 왜냐하면 자신이 나설 경우 동인 계열의 추종 세력들과 이순신이 함께 큰 해를 당할 가능성이 있다고 판단한 것이다.

정탁의 〈이순신 옥사의〉 신구차, 이순신의 목숨을 구하다

이순신의 목숨이 경각에 달한 시점에서 자신의 정치적 운명을 걸고 이순신의 신구차伸救箚를 선조 임금에게 올린 사람이 바로 정탁鄭琢이다. 그런데 최근 연구성과에서 이순신이 풀려난 것은 신구차가 아니라 그 이전에 올린 〈이순신 옥사의〉 때문이라는 주장이 있다. 이순신이 풀려나지 못할 경우 올리기로 한 것이 바로 〈신구차〉이다. 내용은 비슷한 것으로 추정된다. 어쨌든 정탁이 올린 신구차는 구구절절이 명문으로, 읽는 이의 심금을 울리는 훌륭한 글이다. 이 신구차의 내용을 현대문 형식으로 각색하여 요약해보면 다음과 같다.

이순신은 큰 죄를 지었지만 임금께서 바로 극형에 처하지 않고 시간을 두고 처리하는 것이 혹시 살릴 길을 찾아보라는 깊은 뜻이 있는 것 같아 송구스럽습니다. 저 역시 죄인을 문초해본 경험이 있어 한 번 고문을 거친 다음 더 큰 고문을 가할 경우 대부분 목숨을 잃었으므로 나중에 진실이 밝혀져봐야 이미 늦은 경우가 종종 있었습니다. 이순신은 이미 한 번 고문을 당했기 때문에 다시 한 번 고문을 가할 경우 목숨을 부지하기 어려울 것입니다.

임진년 초기에 왜적이 쳐들어왔을 때 국방의 책임 있는 장수들 중에 성을 버리고 도주한 자가 많았고, 적과 싸워 이기지 못한 자도 부지기수였으며, 조정의 명령도 제대로 전달되지 못하는 실정이었습니다. 이러한 때에 이순신만

이 수군을 거느리고 원균과 합세하여 적의 예봉을 꺾음으로써 백성들의 마음에 생기를 불어넣었고, 우국지사들의 기운을 돋우었으며, 적에게 붙었던 자들도 돌아오게 하였습니다.

그러한 공로로 조정에서는 작위를 높여주고 통제사직까지 내렸던 것은 실로 당연한 일이었습니다.

그런데 첫 해전에서 앞장선 용기는 원균에게 미치지 못했지만 원균의 배는 침몰된 것이 많아 이순신이 보유한 전함을 가지고 적을 물리쳤으니, 만약 이순신이 가진 배가 없었던들 어찌 승리할 수 있었겠습니까?

다만 그때 원균에게도 공이 있었는데, 조정에서는 온통 이순신에게만 은전을 주고 원균에게는 부족했던 점이 애석한 일이었습니다. 원균도 충성심이 있고 싸움을 회피하지 않으므로 원균과 이순신이 힘을 합하면 적을 물리치기 어렵지 않다는 것을 신이 매양 알렸던 바입니다. 그러나 조정에서는 두 사람의 마음이 맞지 않기 때문에 원균을 다른 곳에 보내고 이순신만 남게 하였습니다. 혼자 남은 이순신은 군사들을 잘 다스리고 당당한 전력을 갖추어 왜적들이 우리 수군을 겁내게 되었습니다.

그런데 어떤 사람은 이순신이 임진년에 공을 세운 후 다시는 싸우지 않는다고 말하지만 이것은 잘못된 표현입니다. 지난 4~5년간 명나라와 일본 간의 강화 교섭으로 인해 전투를 제대로 수행할 수 없었습니다. 다시 말해 왜적을 몰아내려는 조정의 입장과 강화 기간 중에 적과 싸우지 말라는 명군 지휘부의 명령이 상충되어 어떻게 해야 할지 모르는 상황에서 이순신은 더 싸울 수 없었던 것입니다.

이번에 왜적들이 또 쳐들어왔을 때 이순신이 나가지 않은 것은 그럴 만한 사정이 있었다고 봅니다. 당시의 현장 상황이 전투하기에 적합했는지 잘 알 수 없기 때문입니다.

지난 번 이순신이 올린 부산왜영 소화 사건에 관한 보고서는 아랫사람들의 주장을 제대로 살피지 못한 채 그들의 주장만 믿고 작성한 이순신의 실수라고 봅니다. 예를 들어 이순신이 옥포해전에서 승리한 내용을 보고할 때에도 부하들의 전공을 위주로 작성한 적이 있습니다. 이런 것까지 이순신에게 죄를 물어야 한다면 어쩔 수 없는 일입니다.

그러나 완벽한 인간이 아니라면 남보다 높고자 하는 마음이 있는 만큼 위에서 잘 판단하여 처리할 수밖에 없는 일입니다.

대개 장수란 군사와 백성들의 운명을 맡고 있을 뿐만 아니라 국가의 안위에 관계된 소중한 자입니다. 그래서 예부터 큰 잘못이 없는 한 임무를 수행할 수 있는 여건을 조성해주었습니다.

장수는 인재 중의 으뜸입니다. 다른 인재들도 사랑하고 아껴야 하겠지만 장수의 경우는 적을 막아내는 데에 가장 깊이 관여하는 만큼 법률만을 적용할 수는 없습니다. 이순신은 참으로 장수의 재질이 있고 해전과 육전에 못하는 일이 없는데, 이러한 인물은 쉽게 얻지 못합니다. 이순신은 변방 백성들이 촉망하고 있고, 적들이 무서워하는 대상입니다. 만약 죄명이 엄중하여 조금도 용서할 도리가 없다 하고 공로는 생각하지 않은 채 죄만 강조하며, 능력이 있고 없음을 고려하지 않고, 사리를 보살펴줌도 없이 끝내 큰 벌을 내리는 데까지 이르게 하면 공이 있는 자도, 능력이 있는 자도 스스로 더 애쓰려 하지 않을 것입니다. 이순신을 죽일 경우 원균도 마음이 편하지 못할 것이고, 안팎의 인심도 해이해질 것이며 적에게만 다행스러운 일이 될 것입니다.

이순신 개인 자격의 죽음은 아깝지 않으나 국가에 있어서는 관계됨이 너무나 큰 만큼 걱정할 만한 중대한 사실이라고 아니할 수 없는 것입니다. 그래서 옛날에도 장수는 갈지 않고 마침내 큰 공을 거두게 하였던 것입니다.

이순신 자신도 공론이 지극히 엄중하고 형벌 또한 무서워 생명을 보전할 가망이 없는 것을 알고 있을 것입니다. 바라건대 은혜를 베푸는 명령을 내려 문초를 덜어주시고 이순신으로 하여금 공로를 세우게 해주시기 바랍니다. 그럴 경우 성상의 은혜를 천지부모와 같이 받들어 목숨을 걸고 갚으려는 마음이 강하게 될 것입니다.

이렇게 할 경우 성상께서 장수를 거느리고 인재를 쓰는 길과 공로와 재능을 보아 형벌을 감면하게 하는 법제와 허물을 고쳐 스스로 새로워지는 길을 열어주심이 한꺼번에 이루어지니 임금의 난리 평정하는 정치에 도움이 크게 될 것입니다.

위의 신구차에서 정탁은 첫 문장에서 이순신은 죄가 있다고 기술하고 있다. 이것은 당시 왕권을 최상의 가치로 여기는 왕의 입장을 고려한 것이다. 즉, 당시 다른 신료들의 주장은 이순신은 죄가 없으니 풀어달라는 형태였기에 선조는 이를 수용할 수 없었다고 볼 수 있다. 자신은 죄 없는 신하를 함부로 처벌하는 무식한 군주라는 인식을 받을 수 있었을 것이다. 이러한 선조의 입장을 이해한 정탁은 글의 서두에서 이순신은 죄가 있다고 언급한 것이다.

그런데 이러한 정탁의 언급은 사전에 고려된 것으로 볼 수 있다. 이순신이 붙잡혀 오기 직전에 선조와 조정 신료들이 의논한 다음 기록에서 보는 바와 같이 정탁은 선조의 입장에서 이순신을 인식하는 모습을 보이고 있다.

판중추부사 윤두수가 아뢰기를,

"…(전략)… 이순신李舜臣은 조정의 명령을 듣지 않고 전쟁에 나가는 것을 싫어하여 한산도에 물러나 지키고 있어 이번 대계大計를 시행하지 못하였으니, 대소 인신人臣이 누군들 통분해 하지 않겠습니까."

하고, 지중추부사 정탁鄭琢은 아뢰기를,

"이순신은 참으로 죄가 있습니다."

하였다. 상이 이르기를,

"이순신은 어떠한 사람인지 모르겠다. 계미년 이래 사람들이 모두 거짓되다고 하였다. 이번에 비변사가 '제장과 수령들이 호령을 듣지 않는다.'고 말한 것은 다른 까닭이 아니라, 비변사가 그들을 옹호해주기 때문이다. 중국 장수들이 못하는 짓이 없이 조정을 속이고 있는데, 이런 습성을 우리나라 사람들도 모두 답습하고 있다. 이순신이 부산 왜영倭營을 불태웠다고 조정에 속여 보고하였는데, 영상領相이 이 자리에 있지만 반드시 그랬을 이치가 없다. 지금 비록 그의 손으로 청정의 목을 베어 오더라도 결코 그 죄는 용서해줄 수 없다."

하니, 류성룡이 아뢰기를,

"이순신은 한동네 사람이어서 신이 어려서부터 아는데, 직무를 잘 수행할 자라 여겼습니다. 그는 평일에 대장大將이 되기를 희망하였습니다."라고 하였다[《선조실록》권84, 30년 1월 27일(무오)].

지중추부사 정탁은 이때부터 이순신이 옥에 갇히게 될 것을 예상하고 선조의 의중을 파악한 것으로 보인다. 그래서 그의 본심과는 다르게 '이순신은 죄가 있다'고 하였다. 이러한 정탁의 언급은 선조의 마음을 흡

족하게 했을 것이고, 추후 정탁이 '신구차'를 써 올릴 적에 선조는 정탁의 입장을 배려하여 이순신의 석방을 결심한 것으로도 추정할 수 있다.

정탁의 호는 약포藥圃이고, 본관은 청주이다. 1526년(중종 21)에 태어나 이순신보다 19살이 많고, 1605년(선조 38) 80세로 사망하였는데, 시호는 정간貞簡이라 하였다.

정탁의 안목과 예지력

정탁은 이순신을 옥 속에서 건져낸 이로, 이순신에게만 은인이 된 것이 아니라 역사상에 큰 영향을 미치게 한 분이라고 하겠다. 더욱이 임진전쟁이 일어난 해부터 곽재우, 김덕령과 이순신 세 사람을 위하여 조정에 큰 배경이 되었던 만큼 그의 견식이 얼마나 높았는지도 알 수 있다.

본시 퇴계 이황과 남명 조식의 학문적 영향을 받았으며, 조정에서 50년 동안 봉직하면서 어질고 청백하다는 평가를 받았다. 벼슬은 좌의정에 이르렀으며, 이 신구차를 올릴 때의 직책은 지중추부사였다.

정탁은 곧은 성격과 일을 당해서는 용감히 말하는 옛 쟁신爭臣의 풍도가 있어 권신 윤원형의 죄를 탄핵한 것을 비롯하여 탄핵받은 자가 전후 4명이나 된다고 한다.

한편 정탁은 예지력도 매우 뛰어났다. 이를테면 1596년 여름에 임금이 능陵에 행차하려고 택일해 놓았는데, 대궐 안에 뇌진雷震(천둥하며 벼락치는 것)이 있었다. 이때 정탁은 진언하기를, "노魯나라에서 혜서鼷鼠(생쥐) 때문에 교郊(제사를 지냄)를 정지한 일이 있사온데, 이제 하늘에서 견책의 경고가 비상하시니 하늘의 경계에 십분 근신하심이 마땅한 줄로 아옵니다."하니 임금이 행차를 중지하였다. 그해 가을에 충청도에서 난을 일으킨 이몽학이 잡혔는데, 그 도당에게 "능에 행차하는 날 흉계를 행하기로 약속했던 것이 행차를 중지한 때문에 이루지 못했다."는 말이 나와 듣는 자의 가슴이 서늘했다고 한다.

정탁 영정(정충사 소장)

어릴 때에 부친을 잃었으나 뜻이 독실하여 학문이 정수精粹(깨끗하고 순수함)하였다. 과거에 급제했을 때에 이준경李浚慶(1499~1572, 조선 선조 때의 영의정)이 한 번 보고 큰 그릇이라 생각하여 말하기를, "용모가 암용雌龍같이 되어 후일에 반드시 크게 귀하게 될 것이다."하였다.

정탁은 인재를 식별하는 데에도 뛰어난 능력을 보유하였다. 1591년 남방의 왜란이 우려되던 시기에 선조가 특별한 무재를 지닌 인물들을 천거하라고 하였는데, 이때 정탁은 이순신을 곽재우, 김덕령과 함께 천거하였다. 1596년 김덕령이 억울하게 형을 받게 되자 정탁은 적을 앞에 두고 명장을 죽임으로써 스스로를 약화시키는 것은 도저히 되지 않은 일이라고 강력히 주장하였으나 결국 죽고 말았다. 왜적들이 술을 들며 서로 축하하였다고 한다.

젊었을 적에 남명 조식을 만났는데, 남명이 말하기를, "내 집에 소 한 마리가 있는데 군이 끌고 가게."라고 하므로 무슨 영문인지 몰라 물으니 남명이 말하기를, "군의 언어와 의기가 너무 민첩하고 날카로우니 날랜 말이 넘어지기 쉬운지라 더디고 둔한 것을 참작하여야 비로소 능히 멀리 갈 수 있을 것이므로 내가 소를 준다는 것이다." 하였다. 그 후 수십 년을 다행히 큰 잘못 없이 지냈음은 남명 선생 덕분이라고 하였다.

정탁은 지나치게 공손하다는 평가를 받았는데, 비록 노복이라 할지라도 일찍이 악한 말로 꾸짖는 법이 없었으니 그 후덕함이 족히 높은 지위에 오를 만하였다.

06

정걸 : 이순신에게 30년 경험을 전수하다

정걸 (丁傑, 1516~1597)

정걸丁傑은 우리나라 전선인 판옥선을 개발하고 화전, 철령전, 대총통 등 여러 가지 군기를 만든 이로 이름이 높다. 본관은 영광으로, 인물이 잘 생겼고 일찍이 무과에 올랐으며 1555년(명종 10)에 형 준과 함께 이준경의 막하로 달려가 달량포왜변에서 왜선을 쳐부수었다. 1561년(명종 16)에 부안현감으로 있다가 때마침 함경북도 온성에 오랑캐들이 작란을 일으키므로 조정에서 특히 뽑아 온성부사로 임명하고 방어하게 하였더니 역시 이곳에서도 큰 공로를 세웠다.

1592년에 충청수사가 되었는데, 그때 권율이 행주에서 싸우다가 화살이 다 되어 큰 곤경에 빠졌을 때 그는 경기수사 이빈과 함께 화살을 배에 가득 싣고 가서 그로 인해 행주대첩을 이루게 하는 데에 크게 기여하였다.

정걸은 1516년(중종 11) 12월에 부친 숭조崇祖와 모친 김 씨 사이에서 전남 흥양(현재 고흥) 포두면 길두리에서 태어나 82년간의 생애를 보낸 인물이다. 그의 어린 시절은 설화를 참고해 볼 때 학문을 열심히 닦았고, 기지가 뛰어났으며, 담력이 있었다고 추정할 수 있다. 그는 나이 28세이던 1544년(중종 39)에 무과에 급제한 이후 53년간의 관직 생활 중 2년만 파직으로 쉬었을 뿐, 나머지 50여 년은 봉직하였다. 그의 생애 중 특기할 만한 것은 다른 어떤 인물보다 오랫동안 관직에 근무했다는 것과 함경도 지역에서 무려 11년간이나 근무했다는 점, 그리고 임진전쟁 시기에는 수군직에 봉직하여 일본군을 물리치면서 이순신과 각별한 인연을 맺었다는 점을 들 수 있다.

임진전쟁 이전 정걸의 활약

임진전쟁 이전 시기 정걸의 활약상은 세 가지로 정리할 수 있다. 첫 번째는 판옥선을 창제한 것이다. 정걸이 판옥선을 개발한 것은 그가 42세(1556년)에 부안현감직에 부임하여 47세(1561년)에 온성부사로 가기까지의 기간 중에 이루어진 것으로 추정된다. 두 번째는 왜구의 격퇴이다. 그는 1555년(을묘년) 달량포왜변에서 도순찰사 이준경의 군관으로 참가하여 왜구를 격퇴하였고, 이어서 남도포만호직과 부안현감직을 수행하면서도 왜구를 격퇴하는 공을 세웠다. 특히 왜구들이 1556년(명종 11) 초에 전라도 초도에 쳐들어 왔을 때 남도포만호이던 정걸이 홀로 진격하여 힘껏 싸워 왜적을 모두 붙잡은 적도 있다. 그리고 부안현감으로 근무 중일 때는 인근 태안현에 침입한 왜구들을 평정하기도 하였다. 세 번째는 전라좌수군의 군비를 확보하는 데에 기여했다는 점이다. 그는 임진전쟁이 일어나기 이전에 이미 전라도 수군 조방장으로 근무하면서 이순신을 도와 판옥선과 거북선 건조에 도움을 주었고, 여러 가지 총통류 등 군비를 확보하는 데에 기여하였다. 특히 기록(《호남절의록》)에 의하면 거북선을 건조하는 데에 실질적인 임무를 수행한 사람으로 송덕일, 나대용, 정걸을 꼽기도 한다.

임진전쟁 시기 정걸의 수군 활동은 '전라좌수사 조방장'-'충청수사'-'통제사 조방장'의 근무 형태를 띠면서 이루어졌다. 정걸은 임진년에 전라좌수사 이순신의 조방장 직책을 가지고 함께 출전하였고, 특히 제4차 출전인 부산포해전에서 세운 공이 컸다. 정걸의 활약상이 부산포해전에 집중된 것은 이순신이 올린 장계에 나타난 바와 같다. 즉, 이순신은 임진년 마지막 출전인 부산으로의 출동을 앞두고 실로 치밀한 준비를 한다. 부산은 적의 본거지로 활용되고 있는 곳인 만큼 이전의 출동과는 차원이 달랐다. 그래서 한 달 전부터 전라좌우수군이 모여 훈련을 하였으며, 출동의 중대성을 고려하여 조방장 정걸도 참전시켰다. 그만큼 정걸의 전략가적 사고와 노련한 경험이 필요했던 것이다.

부산포해전에서 크게 활약한 정걸은 그해 12월에 충청수사로 전보되어 행주산성전투와 한성 탈환 작전에 크게 기여한 후 다시 남쪽 해상에서 활약하였다. 특히 행주산성전투에서 아군의 화살이 다 떨어질 무렵 화살 등 무기를 잔뜩 싣고 가서 대승을 이루는 데에 결정적인 기여를 하였다. 그리고 고령임에도 능력이 다할 때까지 통제사 이순신의 조방장으로서 임무를 수행하였다.

이렇게 볼 때 정걸은 16세기 수군 명장으로서 대표성을 가질 수 있을 만큼 크게 활약한 인물임을 알 수 있다. 특히 그는 수십 년간 쌓아온 전문 지식과 다양한 경험을 십분 발휘하여 조선수군의 활동을 도와 임진전쟁을 극복하는 데에 크게 기여한 인물로 평가된다.

이순신과 정걸의 만남

이순신과 정걸이 만나서 정을 나누고 전략을 논의하는 것은 임진전쟁 강화기에 접어들어서 구체적인 자료가 나온다. 충청수사였던 정걸이 남쪽 해안으로 내려와 이순신의 전라좌수군과 합류한 것은 1593년 6월 1일이었다. 충청도 수군이 내려온 것은 이순신의 건의에 의해서였다. 즉, 당시 경상도 지역의 수군 상황이 호전될 기미가 보이지 않는 실정에서 충청도 수군의 내원은 수군 임무를 수행하는 데에 반드시 필요한 것이었다. 더욱이 당시 일본군이 남하하여 본국으로 돌아가려는 시점으로 파악한 이순신은 이때가 적을 요격하기에 매우 적절한 시기임을 판단하여 부족한 세력을 보강하기 위해 충청도 수군을 요청한 것이다.

이때 이순신은 임진년의 경험과 일본군의 남하에 따른 전라도 방어를 위해 한산도에 전진 기지를 설치하였다. 이순신이 한산도에 기지를 설치한 목적은 당시 일본군이 부산으로부터 거제에 이르기까지 연이어 포진함으로써 이들을 막을 효과적인 방책을 강구한 결과였다. 이를테면 1593년 6월 현재 3도의 전선이 100여 척인데 적선은 700~800척이 장문포, 웅포, 제포, 안골포 등지로 옮겨 주둔하는 형국이었다. 이러한 상황에서 수적인 면에서 열세인 조선수군이 전진하여 일본군을 공격할 수는 없는 노릇이었다. 따라서 요로를 굳게 지켜 편안히 있다가 피로해진 적을 기다려서 먼저 선봉을 쳐부순다면 비록 100만 명의 적이라도 당해낼 수 있다는 것이 이순신의 생각이었다. 더욱이 한산도 앞바다는 임진년에 일본군이 섬멸당했던 곳으로, 이곳에 진을 치고 싸운다면 충분히 승산이 있다고 판단한 것이다.

이러한 시점에 도착한 정걸과 이순신의 관계는 《난중일기》를 통해 살

안동사는 전라남도 고흥군 포두면 길두리에 있는 사당으로 정극인, 정걸을 비롯한 영광 정씨 5위를 모시고 있다(사진 : 고흥군청).

펴볼 수 있다. 일기에 드러난 정걸 관련 기사는 계사년 6월 1일부터 같은 해 9월 11일까지의 기록에 나타난다. 약 100일간의 기록 중 총 29차례에 걸쳐 그 행적이 나타나고 있다. 이 기록들을 분석해보면 단순히 '여러 사람과 만났다'는 것(10회), '음식과 술을 나누어 먹었다'는 것(5회), 그리고 함께 활을 쏘았다는 것(1회), 기타 일 처리와 관련된 내용들(4회), 의미 있는 대화를 나눈 것(9회) 등으로 분석할 수 있다.

특히 당시(1593. 6.~9.)는 각 도 수사 간의 연합 체제에서 삼도 수군 통제사 체제로 넘어가는 과도기였다. 이러한 시기에 노련한 정걸의 역할은 매우 컸을 것으로 보인다. 기록에 나타난 9번의 의미 있는 대화를 나눈 사실을 볼 때 이순신은 정걸을 대함에 있어서 결코 소홀함이 보이지 않는다. 정걸의 경력과 이순신이 정걸을 대하는 태도로 보아 정걸은 이순신에게 많은 조언과 군사 자문을 했을 것으로 보인다.

정걸은 1593년 가을, 충청수사직에서 물러나 통제영에서 조방장의 직책을 수행하게 되었다. 이것은 그의 나이가 80세에 가까운 나이로 인해 더 이상 지휘관으로서 임무를 수행하기가 어려워진 것으로 볼 수 있다. 그렇지만 이순신은 한산도 진중에서 정걸을 대함에 있어 단순히 조방장으로서의 직책으로 대한 것을 넘어서 매우 존경하는 어투로 일관하고 있다.

이후 1594년까지 정걸은 한산도 통제영에서 이순신을 보좌하다 결국 고향인 흥양으로 돌아가 정유년에 별세한 것으로 보인다. 이렇게 볼 때 정걸은 임진전쟁 당시 공이 컸을 뿐만 아니라 이순신이 수군 활동을 제대로 수행하도록 음지에서 도운 인물이다. 그럼에도 불구하고 선무공신의 반열에 들지 못한 것은 그의 아들과 손자들도 전투에서 전사했기 때문에 그의 공적을 정리하여 밝힐 만한 집안 인물이 없었기 때문으로 볼 수 있다. 정공신에 들지 못했다 하더라도 원종 공신 일등에조차 녹훈되지 못했다는 것은 당시 공신도감의 잘못이라고 볼 수 있다(선무원종공신 9,060명 전체 명단에는 포함되어 있다). 정걸에 대한 평가는 후대에 있었던 다음의 한마디에 함축되어 있다.

조선 후기 영조 임금 때 어사 이이장李彛章이 판옥선이란 것은 그 운용이 어렵다 하여 폐하자는 것을 장계했을 때 위에서는 그것이 "명장 정걸이 창제한 것이라 폐할 수 없다."고 까지 한 일이 있었다.

07

원균 : 임진전쟁의 라이벌로 협조와 갈등 관계를 만들다

원균(元均, 1540~1597)

원균元均은 1540년생으로, 이순신보다 5살 더 많다. 원균의 본관은 원주이고 자는 평중平仲이며, 성격은 억세고 몸집은 굵은 편이었다. 28세 때인 1567년(선조 즉위년) 식년시 을과 2위(5/28)로 무과에 급제한 후 처음에는 함경도 조산보만호가 되어 오랑캐를 치는 데에 공로를 세웠다. 1583년(계미)에 조산만호로 있으면서 니탕개난 토벌전에 공을 세워 부령부사로 승진했다.

원균을 포함하여 선조 임금 당시의 조선 무장들은 대부분 선조의 즉위 이래 첫 전투였던 계미년 대토벌 작전을 통해 처음으로 무장으로서의 역량과 명성을 세상에 알렸다. 원균은 그 후 종성부사로 있을 때 시행된 시전부락 토벌전에도 참가했다. 이때 원균은 이미 벼슬이 통정대부通政大夫(정3품)로서 '우위 1계원장'의 중요 직책을 수행하였는데, 백의종군 중이던 이순신은 '우위 우화열장'의 전투 편제로 함께 전투에 임했다.

그 후 임진전쟁 때에는 경상우수사로서 이순신에게 구원을 청하였다. 그리고 첫 해전 때부터 이순신의 전라좌수군과 연합하여 해전에 임했다. 그 당시 원균이 기느린 전선 수는 10척 미만으로 초기에는 3~4척에 불과하였다. 따라서 원균 단독으로는 전투를 수행하지 못하고 대부분 전라도 수군과 연합하여 전투를 수행하였다.

그러던 중 1593년 들어 이순신과 원균과의 사이에 갈등이 나타나기 시작하였다. 《난중일기》에 이순신이 원균에 관해 언급한 것은 모두 108번이 나온다. 그중 임진전쟁 초기의 기록에는 이순신과 원균의 관계가 비교적 원만하게 나타나고 있다. 그러다가 이순신과 원균의 갈등 관계가 노정된 것은 1593년 2월 22일에 있었던 웅포해전에서부터였다. 그 후부터는 갈등과 협조의 기록이 교차하고 있다.

이순신이 1593년 8월 15일에 삼도수군통제사가 된 이후 이순신과 원균의 관계는 더욱 갈등이 심해져 1594년 들어 심각한 상태에 이르게 되었다. 그리하여 조정에서는 급기야 원균을 그해 12월에 충청도 병마절도사로 발령 조치하였다. 그 후 전라도 병마절도사로 보직을 이동한 원균은 1597년 이순신이 하옥되면서 대신 삼도수군통제사직에 보직되었다. 그러다가 그해 7월 16일에 있었던 칠천량해전에서 일본군에게 패함으로써 조선수군은 궤멸적인 타격을 입었고, 그 역시 전사하고 말았다.

이순신이 전사한 후부터 현대 시기에 이르기까지 이순신 연구에 있어서 빠짐없이 등장하는 것이 바로 이순신과 원균의 갈등 문제이다. 많은 사료와 이순신 관련 저작물들에서는 원균에 대해서 매우 부정적인 평가를 하고 있다. 그것은 크게 세 가지 관점으로 분류할 수 있다.

첫째는 임진전쟁 초기에 '전선 100척과 군사 1만 명을 해산시키고 도주하려고 했다'는 기록이고, 둘째는 이순신을 모함해서 민족의 영웅을 옥에 갇히게 한 죄가 크다는 것, 그리고 셋째는 이순신이 피땀 흘려 이룩한 조선수군을 칠천량해전에서 전부 침몰시킨 책임이 크다는 것이다.

이러한 시각을 가지고 당대에서부터 현대에 이르기까지 많은 사람들이 원균을 비방하거나 헐뜯는 데에 주저하지 않았다. 한 예로《이충무공전서》의 기록을 보면, "원균은 이순신이 전략 회의 장소로 사용한 한산도 운주당에 기생첩들을 두고, 울타리를 둘러막고 잔뜩 취해서 사무를 돌아보지 않았다. 그리고 부하들을 매 때리기만 하여 군심이 이탈하였다."는 것이다.

심지어 조경남이 지은《난중잡록亂中雜錄》에 의하면 "원균이 몸뚱이는 살찌고 장대했는데, 한 끼니에 한 말 밥을 먹었고, 또 생선이면 다섯 뭇씩(1뭇은 10마리), 그리고 닭이나 꿩은 서너 마리씩 먹었다. 그래서 언제나 배가 무거워 잘 걷지 못했기 때문에 패전했을 때도 앉아서 해를 입었던 것이다."라고 적혀 있다. 이 밖에도 원균에 대한 부정적인 표현들이 시간을 초월하여 나타나고 있다.

원균에 대한 재평가가 필요하다

그러면 앞에서 언급한 세 가지의 관점은 모두가 사실이고, 이를 원균의 잘못만으로 돌릴 수 있을까? 사실 원균에 대해서 제대로 언급한다면 이 책 전체의 분량 정도를 할애해야 할 것이다. 따라서 여기서는 위의 세 가지 관점에 대한 필자의 견해를 밝히는 것으로 대신하려고 한다. 원균에 대한 상세한 분석은 별도의 저작물들을 참고하기 바란다.

먼저 '전선 100척과 군사 1만 명을 해산시키고 도주하려고 했다'는 기

록이다. 류성룡의 《징비록》에 의하면 "원 균은 전선 100여 척과 화포 군기 등을 바 닷속에 내다 버렸다. …(중략)… 이리하여 그가 거느린 수군 1만여 명은 모두 없어 지게 되었다."라고 기록되어 있다. 많은 연 구가들은 이 기록을 원용하면서 원균의 잘못을 부각시키고 있다. 그러면 이 기록은 정확한 표현이라고 볼 수 있을까?

당시 전선 100척과 군사 1만 명은 편제상의 숫자이다. 당시 군역 형편 으로 볼 때 편제상의 숫자와 현실은 너무나 차이가 있었다. 왜냐하면 조 선 왕조가 성립된 지 200년이 지나는 동안 전쟁을 경험하지 못한 현실은 군역 자체를 피폐화시켰기 때문이다. 특히, 수군의 경우에는 조정의 절망 적인 정책에 따라 수군 복무자는 신분은 양인이지만, 하는 일은 천인賤人 과 다를 바 없을 정도였다[身良役賤]. 따라서 수군역을 기피하는 자들이 늘 어났고, 복무의 대립화代立化 현상이 고착화될 정도였다. 특히, 임진전쟁 직전에는 이러한 현상이 극도로 만연한 상태였다. 이러한 시기에 임진전 쟁 발발 3개월 전(1592. 1.)에 경상우수사에 부임한 원균으로서는 휘하 부 대 순시에만도 몇 개월이 걸리는 실정에서 제대로 된 전쟁 준비가 이루어 질 수 없었다. 이순신이 임진전쟁 발발 1년 2개월 전(1591. 2.)에 부임한 것 과는 비교된다. 따라서 이러한 상황에서 일본군과 전투를 벌여 승리하기 란 쉽지 않았을 것이다.

그러면 정말 임진전쟁 발발과 동시에 원균은 싸우지도 않고 전선을 침몰시키고 군사들을 해산시킨 채 도망하려고 했을까? 필자는 그렇지 않 았을 것으로 본다. 예를 들어 이순신이 1592년 4월 30일 조정에 올린 장계 〈부원경상도장赴援慶尚道狀〉에 보면 원균이 "경상우도의 전선을 징발한 후 적선을 추격하여 10척을 태워 없앴으나⋯ 本道舟師抄發追擊賊船十隻焚滅⋯."라는 기록이 있다. 이것을 보면 원균도 처음에 나름대로 전선을 소집하여 전투에 임한 것으로 볼 수 있다. 다만 소집된 전선 세력이 너무 약하여 지속적으로 전투를 수행하지 못한 것으로 판단된다. 그 결과 이순신의 전라좌수군에게 구원을 요청한 것이다. 이렇게 볼 때 원균도 나름대로 경상우도를 방비하는 데에 노력을 기울인 것으로 판단된다. 그리고 적은 세력이었지만 초기 전투부터 이순신의 전라좌수군과 협조하여 전투에 참전하였다는 점을 염두에 둘 필요가 있을 것이다.

두 번째의 쟁점인 '이순신을 모함해서 민족의 영웅을 옥에 갇히게 한 죄가 크다는 점'에 관한 것이다. 이순신이 원균과 갈등을 일으킨 것은 앞에서도 살펴본 바와 같이 주지의 사실이다. 전쟁사를 통해 보면 동급 장수들 간의 군공 다툼은 시대를 불문하고 흔히 있는 일이었다. 이순신과 원균의 관계도 마찬가지였다고 본다. 여러 가지 사료에 보면 이순신과 원균이 상호 비방하는 행태가 나타난다. 이것은 두 사람 간의 개인적인 문제이다. 그런데 이 문제가 마치 이순신이 옥에 갇히게 된 직접적인 원인으로 작용한 것이라고 확대 해석하는 경향이 있는 것 같다. 다시 말해 원균이 이순신을 온갖 중상 모략으로 모함함으로써 조정에서는 이순신을 파직시키고 투옥하게 했다는 것이다.

그러나 이순신이 옥에 갇힌 직접적인 원인은 선조의 비망기備忘記에도 나와 있듯이 원균의 모함과는 직접적인 관련이 없다. 이를테면 선조가 이순신을 붙잡아 오라고 하면서 세 가지 죄명을 거론했는데, 그 세 가지 죄목이 원균과는 큰 관계가 없다는 것이다. 즉, "이순신은 조정을 속여 임금을 업신여긴 죄, 적을 쫓아 치지 않았으니 나라를 등진 죄, 남의 공을 빼앗고 남을 죄에 빠뜨렸으니 방자하고 거리낌 없는 죄를 지었다."라고 한 것 중 첫째와 둘째 죄목은 원균과는 상관이 없다. 이것은 조정과 이순신의 관계에 국한된 것으로, 선조의 자의적 판단에 의해서 규정했을 뿐이다. 다만 세 번째 죄목 중 '남의 공을 빼앗고 남을 죄에 빠뜨렸으니…'라고 한 부분이 원균과 관련성이 있지만 이것을 전적으로 원균의 잘못만으로 규정하기가 어렵다. 이 부분에 대한 상세한 고찰은 원균의 일대기를 다룬 책자들을 참고할 필요가 있다. 여기서는 지면 관계상 더 이상의 논의는 접어 둔다. 따라서 이순신이 원균의 모함으로 옥에 갇히게 되었다는 표현은 수정할 필요가 있을 것이다.

세 번째로 '이순신이 피땀 흘려 이룩한 조선수군을 칠천량해전에서 전부 침몰시킨 책임이 크다는 점'에 관한 것이다. 이 부분에 대해서는 많은 사람들이 원균을 가장 질책하는 요인으로 작용하고 있다. 필자 역시 패전에 대한 원균의 책임이 있음을 부인하지는 않는다. 그러나 칠천량해전에서 조선수군이 패하게 된 원인이 전적으로 원균의 잘못인가? 필자는 그렇지 않다고 생각한다.

칠천량해전은 조선 조정의 해전에 대한 무지의 결과

칠천량해전은 한마디로 조선 조정의 해전에 대한 이해 부족에서 비롯된 것이라 단언할 수 있다. 즉, 당시 부산 근해의 해상 상태와 일본군의 배치 상황을 불문하고 오직 일본군의 도해渡海를 차단한다는 생각에만 몰두한 나머지 현장 지휘관의 입장을 무시한 결과물인 것이다. 이것은 일본 장수 고니시의 수하인 요시라의 간계에 기인한 것으로, 가토오가 도발하려는 것은 모두의 뜻이 아니므로 가토의 도해만 조선수군이 차단한다면 더 이상의 전쟁은 일어나지 않을 것이라는 주장이다. 이러한 요시라의 말에 동조한 조선 조정은 이순신에게 부산으로의 출정을 지시하였지만, 이순신은 여러 가지 타당한 이유를 들어 출전을 거부하였다. 그로 인해 이순신은 옥고를 치러야 했다. 그 후 삼도수군통제사로 보직된 원균에게도 같은 지시가 내려졌다. 조정의 출정出征 명령에 대해 원균도 부산 원정의 불가함을 보고했지만 묵살되었다.

원균은 부산 원정을 성공시키기 위해서는 육상에서의 병진竝進이 필요함을 역설하였지만, 도원수 권율에 의해 묵살되었다. 심지어 도원수 권율은 출전을 꺼려하는 원균을 곤장까지 때리면서 출전하도록 하였다. 원균은 더 이상의 출전 거부가 힘들다는 사실을 인식하고는 결국 피로에 지친 수군들을 이끌고 부산으로 진격하였다. 그 결과 칠천량해전에서 참패를 당하고 만 것이다(칠천량해전의 경과에 대해서는 《이순신 백의종군》에 상세하게 수록하였으므로 참고하기 바란다.)

이와 같이 원균은 전쟁 초기에는 이순신과의 협조 관계가 원활히 이루어졌지만, 여러 가지 이유가 복합적으로 작용하면서 둘 사이의 관계는 시간이 갈수록 벌어져 급기야 극단적인 대립 관계에까지 이르게 되었다. 이러한 이순신과 원균의 갈등 관계는 현대 시기에 접어들어 이순신 선양 정책의 핵심 부분을 차지하면서 오늘날까지 이어지고 있다. 비록 최근 들어 원균에 대한 재평가 움직임이 상당 부분 이루어졌지만, 아직도 우리 사회에는 원균의 입지가 정립되지 못하고 있는 실정이다. 우리 민족의 이익에는 아무런 도움이 되지 않는 소모적인 논쟁을 아직도 지속하고 있는 실정이다.

08

고상안 : 이순신과 과거 동기로 임진전쟁 중
수군만의 과거를 성사시키다

고상안(高尙顔, 1553~1623)

고상안高尙顔은 개성이 본관으로 1553년에 태어났는데, 이순신보다 8살 아래이다. 이순신이 식년무과를 치른 해에 고상안도 같은 해 식년문과에 응시했는데, 공교롭게도 이순신과 같은 성적인 병과 4등으로 급제하였다.

고상안이 삼가현감으로 근무할 적인 1594년 4월에 이순신은 진중에서 무과를 치를 일에 대하여 조정에 장계를 올렸다. 전쟁 중이었던 당시 과거는 광해군의 주도하에 전주에서 실시되어 수군들이 응시하기에는 너무 먼 거리였다. 그리고 육군의 경우에는 도원수 권율의 진영에서 과거를 치렀다. 이러한 상황에서 이순신도 도원수진에서의 예를 좇아 한산도에서 수군만의 무과를 볼 수 있도록 조치를 해 달라고 하였다. 그 결과 조정의 허락을 받았으며 도원수 권율에게는 '이름 있는 문관으로 참시관을 정하여 보내 달라'고 요청하였다. 이때 참시관으로 온 사람이 바로 고상안이었다.

고상안의 문집인 《태촌문집泰村文集》에 의하면, 그는 1594년 봄에 이순신의 요청으로 수군의 과거 시험 참시관參試官으로 한산도 통제영에 간적이 있다. 그곳에 머물면서 당대 수군 장수들의 관상을 보았고, 그때의 기억을 겸하여 이순신에 대해 다음과 같이 언급하였다.

통제사는 같은 해 출신이므로 한곳에서 여러 날 같이 거처하였는데, 그의 언론과 술법과 지혜가 진실로 난을 제압할 재주가 있었고, 얼굴도 풍후豊厚하지 않고 관상 또한 입술이 위로 말려 복장福將이 아니다 하였더니 불행히도 국문을 당하는 운명도 맞이했고, 비록 다시 임용은 되었으나 겨우 기년을 지나서 또한 비환을 맞아 고종명을 못했으니 가탄할 일이로다. 그러나 죽는

이순신은 한산도에서 수군만의 무과를 볼 수 있도록 요청하였다. 조정의 허락을 받아 도원수 권율에게는 시험 감독관을 요청했는데, 이때 감독관으로 온 사람이 바로 고상안이었다. 위 사진은 KBS 〈불멸의 이순신〉에 나오는 장면으로, 수군만의 과거를 실시하고 있다(ⓒ KBS).

날까지도 군기를 바로잡고 죽음으로 통제하여 행장을 달아나게 하였으니, 국치가 조금이나마 설욕되고, 공이 태상에 기록되고, 이름이 만고에 흘러 죽었어도 죽은 것이 아니었다. 그를 보고 원균과 이억기의 무리와 어찌 동일하다 말하리오.

이러한 고상안의 언급은 이순신이 비록 얼굴은 복을 타고난 사람이 아니지만, 그의 재주와 업적은 다른 수군 장수들과 비할 바가 아니라는 인식을 드러낸 것이다. 특히 마지막 전투에서 승리를 거두고 전사한 사실에 대해 그 가치를 높이 평가하였다. 고상안의 이순신에 대한 인물 묘사는 후일 이순신의 영정을 제작하는 데에 근거 자료로 활용되기도 하였다.

고상안은 뒷날 광해군 때에는 울산 판관이 되었다가 벼슬을 버리고 농촌으로 들어가 농가월령 등과 같은 서적을 지었고, 인조 원년인 1623년에 죽었다.

09

선거이 : 전장에서 만난 벗으로 전란을 함께 승리로 이끌다

선거이(宣居怡, 1550~1598)

다음의 시는 이순신의 《난중일기》 1595년(을미년) 9월 14일 기사에 나온다. 충청수사 선거이宣居怡가 한산도 진중에서 이순신과 함께 4개월 동안 지내다 충청도로 올라가게 되어 석별의 아쉬움을 시로 표현한 것이다.

北去同勤苦　북쪽에 갔을 때도 같이 일하고
南來共死生　남쪽에 와서도 생사를 같이 하였소
一杯今夜月　오늘밤 이 달빛 아래 한잔 술 나누면
明日別離情　내일이면 우리 서로 헤어지겠구료

선거이는 이순신이 전장에서 사귄 벗 중 가장 대표적인 인물이다. 선거이는 1550년 8월생으로 이순신보다 5살 어리다. 선거이의 본관은 보성이고, 호는 친친재親親齋이다. 판서 선형宣炯의 증손이며, 도사都事 선상宣

祥의 아들로 일곱 살 때 벌써 효경孝經에 깊이 통하였고, 생김새가 장대하고 지혜가 남달랐다. 글과 무예가 탁월했으며, 지혜와 방략이 있었다.

1569년(선조 2)에 선전관宣傳官에 등용되고 이듬해 식년무과式年武科에 합격하는 등 문무文武를 겸하고 지략이 뛰어났다.

이순신과 선거이의 인연

이순신과 선거이가 인연을 맺은 것은 이순신이 43세 때 조산보만호 겸 녹둔도 둔전관을 겸하고 있던 시절이었다. 당시 이순신은 녹둔도에서 오랑캐의 침입을 받아 피해를 입고, 모든 책임을 자신이 안고 처벌을 받게 되었다.

이순신이 함경도 북병사 이일의 명에 의해 옥에 갇혀 있을 때 선거이는 이일의 계청군관(임금에게 올리는 장계를 작성하는 일을 맡은 군관)직을 겸하였기에 다음의 일화와 같이 옥에 갇혀 있던 이순신을 방문하여 위로하기도 하였다.

> 병사가 공을 죽여서 입을 막아 자기 죄를 면하려고 공을 구속하여 형벌을 가하려 하였다. 그래서 공이 들어가게 되었을 때 병사의 군관 선거이가 본시 공과 친한 사이라 손을 잡고 눈물을 흘리며 "술을 마시고 들어가는 것이 좋겠소."하니, 공은 정색을 하고 "죽고 사는 것은 천명인데 술을 마셔 무엇하오." 하자, 거이가 다시 말하되 "그럼 술은 마시지 않더라도 물이나 마시오."했으나, 공은 "목이 마르지 않은데 물은 무엇 때문에 마시겠소."하고 그대로 들어 갔다(《이충무공전서》권9, 이분, 〈행록〉).

그 후 이듬해 시전부락 전투에서는 같은 우위에 소속되어 오랑캐를 토벌하는 데에 함께 활약하였다. 이때 이순신은 백의종군의 신분으로 우화열장이라는 전투 편제를 담당하였고, 선거이는 이미 절충장군(정3품)으로서 우위 용양도장으로 참전하였다.

이와 같이 두 사람은 북쪽에 있을 때에도 함께 근무하면서 활약한 적이 있었다. 선거이는 그 후 39세에 남으로 내려와 거제현령이 되었으며, 다시 성주목사와 전라우수사를 거쳐 임진전쟁 첫 무렵에는 전라병사로서 수원 독성에서 왜군을 물리쳤다. 이때 그는 적의 포위망에 갇혔으나 말을 몰아 맹렬하게 포위망을 뚫고 빠져나가며 왜적들을 물리치자 왜적들이 그를 '비장군飛將軍'이라고 불렀다. 아울러 전라좌수사 이순신과 상호 협조하고 호응하여 적을 공략할 것을 약속하고 이를 실행하였다. 같

이순신은 전란에서 만난 벗인 선거이와 함께 한산도 활터에서 활을 쏘며 서로 마음속에 있는 이야기를 하지 않았을까 생각해본다(사진 : 제장명).

은 해 전라도 병마절도사에 부원수를 겸하여 행주幸州와 운봉雲峰전투에서 서 도원수 권율과 함께 왜군을 격파한 후 계속 전공을 세웠다.

이순신과 선거이의 우정

이후 충청병사를 거쳐 충청수사직에 보임된 이후 이순신과 한산도에서 서 돈독한 정을 이어나갔다. 선거이가 충청수사로 한산도에 도착한 것은 1595년(을미년) 5월 18일이었다. 약 4개월 동안 한산도에 주둔하면서 통제사 이순신을 도와 여러 가지 전략·전술에 관해 의논하는 등 두 사람의 사이는 다른 누구보다 각별한 면이 보인다.

특히 선거이가 한산도에 머문 115일간 중 무려 31일 이상이나 선거이와 만난 일을 《난중일기》에 기록하고 있다. 을미년 5월 25일, 5월 26일, 5월 27일, 6월 20일, 7월 21일, 9월 14일, 9월 15일의 기사가 대표적이라 참조할 수 있다.

선거이는 마침내 1595년 9월 15일에 이순신과 작별하여 충청도 수영으로 간 다음, 황해병사로 보직되었다가 1596(병신년)에는 병으로 고향 보성에 돌아가 투병생활을 하다가 세상을 떠났다. 중풍에 걸린 그가 세상을 떠날 때의 나이는 49세였다. 일부 문중 자료에서 선거이가 1598년 울산성전투에 참가하여 싸우다 순국한 것으로 언급하지만 사실은 중풍으로 세상을 떠난 것이 분명하다. 특히 《난중일기》 1596년(병신년) 9월 24일자에 보면 "일찍 떠나서 선병사(선거이)의 집에 이르니, 병이 극히 위중하여 몹시 위태로울까 걱정스러웠다. 저물녘 낙안에 이르러 갔다."라는 기사가 보인다.

이는 이순신이 전라우도 지역을 순시하고 오던 중 선거이의 고향인 보성에 들러 선거이의 병문안을 한 대목이다. 이 기록과 《선조실록》에 나오는 다음의 기록을 볼 때 선거이는 임진전쟁 강화기인 1596년에 중풍에 걸려 집에서 요양하다 1598년에 숨진 것으로 추정된다.

> 사헌부가 아뢰기를,
>
> "황해 병사黃海兵使 선거이宣居怡는 현재 전라도 보성寶城 땅에 있으면서 부임할 기약이 없으니, 체차遞差하고 서울에 있는 사람을 각별하게 가리어 보내도록 명하소서." [《선조실록》 권77, 1596년(선조 29) 7월 11일(병자)조]
>
> 상이 이르기를, "선거이는 병이 있는가?"
>
> 하니, 이산해가 아뢰기를, "중풍을 앓은 지 오래 되었으므로 일을 시킬 수 없습니다." 하였다[《선조실록》 권82, 1596년(선조 29) 11월 7일(기해)조].

위의 기록을 볼 때 선거이를 현직에 복직시키기는 어려웠을 것으로 보인다. 의학 수준이 일천한 당대의 여건을 고려해볼 때 중풍에서 회복하기란 어려웠을 것으로 보인다.

선거이는 임진전쟁이 끝난 후 선무원종일등공신에 녹훈되었다. 선거이의 경우 선무원종공신 일등에 녹훈된 것은 고위 장수로서 이미 임진전쟁 초기에 많은 전투에서 공을 세웠기에 충분히 가능하다. 마지막 해에 벌어진 전투에서 순국했다는 것이 사실이 아닐지라도 충분히 선무원종공신 일등에 녹훈될 자격이 있는 분이다. 그리고 설사 병으로 사망했을지라도 현직을 수행하다 병을 얻었기 때문에 순절했다고 볼 수 있는 것이다.

1801년(순조 1)에 조정에서는 정려旌閭(충신, 효자, 열녀들을 그들이 살던 마을에 비문을 세워 표창하는 일)를 명하여 현 광주광역시 광산구에 세웠으며,

그 영령을 모시는 오충사五忠祠를 보성군 보성읍에 세웠고, 1862년(철종 13)에 병조판서를 가증加贈하였다. 광주광역시 송정동과 도산동에 그 후손들이 많이 세거世居하고 있다.

10

이억기 : 이순신과 연합 함대를 구성하다

이억기 (李億祺, 1561~1597)

이억기李億祺의 자는 경수景受이며, 1561년에 한성에서 태어나 이순신보다 16살 아래이다. 그가 전라우수사로 부임했을 당시 불과 32살의 나이로 이순신이 48세, 원균이 53세였던 것과 비교할 때에 매우 젊은 수사였다.

이억기는 어려서부터 무예에 남다른 자질이 있었다고 한다. 그가 청년 시절 언젠가 강을 건너는데, 폭풍을 만나 배가 위태로운 상황에서 대안對岸까지 꽤 넓은 거리를 날다시피하여 뛰어내림으로써 주변 사람들이 그 비상한 재주에 크게 놀랐다고 한다. 그리고 그는 효자로 이름이 높았다. 언젠가 부친 심주군沁州君이 중병으로 위독하게 되자 한밤중에 혼자 북악산에 올라가서 자신이 대신 앓기를 기도하였고, 때로는 부친의 변을 맛보아 병의 상태를 알고자 하였다. 더욱이 손가락을 깨물어 피를 내어서 병자에게 먹이니 차도가 있었다는 일화가 전해 온다.

1577년 그의 나이 17세에 특별히 사복시 내승이라는 관직을 제수받았다. 이것은 아마도 그가 왕실의 후손으로서 남다른 무인의 자질을 갖추고 있었고, 소문난 효자라는 점에 기인한 것으로 보인다. 본래 내승內乘이란, 국왕의 말과 수레를 맡아보는 말단 관리로서 아직 과거를 보지 않은 특별한 사람들을 국왕이 무인으로 발탁하고자 할 때에 종종 임명하였다. 그리고 곧 이어 무과에 일등으로 합격하였다.

1581년 그의 나이 21세에 종3품인 경흥부사로 임명되었다. 이는 나이에 비해 파격적인 인사 조치였다. 그리고 1583년 나이 23세가 되던 해 2월, 마침내 울지내·니탕개 등 여진족 추장들이 정예 병력을 이끌고 대거 두만강을 도강하여 조선의 진보를 공격하는 큰 전투가 벌어졌다. 이 전투에서 큰 공을 세웠지만 승진은 이루어지지 않았다. 그 후 1586년 그의 나이 26세가 되던 해에 온성부사로 임명되었다. 그 즈음 1587년 가을 수확기가 되자 여진족들이 경흥 부근에 침입해 왔다. 마침 이순신이 조산보 만호로 있을 때인데 어쩔 수 없이 큰 피해를 입게 되자 당시 북병사 이일은 경흥부사 이경록과 조산만호 이순신을 체포, 구금하였다. 이때 온성부사 이억기는 병사에게 두 사람을 힘껏 변호하였다. 이억기와 이순신의 인연은 이미 북방에서부터 이렇게 시작되었다고 할 수 있다. 그 후 1592년에 순천부사를 거쳐 바로 그해에 전라우수사가 되었다.

이순신과 연합한 해전

그는 임진전쟁 초기부터 이순신과 함께 협력하면서 해전을 수행하였다. 제1차 출전(1592년 5월 7일~8일의 옥포, 합포, 적진포해전) 때는 준비가 여의치 않아 출전하지 못했지만, 제2차 출전(1592년 5월 29일~6월 7일)의 세 번째 전투인 당항포해전부터는 이순신과 합력하여 전투를 수행하였다. 당시 전라좌수군 세력이 대다수인 실정에서 이억기군의 합류는 조선수군의 사기를 매우 드높였다. 이억기는 이순신의 전라좌수군에 비해 훨씬 넓은 지역을 관할하고 있는 상태였고, 이순신과 동급 수사였지만, 나이차가 16세인 만큼 이순신에게 매우 협조를 잘하면서 해전을 수행하였다.

이순신이 삼도수군통제사에 임명된 이후에는 그의 통제를 받으면서 임무에 충실하였다. 특히 한산도에 통제영을 설치한 후부터는 그의 휘하 수군 세력들을 거느린 가운데 계속 한산도에 머물면서 임무를 수행하였다. 《난중일기》를 통해 볼 때 이억기는 수시로 이순신 진영에 가서 그의

이억기 영정 〈디지털여수문화대전〉, 《한국향토문화전자대전》(한국학중앙연구원, 2008)

지시를 받거나 함께 술을 마시는 등 이순신과 매우 밀접한 관계를 유지하고 있다. 그러는 한편으로 한산도에 있으면서 전라우수군의 본영인 해남으로 가기가 여의치 않아 매우 고생하는 모습도 보인다. 한때는 본영이 그리워 이순신에게 휘하 세력들을 이끌고 본영에 갔다 오기를 청했지만 이순신의 불허로 무산되자 이억기는 불만을 품게 되어 한때 둘 사이의 관계가 서먹해지기도 했다. 그러나 열흘가량 지난 후 다시 예전의 화기애애한 관계로 복구되는 것으로 보아 둘 사이는 원만히 유지된 것으로 보인다.

그러다가 이억기는 통제사가 원균으로 교체된 후 맞이한 칠천량해전에서 전사하였다. 그는 이 해전에서 힘껏 싸우다가 전황이 아군에게 불리해져 수하 군관이 후퇴를 권고했을 때 패전한 장수로서 깨끗한 죽음을 택하기로 작정하고 북쪽을 향하여 임금에게 네 번 절하고 나서 스스로 투신 자결하였다. 그의 사후에는 병조판서가 추증되고 벼슬은 정2품 자헌대부가 되었다. 그 후 1604년에는 선무이등공신에 완흥군으로 추봉되었다. 그리고 1784년(정조 8)에는 의민毅愍이라는 시호가 내려졌다.

11

김억추 : 수군정비와 명량해전 승리에 기여하다

김억추(金億秋, 1548~1618)

《선조실록》에 보면 이순신의 명량해전 결과보고서가 수록되어 있는
데, 김억추에 대한 다음의 기록이 주목된다.

이순신李舜臣의 치계에 의하면 '한산도가 무너진 이후 병선과 병기가 거의
다 유실되었다. 신이 전라우도수군절도사 김억추金億秋 등과 전선 13척, 초탐
선哨探船 32척을 수습하여 해남현海南縣 해로의 요구要口를 차단하고 있었는
데, 적의 전선 1백 30여 척이 이진포梨津浦 앞바다로 들어오기에 신이 수사水
使 김억추, 조방장助防將 배흥립裵興立, 거제 현령巨濟縣令 안위安衛 등과 함께
각기 병선을 정돈하여 진도珍島 벽파정碧波亭 앞바다에서 적을 맞아 죽음을
무릅쓰고 힘껏 싸운 바, 대포로 적선 20여 척을 깨뜨리니 사상이 매우 많아
적들이 모두 바다 속으로 가라앉았으며, 머리를 벤 것도 8급이나 되었다.[《선
조실록》권94, 선조 30년 11월 10일(정유)]

위의 기록에 보면 명량해전을 앞두고 이순신과 김억추가 합력하여 한 일은 두 가지다. 하나는 김억추와 함께 전선 13척 등을 수습했다는 것이고, 다른 하나는 명량해전 시 적을 함께 물리쳐 승리를 거두었다는 사실이다.

김억추의 본관은 청주淸州, 자는 방로邦老이다. 전라남도 강진군 작천면 박산마을에서 증 병조판서 김충정金忠貞의 아들로 태어났다. 1577년 알성무과에 급제한 김억추는 제주판관濟州判官·사복시판관 및 진산·순창·초산 등의 현감을 거쳤다. 특히 순창 군수로 재임하던 중 1592년(선조 25) 임진왜란이 일어나 왕이 평양으로 파천하자, 방어사로서 허숙許淑 등과 함께 수군을 이끌고[舟師將] 대동강을 지켰다. 그러나 제1차 평양 전투에서 패배해 그 책임으로 관직에서 물러났다. 이후 1594년 만포진첨절제사가 되고 진주목사와 고령진첨절제사를 지냈다. 이와 같이 임진왜란 시기 김억추는 강江에서였지만 수군직을 경험하였다. 그러나 남쪽 해상에서 활약하던 이순신과는 접촉이 없었다.

이순신과 김억추와의 만남은 정유재란 시기부터 시작된다. 이를테면 이순신이 백의종군을 하던 중이었던 1597년 7월 16일 조선수군은 칠천량해전에서 궤멸적인 피해를 입었다. 조선 조정에서는 긴급 대책으로 그해 7월 22일 이순신을 전사한 통제사 원균의 후임으로 임명하였으며, 3일 후에는 역시 칠천량해전에서 전사한 전라우수사 이억기의 후임으로 김억추를 임명하였다. 전라우수사는 삼도수군통제사의 지휘통제를 받아야 하므로 이순신과 김억추는 본격적인 인연을 맺게 되었다.

김억추와 이순신의 관계는 매우 불편했을 것이라는 것이 기존 연구자들의 시각이다. 그것은 다음의 몇 가지 기록들에서 연유한다. 이순신은

《난중일기》에서 김억추를 "만호나 하면 적합하고, 대장감은 못 되는 인물인데 좌의정 김응남의 천거로 억지로 임명된 자"라고 언급하였다(정유년 9월 8일자). 명량해전에서도 통제사 이순신의 대장선이 선두에서 싸우는 동안 다른 전선과 함께 뒤로 물러나 싸울 엄두도 내지 못했고, 김억추가 탄 배는 2마장(馬場, 1마장은 약 4백 미터) 거리로 멀리 떨어져 가물거리고 있었다고 비난하고 있다(정유년 9월 16일). 왜 이순신은 김억추에 대하여 이러한 평가를 하였을까?

그 이유에 대해서는 정확하게 알 수 없다. 그런데 앞에서 언급한 바와 같이 이순신이 명량해전의 결과를 보고하면서 김억추의 전공을 함께 언급한 것을 보면 김억추를 크게 미워하지는 않은 것 같다. 그보다는 김억추에 대한 기대감이 과도했다가 그에 미치지 못해서 실망했기 때문이라고 추정된다. 실제로 이순신이 어란포에 도착해 있을 때인 정유년 8월 26일, 김억추가 전라우수사로서 이순신을 마중 나와서 함께 지내게 된다. 이때 이순신은 통제사에 임명된 후 전라도 지역으로 서진을 하면서 수군을 정비했는데, 순천-보성-장흥을 거치면서 전선 12척을 확보한 바 있다. 이순신은 이 정도 전력으로는 일본과의 전투에서 승리를 장담할 수 없다는 생각이었다. 그래서 전라우수군 소속 함선으로 전력 증강에의 기대가 컸을 것이다. 적어도 몇 척의 전선은 추가 확보될 것으로 예상하지 않았을까 추정된다. 그런데 《난중일기》 정유년 8월 26일 자를 보면 "전라우수사가 왔는데 배의 격군과 기계를 갖추지 못했으니 놀랄 뿐이다."라고 언급하였다. 이를 통해 이순신이 김억추에게 큰 기대를 걸었음을 알 수 있다.

그러나 칠천량해전에서 전라우수군 역시 궤멸적인 피해를 입은 후 전라우수영에 남아 있는 전선이 과연 얼마나 있었을까? 전선도 1~2척 정도 있었을 것으로 보이며 당시 정황상 남아 있던 수군들도 도주한 자가 많이 있을 것으로 추정된다. 김억추로서는 부임한 지 한 달 남짓한 시점이었으며, 전라우수영에 남아 있던 극히 일부 수군들로서는 제대로 정비가 불가능했을 것이다. 그런 가운데서도 김억추는 판옥선 1척을 이끌고 와서 합류한 것이다. 이로써 1척의 전선이 아쉬운 조선수군으로서는 김억추가 타고 온 1척을 보태 총 13척의 판옥선으로 명량해전을 맞이한 것이다.

어쨌든 김억추는 이순신을 도와 수군력을 정비하는 데 노력을 기울였으며, 명량해전에서도 큰 공을 세웠음이 분명하다. 비록 이순신이 《난중일기》에서 김억추에 대한 부정적인 평가를 했지만, 실제 조정에 보고한 자료에는 김억추의 전공을 드러내고 있다.

김억추 장군을 모시는 금강사

명량해전이 끝난 후 김억추는 부친상을 당하여 관직에서 물러났다가 노량해전이 끝난 후 복직하여 주로 전라우수사로 근무하였다. 종전 후 1605년 공신 선정 결과 선무원종공신 1등에 책록되었다. 이후 그는 1606년 12월에 밀양부사로 봉직하였고, 1608년에는 경상좌병사로 봉직했으며, 1612년(광해군 4년)에는 제주목사로 봉직하는 등 해륙상海陸上 주요 보직을 거치면서 활동하였다.

현재 고향인 전라도 강진에는 그의 신위를 모시는 금강사가 있다. 또한 그의 문집인 《현무공실기》가 20세기 초에 발간되어 전한다. 김억추에 대한 일반인의 인식으로는 명량해전 때 수중철쇄를 설치하여 일본군을 물리쳤다는 설화를 떠올린다. 그렇지만 수중철쇄를 사용했다는 주장은 설화로 인정하는 것이 일반학계의 주장이므로 여기서는 논하지 않는다.

12

진린 : 이순신에게 감복하여 노량해전에 참여하다

진린(陳璘, 1543~1607)

이순신과 진린陳璘이 서로 만나게 된 것은 임진전쟁 종전기인 1598년 7월 16일의 일이었다. 당시 정유재란 초기에 조선수군이 칠천량해전에서 궤멸적인 피해를 당하자 명 조정에서는 자국의 연안 안보가 위협받는 것을 우려하여 수군을 파견하였다. 이때 명 수군의 총대장이 진린이었다.

진린은 광동성廣東省 옹원翁源 사람으로, 자는 조작朝爵이고 호는 용애龍厓이다. 그는 명의 세종世宗 가정嘉靖 말년(1566년)에 지휘첨사가 되었고, 만력 초기에 부총병서동안참장副摠兵署東安參將으로 있다가 탄핵을 당해 오랫동안 야인으로 있었다. 임진전쟁 때에 부총병으로 발탁되었으나 곧 병부상서 석성의 탄핵으로 파직되고 정유재란 때에 재기용되어 총병관으로서 흠차통령欽差統領 수병대장을 맡게 되었다. 계급은 도독都督의 신분이었다.

명나라 수군은 미리 도착하여 한강 근처에 정박해 있다가 조선수군이 고금도에 수군 기지를 설치한 후 남하하여 합류하였다. 그런데 당시 작전 지휘권은 명나라 측에 있었고, 명나라 수군 도독 진린은 성격이 매우 포악하고 군공에 욕심이 많은 인물이었다. 그리고 명나라 군사들도 천자국 또는 상국의 군사라고 하면서 조선의 군사들과 백성들을 업신여기기 일쑤였다. 특히 진린은 자신이 한강에서 육지에 오를 때 신발에 물이 튀었다는 이유로 조선 관리를 새끼줄로 목을 매어 끌고 다니기까지 하였다.

진린의 성향에 대한 이순신의 준비

진린이 이끄는 명 수군이 고금도에 온다는 소식을 들은 이순신은 사전에 비변사로부터 진린의 성향에 대하여 들어 알고 있었다. 즉, 진린의 성품이 사나워서 다른 사람들과 잘 지내지 못하고 사람들이 그를 두려워한다는 것이었다. 그렇기 때문에 진린의 명 수군이 도착하자 성대한 잔치를 준비하여 이들을 극진히 접대하였다. 이에 따라 진린을 비롯한 명의 장졸들은 매우 기뻐하면서 이순신을 칭송함으로써 연합 작전 수행 초기 상호간의 협조 체제에 긍정적인 영향을 주었던 것으로 보인다.

명 수군이 도착한 이틀 뒤인 7월 18일 왜선 100여 척이 녹도를 침범한다는 정보를 얻고 이순신과 진린 도독은 각각 전선을 거느리고 금당도(완도군 금일면 금당도)로 나갔다. 이순신은 금당도에서 함대를 결진하고 적의 야습에 대비했다. 다음날 새벽에 적선 100여 척이 조·명 수군을 급습해오자 이순신은 진린으로 하여금 뒤로 물러나 높은 곳에 올라가서 내려다보게 한 후, 스스로 함대를 지휘하여 적의 함대열 속으로 돌격하면서 활을 쏘고 대포를 쏘아 적선 50여 척을 불태웠다.

이 해전에서 이순신의 조선수군은 적 수급 70급을 베었는데, 진린은 후방의 안전지대로 물러나 있음에 따라 아무런 전과가 없었다. 이에 진린이 대노하여 행패를 부리자 이순신은 진린에게 수급 40여 급을 보내고 유거 계금에게도 5급을 보내어 이들의 불만을 해소시켰다.

절이도 해전에서 보는 바와 같이 진린은 전투에 있어서 관망적인 자세를 취하면서도 군공에는 강한 집착을 보임으로써 조선수군에 대하여 상당한 압박을 가한 것으로 판단된다.

그뿐만 아니라 당시 조선수군은 고금도의 덕동에 진을 치고 있었고, 명 수군은 서쪽인 묘당도에 진을 치고 있었는데, 명군은 그들 진영 가까이에 있는 조선수군과 백성에게 행패와 약탈이 심하였다. 이순신이 이를 시정할 것을 요구했지만 명군의 행패는 갈수록 심해졌다. 보다 못한 이순신이 예하 장졸들에게 철수 명령을 내려 조선수군이 독자적인 행동을 하려고 하였다. 이순신의 도움 없이는 전투가 불가능함을 깨달은 진린은 다급해졌다. 그때서야 진린은 잘못을 사과하고 명나라 군사들에 대한 처벌권을 이순신에게 넘김으로써 이후의 연합 작전에서 이순신의 입장이 강화되는 효과를 가져왔다.

이와 같이 이순신은 적절한 외교술을 발휘하여 명군을 통제했지만 명군의 조선수군에 대한 견제는 이후의 연합 작전에도 지속되었다. 이순신이 그해 9월에 올린 장계를 보면,

신이 수군을 정비하여 바다에 나가서 틈을 타서 적을 소멸하려고 하지만 매번 도독의 제재를 받고 있어 안타깝기 그지없습니다.

라고 하여 진린의 간섭과 견제가 수시로 이루어졌음을 알 수 있다.

작전 통제권이 명 수군의 도독인 진린에게 있는 상황하에서 이순신은 일본군을 무찌르는 일보다 선결 문제는 명군과의 협조 관계를 어떻게 유지하느냐였다. 즉, 명 수군의 대장인 진린을 어떻게 설복하여 원활한 작전을 수행해 나갈 것인가 하는 문제로써 앞서 기술한 바와 같이 군공을 돌리는 유화책有和策과 '철진撤陣' 등의 강경책强硬策을 수시로 되풀이하였던 것으로 판단된다.

순천 예교성전투와 노량해전

그 후 임진전쟁 막바지에 이르러 진린은 순천 예교성전투부터 마지막 노량해전에 이르기까지의 전투에 적극적으로 참전하였다. 그리하여 임

노량해전에서 이순신과 진린은 상호 한 번씩 구원해 가면서 전투를 수행하였다. 그리고 결국 이순신은 진린의 염려대로 전사하고 말았다(자료 제공 : 인벤트).

진전쟁의 마지막 전투를 대첩으로 이끄는 데에 큰 기여를 하였다. 이것은 결국 적절한 외교술을 발휘한 이순신의 지혜에 힘입은 바도 크지만, 같은 무장으로서 이순신의 인품에 감동을 받은 진린 자신의 자각에 의한 결과였다고도 볼 수 있을 것이다.

이러한 사실을 증명하는 단적인 사례는 진린이 선조 임금에게 전한 말 속에서 찾을 수 있다. 즉 "하늘을 날줄로 하고 땅을 씨줄로 삼아 베를 짜듯이 천하를 경륜할 만한 재주가 있고, 여와女媧가 오색 돌로써 뚫린 하늘을 깁고, 희화羲和가 해 10개를 낳아 감천甘泉에서 목욕시켜 암흑천지였던 세상을 밝게 빛나게 했다는 고사만큼 공로가 있다."고 칭찬했던 것이다. 이를 한자어로 표기하면 '경천위지지재經天緯地之才, 보천욕일지공補天浴日之功'이라고 한다.

특히 두 사람의 관계는 노량해전을 앞두고 더욱 돈독해졌다. 중국 청산도靑山島에 세운 진도독 비문에 새겨진 글을 보면 진도독이 이순신에게 "내가 밤이면 천문을 보고 낮이면 인사를 살피는 바, 동방에 대장별이 희미해 가니 멀지 않아 공에게 화가 미치리다. 공이 어찌 이를 모르리오. 어찌하여 무후武侯의 기도로 예방하는 법을 쓰지 않습니까."라고 말하면서 이순신의 신변에 대해 매우 걱정하였다. 이에 대해 이순신이 답하기를, "나는 충성이 무후만 못하고, 덕망도 무후만 못하고, 재주가 무후만 못하여 세 가지가 모두 다 무후만 못하매 비록 무후의 기도법을 쓴다 한들 하늘이 어찌 들어줄 리가 있으리까."라고 하였다. 그리고 이어서 벌어진 노량해전에서 이순신과 진린은 상호 한 번씩 구원해 가면서 전투를 수행하였다. 그리고 결국 이순신은 진린의 염려대로 전사하고 말았다.

옥형, 유습, 자운 : 이순신의 혼을 지키다

이순신이 전사한 후 그를 사모한 많은 인물들은 그를 위해 사당을 짓거나 개인적으로 기일에는 제사를 지내기도 하였다. 그중에서 여수 충민사와 남해 충렬사에서 전해 오는 설화에는 이순신의 혼을 위로하는 역할을 한 인물들이 있다.

《승평지昇平志》에 의하면 옥형은 본시 이순신의 배에 타고 같이 전쟁을 하던 이로, 언제나 그의 곁을 떠나지 않았다. 이순신이 전사한 뒤에 이순신의 인격과 정의를 잊을 수 없어 여수 충민사 사당 곁에 조그마한 암자를 짓고 거기서 늘 수직하고 있으면서 매양 제사를 지내는 것이었다.

그렇게 치성하기 나이 80세가 넘도록 하였다. 그가 말하기를 '좌우의 콧구멍으로 숨을 들이쉬고 내쉬고 하지마는 시간이 일정하여 어긋나지 않는다'하므로 시험해보니 과연 그러했다. 아마도 범상한 중은 아니었던 것 같다. 매양 해상에 무슨 변고가 있을 때면 반드시 옥형의 꿈에 이순신이 나타나므로 옥형은 더욱 "공의 나라 위한 충혼이 죽어도 이 같으니라."고 예찬하며 죽는 날까지 숭배했다고 한다.

옛날 남해 노량 충렬사 사당 곁에 호충암이라는 암자가 있어 화방사 중 10명과 승장 1명이 번갈아 와서 수직하였다. 승장 유습이라는 이의 꿈에 이순신이 긴 칼을 짚고 서서 꾸짖되, "너는 왜 산을 순시하지 않느냐." 하기로 유습이 깜짝 놀라 일어나던 길로 여러 중을 거느리고 횃불을 들고 산을 순시했더니 과연 어떤 이가 사당 뒤에다 암장暗葬을 하였기로 이튿날 아침에 관가에 보고하여 다른 곳으로 파 옮겨 버렸다는 일화가 전한다.

그리고 '자운'이라는 중은 항상 이순신의 진중에 같이 있던 승군으로, 이순신이 전사한 후에 공의 충의를 사모하여 쌀 수백 석을 가지고 노량으로 와서 이순신을 위하여 대규모의 수륙재를 올렸다.

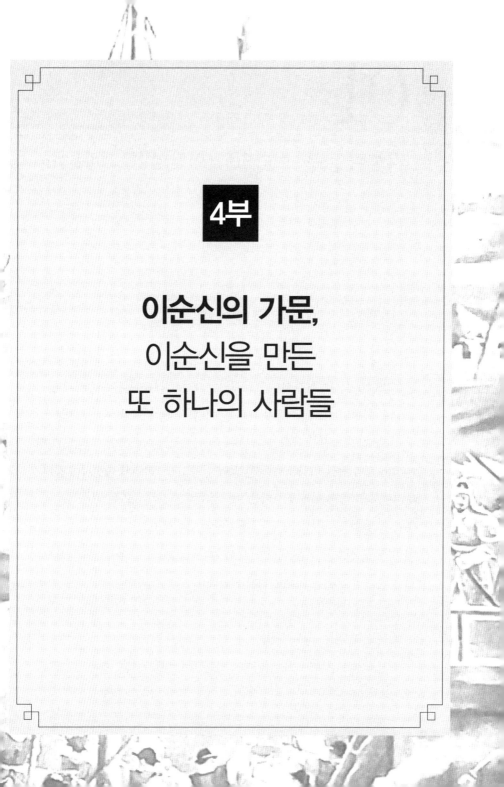

4부

이순신의 가문,
이순신을 만든
또 하나의 사람들

01

가풍과 조부 : 이순신에게 어떤 영향을 끼쳤을까?

이순신의 본관은 덕수德水로, 고려 수도 개경(개성)의 인근 덕수현을 가리킨다. 이곳은 광복 전의 행정 구역상으로 볼 때 경기도 개풍군 중면 덕수리라는 곳으로, 현재 북한 행정 구역상 개성직할시 판문군 덕수리이다.

덕수 이씨의 시조인 이돈수李敦守는 고려조에서 중랑장中郎將을 지냈으며, 거란 침입 시에 활약하였다고 하는데, 중랑장은 정5품의 무관 군직軍職이다. 그의 아들 이양준李陽俊은 고려 신종(1197~1204) 때 출생하여 동지추밀원사同知樞密院事에 추증되었으며, 손자 이소李劭는 고종(1214~1259) 때 과거에 급제하고 뒤에 상장군을 추증받았으며, 이소의 아들 이윤온李允蒕이 밀직사·상호군 등을 역임한 후 덕수부원군德水府院君에 추증되었으므로 후손들이 본관을 덕수로 하게 되었다.

조선조의 명문, 덕수 이씨

조선조에서 명문으로 일컬어지고 있는 덕수 이씨는 상신相臣 7명, 대제학 5명, 청백리 2명, 공신 4명, 장신將臣 7명, 문과 급제자 105명을 배출하여 인구에 비해 대단히 빼어난 가문이다. 율곡 이이와 충무공 이순신을 배출하여 더욱 빛나는 덕수 이씨는 대대로 중종에서 영조 임금에 이르는 약 300년 동안 성세를 보였는데, 문관은 거의 이명신의 후손이고, 무관은 이순신의 후손들이다.

이중 무인 집안의 중조격인 이순신은 세종~성종 때의 명신으로, 예문관 및 홍문관 대제학과 공조·형조판서를 지내고 정1품 영중추부사를 지낸 정정공貞靖公 이변李邊(1391~1473)의 5세손으로 원래는 문반 가문이었다. 이변은 이효조李孝祖와 이효종李孝宗의 두 아들을 두었는데, 둘 다 벼슬은 정3품 통훈대부에 머물렀다. 이중 이효조는 이순신의 고조로, 정4품 통례원通禮院 봉례奉禮를 역임했다.

이효조는 아들 이거李琚(?~1502)를 두었는데, 이 사람이 바로 이순신의 증조부이다. 거의 자는 자미子美인데, 1480년(성종 11) 식년 문과 을과에 급제했다. 벼슬은 설경說經으로 시작하여 홍문관 수찬, 사간원 정언, 사헌부 장령, 이조 좌랑 등 청요직清要職을 역임하면서 엄격한 탄핵과 간쟁을 서슴지 않아 '호랑이 장령'으로 이름이 높았다. 또한 고전에 해박하고 율문律文과 중국어에도 뛰어나 임금의 묘호廟號를 정하거나 국가적인 제사 의식에 대한 전거를 밝히고, 사율원司律院의 율관을 교습하는 일 등을 담당하였다.

성종 말년 이거는 세자시강원世子侍講院의 보덕輔德으로 연산군의 사부를 지냈다. 세자의 사부가 되었다는 것은 성종이 이거의 인품과 학식을 몹시 아꼈다는 뜻이며, 세자가 즉위하면 권력의 중심에서 활약할 인물로 낙점받았다는 의미이다. 실제로 이거는 1497년(연산군 3) 사헌부에 의해 '작상爵賞이 참람僭濫하다'(상으로 주는 관직의 승진이 분수에 넘침)고 지적받을 만큼 고속 승진 끝에 당상관이 되었다. 이거는 당상관에 제수되면서 순천부사로 나가 임기를 마치고 내직에 들어와 병조참의가 되었으나, 1502년(연산군 8)에 별세함으로써 고위직으로 승진하지는 못하였다.

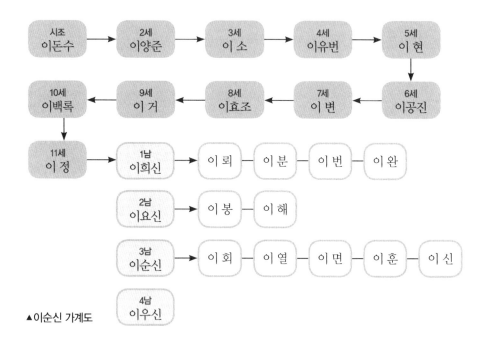

▲이순신 가계도

이순신의 조부, 이백록

이거는 세 아들 백복百福·백록百祿·백령百齡을 두었는데, 둘째 이백록이 이순신의 조부이다. 이백록은 호가 풍암楓巖인데, 1534년(중종 29) 생원으로 여러 벼슬에 천거되었으나 나가지 않았고, 음직蔭職으로 중종 말년에 평시서봉사平市署奉事를 지냈다. 그는 증조부 변과 부친 거의 영향으로 조광조趙光祖 등 신진 사류들과 뜻을 같이하였다. 처음에는 이백록도 가문의 전통에 따라 초시初試를 통과해서 생원生員이 되고, 성균관에 입학

하여 학문에 정진하는 전도유망한 청년이었다.

《용호한록龍湖閑錄》에 의하면 이백록은 조광조 등 기묘 사림파에 동조하는 세력으로 분류되어 탈고신奪告身(일종의 자격 정지)의 벌을 받은 것으로 확인된다. 이백록은 젊은 유생으로서 신진 사림파의 개혁론에 동조한 결과, 과거를 통한 출사의 길에 지장을 받은 것으로 보인다. 이로 인해 이백록은 자신의 신세를 한탄하며 비관적인 삶을 살았을 것이다. 그럼에도 불구하고 이백록은 조상의 덕으로 시전 상인들을 관리하는 평시서의 봉사 벼슬을 역임하였다.

이백록이 참화를 겪은 것은 다른 사건에 연루되었기 때문이다. 이는 이순신의 부친 이정이 자신의 아비 이백록의 억울함을 진정한 기록을 통해서 살펴볼 수 있다. 즉, 이백록은 중종이 승하한 날(1544년)에 아들을 종친인 이준李俊의 여식과 혼인시켰는데, 국상 기간에 주육酒肉을 설판하고 혼사를 진행시킨 죄목으로 형조刑曹에 체포되었다. 그 후 그는 의금부로 옮겨져 조사를 받던 중에 사망한 것으로 추정된다.

그러나 이정은 국상 기간에 주육설판酒肉設板하고 혼례를 치른 것은 경상도의 이준 집에서 벌어진 일로, 그의 부친과는 무관하다고 진정하였다. 과연 억울할 만하다는 언급만 있을 뿐 처결된 결과는 알 수 없다. 따라서 이백록은 별개의 자녀 혼사 문제로 금법禁法을 어겨 조사받는 과정에서 변을 당했다고 보는 것이 정론이다.

이와 같은 가풍의 영향은 이순신이 나라에 충성하고 부모에게 효도하는 행동 가치를 형성하는 데에 크게 영향을 끼쳤을 것이다. 특히 증조부와 조부의 강직한 성품은 이순신의 불의와 타협하지 않는 생활 태도에 밀접한 영향을 끼쳤을 것으로 본다.

02

부모와 형제 : 이순신을 만든 또 하나의 사람들

이순신의 조부 이백록은 부인 초계 변씨에게서 큰 아들 이정李貞 (1511~1583)을 얻었고, 초계 변씨 사후에 취한 둘째 부인 재령 이씨에게서 이현과 이귀를 두었는데, 이정이 이순신의 부친이다.

이순신의 부친, 이정

이정은 아들 이요신과 이순신의 과거 방목榜目에 의하면 각각 종6품의 병절교위秉節校尉와 종5품의 창신교위彰信校尉로 기재되어 있다. 그렇지만 정이 실제로 벼슬을 했는지의 여부는 정확하게 알 수 없다. 당시는 각종 사화로 벼슬하기에 어려운 시기였다. 더욱이 부친인 이백록 또한 피해를 입자 더 이상 관직에 나가지 못하고 처가가 있는 아산으로 내려오게 되었다.

이정은 1583년 73세로 사망하였는데, 이때는 이순신이 함경도에서 건원보 권관으로 있을 때였다. 뒷날 이순신의 공적으로 덕연부원군德淵府院 君과 좌의정을 추증받게 된다.

이순신의 모친, 초계 변씨

이정의 부인 초계 변씨는 이순신의 모친으로, 음사蔭仕로 현감을 역임한 변수림卞守琳의 1남 1녀 중 장녀이다. 이정의 어머니도 같은 초계 변씨인 변감卞瑊의 딸이다. 이처럼 초계 변씨와 2대에 걸쳐서 혼인 관계를 맺게 된 것은 이순신의 현조玄祖 이변과 변효문卞孝文, 변효경卞孝敬 형제들 간의 인간관계에 기인했던 것으로 추정된다. 어쨌든 이순신의 외삼촌은 변오卞鰲이고 이순신의 외사촌이 되는 변존서라는 아들이 있었는데, 이순신 막하에서 많은 공을 세워 선무원종공신이 되었다. 변존서는《난중일기》에 여러 차례 등장하는데, 자가 흥백興伯이어서 변흥백, 변주부 등으로 기록되고 있다.

이정은 부인 초계 변씨 사이에서 4남 1녀를 두었다. 당시의 기록은 없지만,《난중일기》에 나타난 사례를 통해 볼 때 어머니의 이순신에 대한 훈육의 정도와 이순신의 어머니에 대한 효성을 짐작할 수 있다. 예를 들어, 1594년 1월 12일 일기에 보면 이순신이 휴가로 어머니를 뵙고 하직을 고하자, "잘 가거라, 나라의 치욕을 크게 씻어라."라고 두 번, 세 번 타이르며 조금도 이별하는 것을 탄식하지 않았다. 이를 통해 볼 때에 이순신의 올바른 성격 형성에 대한 어머니의 가정 교육이 기여한 바가 큼을 알 수 있다.

이순신 역시 어머니에 대한 효심이 가득하였다. 그의 어머니에 대한 지극한 효성은《난중일기》전반에 걸쳐 나타나고 있다.《난중일기》에 나타난 어머니를 그리워하는 그의 심경과 행적을 모아 보면 다음과 같다.

• 1593년(계사년) 5월 4일 : 이날은 어머님의 생신일이건만, 적을 토멸하는 일

때문에 가서 헌수의 술잔을 드리지 못하게 되니 평생의 한이 된다.

- 1594년(갑오년) 5월 4일 : 새벽에 맏아들 이회가 계집종들과 함께 어머님 생신상을 차려 올릴 일로 돌아갔다.
- 1595년(을미년) 5월 4일 : 이 날은 어머님 생신일인데, 몸소 나아가서 잔을 드리지 못하고 홀로 먼 바다에 앉았으니 회포를 어찌 다 말하랴.
- 1596년(병신년) 5월 4일 : 이 날은 어머님 생신일인데, 헌수의 술잔을 올리지 못하여 심회가 평온하지 못했다.
- 1597년(정유년) 5월 4일 : 어머님 생신일이라 슬프고 애통함을 참을 수 없었다.

위 기록에서 보는 바와 같이 이순신은 어머니를 항상 그리워하면서 나랏일 때문에 직접 찾아뵙고 효도를 다하지 못함을 안타까워하고 있다.

그리고 이순신은 어머니와 멀리 떨어져 있을 때 아들·조카 또는 종들에게 어머니의 근황을 자세히 알아오게 하고, 이들이 다녀온 회답이 '편안하시다'하면 언제나 '다행, 다행이다' 하면서 매우 기뻐하였다. 특히 1593년 6월 12일 일기에는 "아침에 흰 머리털을 여러 오라기 뽑았다. 흰 머리털이 무엇이 어떻겠는가마는 다만 위로 늙으신 어머님이 계시기 때문이다."라고 하였다. 당시 49세였던 이순신은 오직 어머니의 심려를 덜어드리기 위하여 흰 머리털을 뽑아야만 할 정도로 효성이 지극했던 것이다.

이러한 지극한 효심을 간직한 이순신이 1597년 4월 1일 옥에서 풀려나 백의종군의 몸으로 남하하던 중, 4월 13일에 어머니의 부음을 접했다. 그 순간의 심정을 이순신은 '뛰쳐나가 가슴을 치고 뛰며 슬퍼하니 하늘의 해조차 캄캄하였다.'고 기록하였다. 3년 동안 시묘살이를 해야 하지만, 불과 5일간의 짧은 상만 치르고 4월 19일에 영령 앞에서 하직을 고하게 되었다. 이때 이순신은 "어찌하랴, 어찌하랴, 천지간에 나 같은 사정이 또 어디 있을 것이랴. 어서 죽는 것만 같지 못하구나!"라고 하여 어머니의 장례마저 제대로 치르지 못하고 전선을 향하여 떠나야 하는 자신이 이보다 더한 죄인일 수 없다는 자책어린 심정을 표현한다. 이와 같이 이순신의 어머니에 대한 지극한 효심은 그의 행적에서 매우 독특한 면을 보이고 있다.

이순신의 형제들

한편 이순신을 포함하여 형제들의 이름을 희義·요堯·순舜·우禹 등으로 지어 고대 중국의 성군聖君을 모범했던 것으로도 당시의 가정환경이 어떠했는지를 짐작하게 한다. 즉, 역사상 성군으로 칭함을 받게 된 경우를 보면 '충효 정신'의 소중함을 알고 행하지 않았던 인물이 없다. 그들은 한결 같이 충효를 가정이나 나라에서 으뜸이 되는 가치로 여기며, 행하고 가르쳐 왔던 것이다.

이순신의 맏형은 이희신李羲臣(1535~1587)으로, 이순신보다 10살 위인데, 벼슬에는 나가지 않았으며 1587년 52세로 사망하였다. 그는 죽은 후 이순신의 공적으로 병조참판을 추증받아 후손들은 참판공파라고 부르고 있다.

이순신의 둘째 형 이요신李堯臣(1542~1580)은 이순신보다 3살 위로 생원을 지냈으며, 1580년 38세로 일찍 죽었다. 뒷날 이순신의 공적으로 호조참판을 증직받았고, 호가 율리栗里여서 후손들은 율리공파로 부르고 있다.

이순신의 동생 이우신李禹臣(?~?)은 《난중일기》에 여필汝弼이라는 자로 여러 차례 이순신에게 왕래하였던 기록이 보이는데, 부인 온양 조 씨와의 사이에 딸만 둘을 두었다.

이순신의 누이는 첨지僉知 변기卞騏에게 출가하였는데, 슬하에 변유헌卞有憲과 허주許宙, 윤간尹幹 등의 사위를 보았다.

한편 이순신의 처가 쪽으로는 장인 방진과 장모 남양 홍 씨 외에 처백부 인寅과 처숙부 웅雄·성晟이 있었다. 1598년 예교성 싸움에서 이순신 막하에서 종군하다 전사한 황세득黃世得은 처 백부인의 사위로 이순신과는 사촌 동서가 된다.

03

부인과 자녀 그리고 조카들
: 이순신이 아끼고 아낀 사람들

이순신의 부인은 정실 부인으로 상주 방 씨가 있고, 소실로는 해주 오씨와 부안댁扶安宅이 있었던 것으로 보인다. 이순신의 부인인 상주 방 씨는 어려서부터 영특하다고 소문이 나 있었는데, 이순신보다 2살 아래인 19살에 혼인하였다.

《방부인전》에 보면 다음과 같은 일화가 있다.

"부인은 어릴 적부터 영민한 품이 어른과 같았다. 나이 겨우 12세 때인데 화적火賊들이 안마당에까지 들어오므로 보성공이 화살로 도둑을 쏘다가 화살이 다 되자 방안에 있는 화살을 가져오라고 했다. 그러나 계집종이 도둑과 내통하여 이미 몰래 훔쳐 가지고 나갔으므로 남은 것이 없었다. 그러자 부인이 "여기 있습니다."하고 급히 베 짜는 데 쓰는 대나무를 한 아름 안아다 다락에서 던지니 소리가 마치 화살을 떨어뜨리는 것 같았다. 도둑이 본래 보성공의 활 잘 쏘는 것을 두려워했던 바라 화살이 아직 많이 있는 것으로 알고 곧 놀라 도망갔다.

이순신이 세상을 떠나니 으뜸 공훈으로 책정하고 높은 벼슬을 증직하므로 부인도 그 준례에 따라 봉함을 받았고, 80세가 넘도록 살았다.

제7대 통제사 이운룡이 부하로 있었던 옛 의리를 생각하고 이순신의 사당에 참배하고자 하여 지나는 길에 굉장한 위의威儀(예법에 맞는 몸가짐)를 갖추고 들어가 먼저 부인께 문안하는 예단을 올렸다. 그때 부인은 받지 않고 말을 전하기를 "대장과 막하의 신분은 본시 한계가 엄연한데, 저승과 이승이 비록 다르다 할망정 예의에는 사이가 없거늘 집 어른의 사당을 지척에 두고 호각을 불며 곧장 들어오는 것은 미안하지 않은가?" 했다. 이공은 마침내 실수하였음을 깨닫고 황공하여 머물러 사죄하므로 부인도 그 예단을 받았다. 그런 뒤에 떠나갔다."

이순신과 상주 방 씨의 혼인

이순신의 상주 방 씨와의 혼인은 이웃동네에 살던 방진方震 공이 청년 이순신에게 호감을 갖고, 동고東皐 이준경李浚慶(1499~1572)을 통해 중매를 넣어 성사되었다. 실상 이순신의 무과로의 진로 변경과 실력 양성의 배경에는 방진의 힘이 컸다. 이준경은 기묘사화에 걸린 사람들을 두호하던 이로, 이순신의 조부 백록과 친교가 있었던 듯하다.

이순신의 3남 1녀

이순신은 부인 상주 방 씨와의 사이에 회薈·열(荷+)·면葂 3형제와 딸 하나를 두었다.

큰 아들 이회(1567년 출생)는 이순신 막하에서 종군하여 노량해전에서 공훈을 나타냈다. 선무원종공신이 되고 음사蔭仕로 임실현감을 지냈는데, 행정이 맑고 간략하다는 칭송을 받았고 선정으로도 이름이 높았다. 벼슬은 첨정에 이르렀고, 원종공신의 녹훈에 좌승지를 증직받았다.

둘째 이열(1571년 생, 이울에서 1597년에 이열로 이름을 바꿨다.)은 선조 때에 벼슬을 했고, 광해군 때에 정치가 문란함을 보고 시골집에 묻혀 살았다. 한때 이름이 죽竹이라는 계집종이 있었는데, 서울 집을 지키는 종의 딸이었다. 일찍이 나인들 틈에 끼어 궁중에 들어가 신하를 대접하는 잔치를 구경하는데 광해군이 그 자색을 보고 좋아하여 궁중에 머물게 하라고 명령하자 죽은 황겁하여 도망쳐 돌아왔다. 광해군은 내시를 시켜 은화를 보내고 속량贖良(종을 풀어주어서 양민이 되게 함)해 들이라 했다. 이열은 "미인을 바쳐 곱게 보이려 하는 것도 신하된 자의 경계해야 할 바이거늘 하물며 사사 종을 어전에 진상한단 말인가. 비록 만 번 죽을지언정 감히 상上의 뜻을 받을 수 없다."고 하자, 내시가 은화를 맡기면서 공갈하고 갔다. 이열은 종로까지 뒤따라가서 은화를 돌려주었을 정도로 절조가 있었다. 1623년(계해년)에 정치가 바뀌자 충훈부도사忠勳府都事에 임명되어 벼슬이 형조정랑에 이르고 원종공신의 녹훈에 좌승지를 증직받았다.

셋째 이면은 담략이 있어 말도 잘 타고 활도 잘 쏘았다. 21세 때 어머니를 모시고 아산에 있던 중 명량해전 직후인 1597년 10월에 왜군이 민가를 불태우고 약탈한다는 소식을 듣고 달려가 연달아 3명의 왜군을 죽이고 난 후 복병의 칼날에 맞아 죽었다. 이순신이 고금도에 진을 치고 있을 때 하루는 낮잠이 들었는데, 꿈에 이면이 나타나 울면서 다음과 같이 말했다. 즉, "나를 죽인 적을 아버지께서 목 베어 주소서."하는 것이었다. 또 하는 말이 "아버지가 자식의 원수를 갚는 것은 저승이든, 이승이든 분간할 것이 없는데, 원수를 한 진중에 두고서 내 말을 막연히 아시고

목 베어 죽이지 않으십니까?"하고 통곡하면서 갔다. 이순신이 깜짝 놀라 깨어 물으니 새로 사로잡아 온 적 한 명이 현재 배 안에 갇혀 있다 하므로 이순신이 그 자의 작폐한 행동을 처음부터 끝까지 심문하게 한 결과, 과연 이면을 죽인 자이므로 죽이라고 명령했다. 이면은 뒷날 이조참의를 추증받았다.

◀ 이순신의 첫째 아들, 이회 역을 맡은 배우 권율(ⓒ영화 명량)

▼ 이순신의 셋째 아들, 이면 공의 묘소 설명(현충사 소재)

이곳은 충무공의 셋째 아들인 이면공을 모신 묘소이다. 면은 1577년 아산에서 출생하고 어려서부터 인물이 누구보다 뛰어나고 지혜와 용맹을 갖추었으며 말타기와 활쏘기를 잘 하므로 충무공이 그지없이 사랑하던 아들이었다. 면은 임진란이 일어났을 때 어머님을 모시고 고향집에 있다가 마을 안에서 분탕질 하고 있는 왜적과 싸우다 전사하니 그때 나이 21세 였다.
　　충무공은 아들의 슬픈소식을 듣던 그날의 일기에 이같이 적으셨다.
"내가 죽고 네가 사는것이 옳은 이친데, 네가 죽고 내가 살다니 어찌 영특하므로 하늘이 이 세상에 머물러있게 하지 않는 것이냐? 슬프다 내 아들아 나를 버리고 어디로 갔느냐?

Yi Myeon, the third son of Admiral Yi Sun-sin, is buried here. He was born in 1577 in Asan City. Because he was particularly bright and brave, his father loved him especially. He was living at home caring for his mother when the Japanese invaded Asan and he died in battle at the age of 21.

这里是忠武公的三子李葂公之墓.
葂1577年出生于牙山　自幼聪明好字，勇猛过人，受忠武公的特别厚爱.
壬辰倭乱时，葂在故乡与母亲一起时 在抗击倭寇的战斗中光荣牺牲，享年仅21岁.

ここは忠武公(チュンムゴン)3番目の息子である李葂公(イミョンゴン)の墓所です。 葂(ミョン)は，1577年牙山(アサン)で 生まれました。 幼い頃から聡明で勇敢だった 葂(ミョン)は，忠武公(チュンムゴン)に格別に可愛がられました。葂(ミョン)は,故郷 で母と暮らしていましたが，文禄の役の時の戦いで21歳の短い生涯を終えました。

이순신의 딸은 인근 동리에 살던 문장공文莊公 홍가신洪可臣의 아들 홍비洪棐에게 시집갔는데, 홍비는 벼슬이 참판에 이르렀다. 시아버지인 홍가신은 뒷날 홍주목사로 이몽학의 난을 평정하여 청난淸難 일등공신에 오른다. 선무 일등공신 이순신과 청난 일등공신 홍가신이 사돈 관계를 맺은 것이다.

이순신의 소실 해주 오 씨와 서자들

이순신의 소실은 덕수 이 씨 족보에 병마우후兵馬虞候 오수억吳壽億의 딸 해주 오 씨로 나와 있다. 이는 이순신의 서자인 이훈李薰의 부인 순천 김 씨의 유언서에 의해 수록하였다고 기록하고 있다. 서자 이훈이 1574년 생인 것으로 보아 이순신이 처음 과거에 실패한 후에 오 씨를 취한 것 같다.

서자 이훈은 무과에 올라 1624년 이괄李适의 난 때 서울 안현에서 전사하였는데, 뒷날 병조참의를 증직받았다. 이신李藎 또한 무과에 올랐는데, 의주에서 1627년 정묘호란 중에 사촌 형 이완과 함께 순절하였다.

그런데 《난중일기》에 나오는 이순신의 또 다른 소실 부안댁은 윤연尹連의 누이이다. 그런데 이훈은 해주 오 씨의 소생인 것으로 보이지만 이신이나 소실 소생의 두 딸은 누구의 소생인지 기록이 없어 확실치 않다.

이순신의 조카들

한편 이순신의 조카들을 보면, 먼저 큰형 이희신은 부인 진주 강 씨와의 사이에 뢰蕾·분芬·번蕃·완莞의 네 형제를 두었다. 이뢰는 찰방察訪을 지냈으며, 이분(1566~1619)은 이순신 막하에서 행정 사무를 담당하여 능력을 인정받았는데, 뒤에 문과에 급제하여 병조정랑에 이르며 이순신의 행록을 기록하였다. 특히 그는 중국어 실력이 뛰어나 명 수군과 연합 함대를 구성하였을 때 통역 업무도 잘하여 이순신의 신임을 받았다.

이번은 효릉孝陵 참봉參奉을 지냈으며, 이완(1579~1627)은 이순신 막하에서 종군하고 특히 노량해전에서 숙부 이순신의 죽음을 지켜보았다. 정묘호란 때 의주부윤으로 순절하여 자헌대부 병조판서를 증직받게 된다.

둘째 형 이요신과 청풍 김 씨 사이에는 봉菶(1563~1650)·해荄(1566~1645)라는 두 아들이 있었다. 이봉은 이순신 막하에 종군하고 뒷날 무과에 급제하여 벼슬이 경상감사·평안감사·포도대장에 이르렀다. 그는 광해군의 폭정을 배척하여 진천 두태산에 은거하다가 88세로 사망하였다. 그리고 자손들에게 유훈으로 증직이나 시호를 청하는 것을 금하였다고 한다.

이해는 부모를 15세에 잃고 숙부 이순신 밑에서 훈육을 받았다. 그는 무과에 급제하여 훈련원 주부 등을 지냈으며, 1592년 임진전쟁 때에도 이순신을 따라 종군한 공으로 선무원종공신으로 훈록되었다.

04

이순신의 후손들은 역사에 어떻게 기록되었을까?

앞에서 살펴본 이순신 인맥들이 이순신 당대에 이순신에게 영향을 끼쳤다면, 이순신의 후손들은 이순신 사후 그에 대한 세간에서의 위상을 높이는 데에 기여했다고 볼 수 있다.

후손들 중 가장 이름이 높은 인물들을 꼽아보면, 영조 때 이인좌李麟佐의 난에서 전사한 충민공 이봉상李鳳祥, 어영대장 총융사를 지낸 이한응李漢膺, 정조 때 어영대장을 지낸 이한풍李漢豊, 순조 때 어영·훈련대장을 지낸 이승권李升權, 고종 때 훈련대장·병조판서를 지낸 이원희李元熙 등이다.

한편 이순신이 최초에 임명되었던 통제사직은 고종 때까지 209대가 이어졌는데, 그중 이순신의 자손이 12명(이봉상, 이언상, 이태상, 이한응, 이한창, 이한풍, 이인수, 이유수, 이항권, 이승권, 이규석, 이규안)이나 된다. 후손들 중 비교적 자료가 소상한 인물에 한하여 다음과 같이 소개한다.

이홍무

이홍무李弘茂는 이순신의 4세손으로, 1665년(현종 6)에 태어났다. 일생 행적은 상고할 길이 없고 다만 최후에 그 조카되는 이봉상(충민공忠愍公)과 함께 청주에서 죽은 것만을 알 수 있는데, 그때 그의 나이 64세였다.

조카 이봉상이 청주병사로 있었기 때문에 마침 거기에 같이 있다가 1728년(영조 4) 3월 15일 밤 소론파의 불만이 폭발되어 나타난 이인좌의 반역 난리를 만나 병사 봉상은 즉석에서 죽고, 그는 묶여서 옥 속에서 고초를 당하다가 마침내 굴복하지 아니하고 21일에 숨졌다. 뒤에 자헌대부 이조판서를 추증하고 난리를 만나 나라를 잊지 않았으니 '충'이요, 굳셈과 덕의로서 극복해 나갔으니 '숙'이라 하여 '충숙'이라는 시호를 내렸다.

이봉상

이순신의 5세손인 이봉상은 1676년(숙종 2)에 태어났다. 27세에 무과에 급제하고 여러 직위를 거쳐 충청도 병마절도사가 되었다가 경종이 즉위하자 불려 올라가 포도대장·훈련원 도정都正이 되었는데, 그때 그의 나이 46세였다.

다시 그 이듬해에 삼도수군통제사가 되었다가 2년 뒤에 총융사摠戎使로서 한성부 우윤右尹이 되었다. 그 다음해 영조 원년(50세)에 형조참판으로서 훈련·금위대장 등을 겸섭하였다가 노론과 소론의 세력 싸움에 밀려 도로 충청도 병마절도사가 되었다. 그 뒤 1728년(영조 4)에 영남인 이인좌 등을 중심으로 하는 반역 운동이 전국적으로 일어나게 되었다.

모든 장수들이 청주병사 봉상에게 험악한 사태에 대비하여 군사를 모아 계엄하는 것이 옳다고 권하였다. 이때 그는 당시의 정치적 음모가 심한 것에 비추어 "내가 만일 계엄하기만 하면 그 본의는 어디로 가고 나를 도로 역모를 꾀하는 자로 몰 것이다. 그러기 때문에 계엄을 하더라도 죽고, 또 계엄하지 아니하고 있다가 역적들을 만나서도 죽을 것이다. 그러나 나는 충무공의 자손이기 때문에 역적의 칼 아래 피를 흘릴망정 나라에 죄를 범했다는 억울한 혐의를 입고 죽을 수는 없다." 하고 사태를 관망할 뿐이었는데, 과연 그는 강직한 성격도 성격이려니와 장대한 키, 아름다운 수염, 빛나는 눈, 우렁찬 목소리가 어떤 누구보다도 이순신의 자손다웠다고 일컫는 분이었다.

그러자 3월에 이인좌 등이 청주를 먼저 손에 넣으려고 병기를 상여에 싣고 고을 북쪽 숲속에 숨겨 둔 다음, 마치 장례를 지내는 것처럼 하면서 한편으로 청주병영의 편비장 양덕부에게 천금을 주어 매수하고 밤중에 성문을 열고 인도해 들이게 하였다. 그날이 바로 15일 밤이었다. 그는 마침 숙부되는 홍무와 함께 술을 마신 뒤에 자기 침실로 돌아와 누웠다. 이인좌의 병사들이 침실을 에워싼 후 결국 인좌와 싸우다가 한쪽 팔이 잘리면서 붙들리게 되었다.

그때 이인좌가 봉상의 손을 가죽 끈으로 묶고 횃불로 입을 지지며 칼날로 목을 겨루면서 하는 말이 "벌써 그저께 13일에 서울이 함락되었소. 만일 병사가 군사를 이끌고 나를 따라 같이 일어서면 부귀영화가 자연히 따라올 것이오."하였다. 이에 이봉상은 "그래 너는 충무공의 집안이 세세에 충의로써 진하는 줄을 모르느냐"하고 다시 이어 하는 말이 "내 몸이 만 번 잘릴망정 어찌 역적을 좇아 영화를 누릴까보냐. 어서 나를 죽여라."

하고 외치며 마침내 그들의 칼 아래서 죽으니, 당시의 나이 53세였다.

뒤에 어사 이도겸이 청주로부터 올라와서 그의 장렬한 죽음을 위에 아뢰자 영조는 특명하여 좌찬성을 추증하고 충민의 시호를 내리며 "제 몸을 던져 임금을 받들었으니 그것이 충이요, 제 나라에서 난리를 치렀으니 그것이 민이라."하였다.

그때의 역란은 곧 평정되어 이인좌도 곧 잡혀서 죽고 이에 따라 소론파는 세력을 완전히 상실하고 말았으며, 노론이 오래 정권을 잡았다.

이은빈

이은빈李闇彬은 이순신의 7세손으로, 1766년(영조 42) 아산에서 태어났다. 1802년(순조 2) 36세에 무과에 급제하여 벼슬이 가선대부로 전라병사에 이르렀고, 1847년 향년 81세에 죽었다.

이은빈은 매우 효성이 지극하여 그에 관한 많은 일화가 있다. 예를 들어 젊어서 아버지가 병환 중인데 의사가 말하기를, "이 병에는 남생이(담수에서 사는 거북)를 잡아 삶아 먹어야 한다."라 하였다. 때는 마침 엄동설한이라 산에서 남생이를 구하는 것은 하늘의 별 따기인데, 설중에 나막신을 신고 창학산정에 오르니 맷방석만큼 동그랗게 눈이 녹아 있고, 거기에 남생이 한 마리가 기어 나와 있어 이는 하늘이 내린 것이라고 크게 기뻐하며 그 남생이를 잡아 가지고 와서 아버지에게 달여 드렸다는 이야기가 있다. 그리고 나중에 아버지가 돌아가시자 3년간을 묘 옆에 초막을 치고 기거하는데, 하루는 호랑이가 와서 같이 자며 방한防寒을 하여 주었다는 이야기도 있다. 그리고 그가 기거하는 집 대청에서 아버지 산소가 마주 바라다 보임에 죽을 때까지 대청에서는 담배와 술을 하지 않았다는 일 등이 전해지고 있다. 그의 효심이 지극하여 조정에서 이를 찬양하고 효행의 정려를 명하여 표창하니 충효심이 지극한 이순신의 피를 이어받은 바라 하겠다.

이제빈

이제빈李悌彬도 이순신의 7세손으로서 1772년(영조 48)에 아산에서 태어났다. 다섯 살에 능히 글을 붙여 읽었고, 어버이 섬기는 것이 벌써 어른과 다름 없었다. 나이 16세에 아버지가 돌아가신 뒤에 장례를 극진히 하였고, 집이 가난하여 어머니를 모실 길이 없음을 언제나 마음 아프게 여기었다.

1801년 30세에 무과에 급제하여 벼슬이 절충장군으로 경상좌수사에 이르렀고, 1837년 향년 66세로 죽었다. 일찍이 어머니가 돌아가셨을 때 손가락을 끊어 피를 드리어 반나절을 더 살아계시게 하였으며, 비가 오나 눈이 오나 날마다 그 무덤에 가서 곡하므로 초동·목수들이 무덤 아래 풀을 베며 "효자 다니는 길이라."고 하였다.

그는 관직에 있어서도 청렴결백하여 찬송을 받았고, 그보다도 출천(하늘이 낸)의 효자로 이름이 드날려서 정려旌閭*에 표창되었다.

....

* **정려** 현재 충청남도 아산군 염치면 백암리에 이순신 집안의 충신 네 분과 효자 한 분을 표창한 정려가 있다. 즉, 충무공 이순신, 조카인 강민공 이완, 4세손 충숙공 이홍무, 5세손 충민공 이봉상, 7세손 이은빈, 이제빈이다. 그런데 이 정려에 모신 것과 별도로 '5세 7충 2효'라고 하여 이 밖에 이순신의 아들 이면, 서자 이훈과 이신을 포함하여 부른다.

5부

임진왜란 시기(1592~1596년)를
함께 한 이순신의 사람들

01

임진전쟁 직전 전라좌수군과 이순신의 사람들

　　충무공忠武公 이순신李舜臣이 임진전쟁 때의 주요 해전을 승리로 이끌어 국난을 극복하게 된 데에는 여러 가지 요인이 복합적으로 작용했겠지만, 그의 막하 인물幕下人物*들의 활동에 힘입은 바가 매우 크다고 할 수 있다. 이를테면 이순신의 지휘를 받으면서 일선에서 적을 무찌른 사람들, 참모로서 전략·전술을 건의한 사람들, 의병으로서 전투에 참여하거나 군수 물자를 지원한 사람들 등 각기 맡은 바 직분을 완수한 이들의 노력이 있었기에 임진전쟁 시기 주요 해전에서 조선수군이 승리할 수 있었다고 보아야 할 것이다.

　　이러한 관점에서 이순신의 막하 인물들이 활동한 내용들을 분석해봄으로써 이순신의 수군 활동에서 나타나는 성격을 밝혀 보고, 아울러 막하 인물들의 활약상을 드러내는 것은 매우 중요한 작업이라고 할 수 있다.

....

* **막하 인물**　이순신 휘하에서 활동한 지휘관과 참모뿐만 아니라 수군의 하부 구조를 형성하는 인물들과 의병들을 포함한 것이다.

임진전쟁 시기 조선수군의 주력은 이순신 휘하의 전라좌수군全羅左水軍이라고 해도 과언이 아닐 것이다. 비록 임진전쟁 초기 조선수군의 제해권 장악은 경상우수사 원균元均과 전라우수사 이억기李億祺 휘하 수군의 활약도 함께 어우러진 결과이기는 하지만, 최초 해전부터 준비된 전력으로 꾸준히 참전한 전라좌수군이 가장 핵심적인 역할을 하였던 것이다. 이러한 관점에서 먼저 전라좌수사 이순신과 막하 인물들이 전쟁을 앞두고 어떻게 대비하고 있었는지에 대하여 살펴봄으로써 전라좌수군의 역할을 보다 명확히 알 수 있을 것이다.

이순신의 수군 활동은 전라좌수영의 수군 편제를 기반으로 전개되었다. 당시의 전라좌수영은 군사 진으로 사도·방답·여도·녹도·발포 등 5개 진포鎭浦와 행정 조직으로 순천부·낙안군·보성군·흥양현·광양현의 5관을 그 관하에 두고 있었다. 이러한 체제는 연해안의 제읍諸邑에까지 수군 기지를 두어 수사 관할管轄하에 포함시킴으로써 수군 방위 전략을 크게 바꿔 놓은 것이었다. 이러한 해방海防 체제는 삼포왜란 이후 빈발한 왜변倭變에 따른 해방 강화책으로 정착된 것이었다. 이것은 곧 연해 제읍을 수군 기지화하여 평소 바다에 익숙한 주민들을 수군에 편성시킴으로써, 그만큼 수군 전력을 강화하였다는 데에 그 의의가 있었다. 따라서 임진전쟁 시 전라좌수군은 앞서 언급한 5관 5진포 소속의 수군으로 조직되었으며, 각 관 진포의 수령守令·첨사僉使·만호萬戸 등은 모두 전라좌수사 휘하麾下의 핵심 지휘관 및 참모들이었다.

수군절도사는 정3품의 무관직에 해당하며, 만호와 마찬가지로 각 진포에서 실제로 오래 종사한 사람이 서용敍用되는 것이 원칙이었는데, 이는 해상에 익숙한 인물을 서용함으로써 해상 방어에 효과적으로 임하게 한 것이었다. 실제로 이순신은 발포만호와 조산보만호 등 수군직을 일찍이 경험하였기에 이순신의 전라좌수사 부임은 적절한 인사 조치라고 볼 수 있다.

한편 첨절제사(첨사)는 각 도의 수군절도사의 관할하에 있던 종3품 무관직으로, 수군의 거진巨鎭을 이루는 포구를 근거로 하면서 인근 제포諸浦의 수군만호를 관장하였다. 만호는 종4품의 외직무관으로서 각 처포·진의 수군을 직접 지휘, 감독하는 실질적인 장이며, 지휘 체계상 수군절도사와 첨절제사의 지휘, 감독을 받고 있었다. 따라서 만호는 항상 해상 방어에 임하고 병선, 화통, 화약 등을 정비하며, 진포의 회계·물품 출납의 책임을 지고 해상의 기상 변화를 기록하였다.

요컨대 당시 전라좌수사는 수군 소속의 사도·방답·발포·녹도·여도 등 5개 진포의 장들과 수군이 편성되어 있는 순천·보성·낙안·광양·흥양 등 5관의 수령들을 거느리고 있었다. 지리상으로 관할 구역은 서쪽으로 보성군과 장흥군의 경계를 형성하는 홍거천洪巨川으로부터 동쪽으로 경상우수영과의 경계를 이루는 섬진강까지의 해역을 관장하고 있었다.

전라좌수영, 이순신을 중심으로 전쟁 준비를 하다

임진전쟁 직전인 1591년(선조 24) 2월에 전라좌수사로 부임한 이순신은 임진전쟁이 발발하기까지 1년 2개월 동안 전쟁을 예측하고, 이에 대비하는 데에 많은 노력을 경주해 나갔다. 《난중일기亂中日記》를 분석해볼 때, 임진전쟁 발발 직전까지 이순신이 중점을 둔 활동은 크게 세 가지로 나누어 볼 수 있다. 첫째는 여수 본영 뒷산인 종고산鐘鼓山에 연대煙臺를 쌓고, 바다에는 돌산도와 본영 사이에 철쇄鐵鎖를 설치하는 등 본영에 대한 방비를 철저히 하는 것이었고, 둘째는 각 진별로 전선과 군기軍器를 보수하는 것이었으며, 셋째는 거북선이라는 특수 전선을 건조하는 것이었다.

이러한 방어 태세를 완료하는 데에는 이순신 휘하 관·진포의 수장들이 큰 활약을 했겠지만, 이들 외에도 그 과정에서 부각되는 몇몇의 인물이 있다. 먼저 이봉수李鳳壽는 임진전쟁 직전에 화약을 제조하였으며, 좌수영과 돌산도 사이의 수중 철쇄 설치를 감독하고, 종고산에 연대를 쌓는 데에 큰 역할을 하여 이순신의 신임을 받았다.

또 전선을 건조하는 데에 큰 역할을 한 인물로는 김세호金世浩와 나대용羅大用을 들 수 있다. 김세호는 이순신 휘하에서 조선감造船監이 되어 8척의 대형 전선을 제작하였고, 나대용은 전라좌수영의 전쟁 장비 및 무기들을 협력하여 만들면서 거북선을 건조하였다. 그리고 후일에는 각 해전에 참전하여 군공軍功을 세웠을 뿐만 아니라 전라좌수영에 수군 장정과 군량을 지속적으로 제공하기도 하였다.

각 진포의 방비 태세를 확립하는 데에는 각 진관의 수장들이 맡은 임무를 충실히 수행하였다. 1592년(선조 25) 2월 하순에 이순신이 관내 진포를 순시하며 군비 상태를 점검한 결과 녹도鹿島를 위시한 여러 진포의 전비가 대체로 갖추어져 있음을 확인한 반면, 사도진蛇渡鎭만은 많은 결함이 있음을 발견하고 그에 대해서는 철저한 사후 조치를 취하기도 하였다. 이와 같이 임진전쟁이 발발하기 전에 전라좌수영 예하 각 진포의 방비 태세는 이순신의 철저한 사전 점검과 각 진장鎭將들의 노력이 어우러져 만족할 만한 수준에 도달한 것으로 보인다.

임진전쟁은 1592년(선조 25) 4월 13일에 발발하였다. 당시 일본군은 9개 번대番隊로 침략군을 편성하였는데, 제 1번대인 고니시 유키나가小西行

軍군이 4월 14일에 부산포에 상륙하여 부산진, 동래성을 함락시킨데 이어, 제 2번대 가토오 키요마사[加藤淸正] 등의 후속 부대가 속속 도착하여 침공을 가속화시켰다.

이때 경상좌수사 박홍[朴泓]은 적의 세력이 너무나 큰 것을 보고는 성을 버린 채 달아남으로써 일본군의 상륙을 쉽게 허용하였고, 경상순찰사 김수[金睟]는 적의 침입 소식을 듣고 제승방략의 분군법에 의하여 여러 고을에 회장[回章]을 보내어 각각 소속 군인들을 거느리고 맡은 곳에 머물러 있게 하면서 서울에서 장수가 내려오기를 기다리게 하였다. 그러나 중앙에서 급파된 순찰사 이일[李鎰]과 도순변사 신립[申砬]은 각각 상주와 충주에서 패배하였고, 전라순찰사 이광[李洸]의 지휘하에 있었던 하삼도군[下三道軍]도 도성을 방위하기 위해 북상하다가 용인에서 붕괴되었다. 이렇듯 임진전쟁 초기에 육군은 연전 연패하여 일본군은 별다른 저항을 받지 않고 20여 일만에 서울에 입성하였다.

전라좌수군 경상도로 출전을 결심하다

이순신이 일본군의 침입 소식을 처음 접한 것은 4월 15일 저녁 시간에 경상우수사 원균의 첩보 연락에 의해서였다. 앞에서 언급한 바와 같이 경상좌수군이 싸워보지도 않은 채 물러났고, 경상우수군 역시 거의 패몰된 상태에서 경상우수사 원균은 휘하 장수 이영남[李英男]을 보내 전라좌수영에 구원을 요청해 왔다. 이때 이순신은 각기 분담한 구역이 따로 있기 때문에 조정의 명이 없으면 불가한 일이라고 하여 이를 거절한 것으로 나타나 있다. 이러한 이순신의 행위에 대하여 당시의 사정을 잘 모르는 사람들은 오늘날의 잣대로 파악하면서 이를 비난하기도 한다.

당시 이순신이 곧바로 구원할 수 없는 이유가 있었다. 이순신의 장계狀啓에 잘 드러나 있듯이, 일본군이 쳐들어오기도 전에 이미 경상도 수군이 패주敗走해 버린 실정에서 영남의 해로 사정에 어두운 전라도 수군으로서는 쉽게 그 지역으로 진군할 수 없었다.

또 전력戰力이 약한 상태에서 출전한다 하더라도 전라우수군이 뒤따라 내원來援할 것인지를 명확히 알 수 없는 상황이었으므로, 일정 해역의 지휘 책임자로서는 신중을 기하지 않을 수 없었을 것이다. 그뿐만 아니라 그의 휘하에서도, "우리 구역을 지키는 것도 힘겨운 일인데, 어찌 타도에 부원赴援할 겨를이 있겠는가."라고 하여 영남 부원을 반대하는 장수들도 있었다.

따라서 이순신은 우선 조정에 출전 여부에 대한 장계를 올렸고, 4월 26일에 경상도 지역으로 출전하라는 조정의 지시를 접한 후에야 경상도 부원 계획을 관내 제장과 구체적으로 논의하였다. 앞에서 언급한 바와 같은 여러 가지 여건이 좋지 못한 상황에서 경상도 출동은 신중히 추진되었던 것이다.

휘하 장수들 중 일부의 반대에도 불구하고 5월 4일에 이순신이 출전을 결행한 까닭은 녹도만호 정운鄭運·방답첨사 이순신李純信·흥양현감 배흥립襄興立·흥양 출신의 군관 송희립宋希立 등이 결사 항전을 내세워 급히 출동할 것을 주장한 데에 따른 것으로 생각된다. 5월 1일 관내의 모든 장수들이 영내 진해루에 모였을 때 방답첨사·흥양현감·녹도만호 등은 이미 그와 같은 결의를 이순신에게 개진하였던 것이다. 또 일부 장수들이 영남 구원을 반대하자 군관 송희립은 분개하면서 다음과 같이 출전할 것을 역설하였다.

영남은 우리 땅이 아니란 말입니까? 적을 토벌함에 있어서는 이 도, 저 도에 차이가 없으니 먼저 적의 선봉을 꺾어 놓게 되면 본도 또한 보전할 수 있을 것입니다.

송희립의 주장이 제기되는 것과 함께 출동 여부를 놓고 5월 3일 최후로 이순신과의 면담을 요청한 이는 녹도만호 정운이었다. 그는 즉각 출전하는 것만이 최선임을 강조하면서 다음과 같이 출동을 건의하였다.

전라우수사는 오지도 않고 있는데, 적세는 이미 서울까지 박두하였으니 더없이 통분함을 이길 수 없습니다. 만일 기회를 잃게 되면 뒷날 후회해도 돌이킬 수 없을 것입니다.

정운과의 면담 직후 마침내 영남 해역에 진군할 것을 결심한 이순신은 곧바로 방답첨사 이순신李純信을 불러 다음날 새벽에 출진할 것을 명하였다.

이렇게 볼 때 이순신이 과감하게 영남 해역에 출동할 수 있었던 것은 전라좌수군 장수들의 적극적인 전의에서 비롯되었음을 알 수 있다. 이들은 다음과 같이 부산포 해전이 끝난 후에 이순신이 올린 장계에서도 드러나듯이 결사 항전의 의지를 가진 수군의 중추적 인물들이었다.

제장 중에서 권준·이순신·어영담·배흥립·정운 등은 특별히 믿는 바가 있어 서로 함께 죽기를 기약하여 매사를 함께 의논하고 계획을 세웠습니다.

위의 자료에서 확인할 수 있듯이 전라좌수군 지휘부에 이와 같은 장수들이 있었다는 사실은 곧 해전에서 수군이 승리를 거두는 데에 매우 중요한 요인으로 작용하였던 것이다.

02

임진전쟁 초기의 해전과 이순신의 사람들

이순신은 휘하 장수들의 의견을 수용하여 5월 4일에 경상도로 처음 출전하였다. 이후 5월 7일의 옥포해전玉浦海戰을 시작으로 당포唐浦·한산閑山·부산포釜山浦해전에 이르기까지 총 4차의 출전에서 전승을 거두면서 적선 320여 척을 격침 또는 나포하였다.

이순신이 지휘한 조선수군이 전승을 거둔 배경에는 여러 가지 요인이 복합적으로 작용하였다. 우선 견고堅固하고 장대長大한 판옥선板屋船과 돌격에 선봉선으로 활동했던 거북선 등 전선이 우수했던 점, 총통으로 대변되는 함재화력艦載火力의 우수성, 좌수사 이순신의 리더십과 전략·전술, 그리고 실전을 수행한 수군들의 견실성 등이 무엇보다도 큰 승인勝因이었다. 이를테면 일본수군은 경쾌한 유람선형의 전선에 조총을 주무기로 한데 반하여, 조선수군의 판옥선은 선체가 고대高大하고 육중한 데다가 선상에 대구경의 각종 화포를 설치할 수 있었다. 따라서 원거리에서부터 화포를 이용하여 대전류大箭類와 조란환鳥卵丸을 발사하여 적선의 구조물과 인명을 살상함으로써 전과를 올렸다.

그러나 아무리 우수한 전선과 위력 있는 화기를 갖추었다고 하더라도 이것을 운용하는 군사들이 부실할 경우 그것은 무용지물에 그치고 말 것이다. 이러한 측면에서 보면 이순신 막하에서 각 진장鎭將으로 활동한 지휘관과 그 휘하에서 활동한 중·하급 지휘관 및 군관들, 그리고 하부 구조를 이루고 있는 격군格軍(노 젓는 군사)과 포수砲手(화포를 쏘는 군사)·사부射人(활 쏘는 군사) 등의 역할이 해전을 수행하는 데에 중요한 역할을 했다고 할 수 있다.

전라좌수군 지휘부 인물들의 활동

우선 이순신과 가장 가까운 위치에서 활동한 인물들에 대해 살펴보면, 먼저 5관 5진포의 진장들을 들 수 있다. 이들 10명의 장수들은 이순신의 현직 막하 인물들로서, 이순신이 지휘한 초기 해전에서 각기 전투 조직의 구성원으로 임명되어 활동한 인물들이다. 이순신의 《임진장초壬辰狀草》를 분석해보면, 1592년에 있었던 네 차례 출전에서 이들은 모두가 빠짐없이 고르게 전공을 세웠음을 알 수 있다(〈표 1〉 초기 해전 시 이순신 휘하 지휘관들의 전과 참조).

이들 가운데 가장 전공이 큰 인물로는 세 차례의 해전에서 적의 대·중·소선 8척을 격침시킨 광양 현감 어영담魚泳潭을 꼽을 수 있다. 그는 무과에 합격한 뒤로 영남·호남의 여러 진을 두루 다녀 수로의 특성과 해상 요해처를 자세히 알았다고 한다. 그리고 전투 때마다 전공이 으뜸으로 평가되었고, 군량을 준비함에도 깊은 지혜로 많은 노력을 기울였는데, 이순신이 그의 신변 보장을 위하여 두 번이나 장계를 올릴 정도로 절대적인 신임을 받았다.

|표 1| 초기 해전 시 이순신 휘하 지휘관들의 전과

구분	1차 출전 시 전과 (옥포, 합포, 적진포)	2차 출전 시 전과(사천, 율포)	3차 출전 시 전과(한산)	합계
순천부사 권준	–	대선 1	대선 1	2척
보성군수 김득광	대선 2	–	–	2척
낙안군수 신호	대선 2	–	대선 1	3척
광양현감 어영담	대선 1, 중선 2, 소선 2	대선 2	대선 1	8척
흥양현감 배흥립	대선 2	대선 1	대선 1	4척
방답첨사 이순신李純信	대선 3	대선 1	대선 1	5척
사도첨사 김완	대선 3	대선 2	대선 1	6척
녹도만호 정운	대선 1, 중선 2	대선 2	대선 2	7척
발포만호 황정록	–	–	대선 1	1척
여도권관 김인영	중선 1	대선 1	대선 1	3척

※《임진장초》 중 전과가 명확히 드러나는 것만 종합한 것임.
※ 전과는 적의 전선을 침몰 또는 나포한 것을 의미함.

다음으로 전과가 큰 인물은 녹도만호 정운鄭運이다. 그는 1570년(선조 3)에 무과에 급제한 후, 주요 보직을 두루 거치다가 임진전쟁 발발 1년 전에 녹도만호가 되었다. 옥포해전을 치렀을 때 그는 후부장後部將이었지만 선봉에 나서 적을 무찌르는 데에 큰 공을 세웠고, 이후의 해전에서도 여러 번 적을 무찔렀다. 9월 1일의 부산포 해전에서 우부장으로 참전하여 선두에서 싸우다가 적의 탄환을 맞고 순국하자 이순신이 "국가가 오른팔을 잃었다."고 슬퍼했을 정도의 인물이다.

사도첨사 김완金浣이 세운 전공도 크다. 김완은 무과에 급제한 후 사도 첨사로 부임하여 이순신의 막하로 활약하였는데, 임진전쟁이 일어나 어가御駕가 의주로 파천한다는 말을 듣고는 "이 국난을 당하여 죽어야 할 때에 죽지 않는다면 신하의 도리가 아니다."라고 맹세하면서 왜적들을 크게 무찔렀다. 《이충무공전서》에 김완의 활약에 대하여 이순신이 다음과 같이 표현할 정도로 그는 다재다능한 인물이었다.

왜적의 전함과 맞서 싸울 적에 남 먼저 북을 치고 용기를 북돋우니 모든 군사가 더욱 용기를 내어 싸웠는데 그것은 김완에 힘입은 바가 많다. 하물며 생선과 소금을 흥정하여 잘 팔고 양곡과 미숫가루를 잘 비축하여 군사들을 배고프지 않게 한 공은 정말 놀랍다.

방답첨사 이순신李純信은 1592년 1월 10일에 방답진의 첨사로 부임한 뒤 전쟁에 대비하여 진영 방비를 철저히 하였다. 전쟁이 발발한 후에는 중위장中衛將·전부장前部將으로 크게 활약하였으며, 벼슬은 훈련대장을 지냈고, 선무공신 3등에 참록參錄되기도 했던 인물이다.

적의 대선 3척을 격침시킨 낙안군수 신호申浩는 처음에는 영남 지역으로의 부원을 반대했지만, 부원이 결정된 후에는 지시에 따라 전투에 적극 임하였다. 그는 1539년생으로 이순신보다 6살이 위다. 고부에서 태어나 일찍부터 무예를 배우기 시작하였고, 밤이면 학문을 닦아 29세에 무과에 급제하였다. 조산보만호와 도호부도사를 거쳐 1591년에 낙안군수로 봉직하였다. 그후 이순신의 막하에서 통정대부로 승진하고, 1595년에는 조방장이 되었다가 1597년 남원 교룡산성의 수비 책임자로서 그해 8월의 남원성전투에서 전사하였다. 뒷날 선무원종1등공신과 형조판서를 추증받고 시호는 충장忠壯이라 하였다.

순천부사 권준權俊은 1차 출전 시에는 참전하지 않았지만 이후의 전투에서 큰 활약을 펼쳤고, 흥양현감 배흥립裵興立도 적극적으로 참전하였다. 이들과 비슷한 지위에 있던 우후虞侯(정4품, 오늘날의 함대 참모장격) 이몽구李夢龜도 사천·율포 해전 시 좌별도장으로 참전하여 적의 대선 3척을 격침시켰다. 기타 5관 5진포의 진장들도 고르게 활약하였는데, 이들 중 일부 진장에 대한 활동 내용은 다음 절에서 살펴보기로 한다.

전라좌수군 중·하부 조직의 활약

그런데 위에서 언급한 5관 5진포의 수장 외에 그 아래에서 활약한 선장이나 군관 등 중·하급 지휘관 및 참모들의 활약도 매우 컸다. 거북선 건조자인 나대용은 여수 본영의 군관으로서 옥포해전 시 적의 대선 2척을 격침시켰고, 이순신의 군관인 최대성崔大成·배응록裵應祿·이언량李彦良·변존서卜存緒·김효성金孝誠·송희립宋希立·이설李渫·이봉수李鳳壽 등도 각각 일본군의 대선 1척씩을 격침시키는 전공을 세웠다. 이 밖에도 방답진에서 귀양살이하던 전첨사前僉使 이응화李應華와 녹도에서 귀양살이하던 전부사前府使 주몽룡朱夢龍도 참전하여 각각 일본수군의 소·중선 1척씩을 격침시켰다. 아울러 사도진 군관 이춘李春은 일본군 중선 1척을, 순천대장인 전봉사前奉事 유섭兪攝은 일본군 대선 1척을, 낙안 부통장 급제 박영남朴永男과 보인保人 김봉수金鳳壽은 일본군 대선 1척을, 이순신의 군관 송한련宋漢連은 일본군 중선 1척을 격침시키는 전과를 거두었다.

이중 이설과 이언량은 나대용과 함께 거북선을 합력하여 만들었으며, 특히 이언량은 사천해전부터 거북선 돌격장으로 추대되어 이후의 해전에서 일본 전선을 수없이 격침시켰다. 이순신의 군관 가안책賈安策과 송성宋晟 등도 사천해전에 적극적으로 참전하였으며, 군관 흥양 보인 진무성陳武晟은 당포해전에서 일본 장수의 머리를 직접 베었다.

한편 초기 해전에서 조선수군은 전승을 거두었지만, 장졸들의 희생도 적지 않다. 1차 출전에서는 1명의 부상자 외에 조선수군의 사상자가 없었으나, 2차 출전 이후 사상자가 다수 발생하였다. 〈표 2〉는 초기 해전의 진별 사상자 현황을 정리한 것이다.

|표 2| 초기 해전의 진별 사상자 현황

구 분	각 진별 전사자	각 진별 전상자
2차 출전 (사천·당포· 당항포·율포)	본영선 2, 순천선 4, 보성선 1, 흥양선 2, 사도선 2, 여도선 2(계: 13명)	본영선 3, 순천선 1, 보성선 3, 낙안선 5, 광양선 3, 흥양선 7, 방답선 1, 사도선 8, 발포선 3, 여도선 3(계: 37명)
3차 출전 (한산·안골포)	본영선 4, 낙안선 1, 흥양선 4, 방답선 1, 사도선 1, 녹도선 3, 발포선 2, 여도선 3(계: 19명)	본영선 27, 보성선 2, 낙안선 8, 광양선 3, 흥양선 19, 방답선 16, 사도선 14, 녹도선 8, 발포선 6, 여도선 12(계: 115명)
4차 출전 (부산포)	본영선 2, 방답선 1, 사도선 1, 녹도선 1, 여도선 1(계: 6명)	본영선 11, 보성선 2, 흥양선 1, 방답선 5, 사도선 4, 여도선 2(계: 25명)
합계	본영선 8, 순천선 4, 보성선 1, 낙안선 1, 흥양선 6, 방답선 2, 사도선 4, 녹도선 4, 발포선 2, 여도선 6(계: 38명)	본영선 41, 순천선 1, 보성선 7, 낙안선 13, 광양선 6, 흥양선 27, 방답선 22, 사도선 26, 녹도선 8, 발포선 9, 여도선 17(계: 177명)

※《임진장초》중 관련 내용을 종합한 것임.

〈표 2〉를 보면 가장 사망자 수가 많은 진은 이순신이 직접 지휘하는 본영으로, 총 사망자 38명 중 8명을 차지하고, 부상자 수도 총 177명 중 41명을 차지한다는 것을 알 수 있다. 비록 본영의 수군 숫자가 휘하 진포보다 2~3배 더 많지만 본영의 장졸들이 선봉에서 크게 활약한 것으로 보인다. 그리고 사상자 분포가 거의 전 진영에 고르게 나타난 것을 볼 때, 이순신의 막하 인물들이 모두 힘껏 싸웠다는 것을 알 수 있다.

또한 이들 사상자 수를 직책별로 분류해보면, 〈표 3〉에 나타난 바와 같이 사망자 중 21%, 부상자 중 약 38%가 격군格軍으로 가장 많고, 다음으로 사부射夫들의 희생이 많았다. 그리고 전체 사상자 중 이순신의 부상과 앞서 언급한 녹도만호 정운 외에 지휘관급 장수의 사망자는 없었고, 아울러 오늘날 군의 간부급이라 할 수 있는 군관과 선장船長, 갑사甲士 그리고 진무鎭撫를 합쳐 모두 16명의 사상자만 발생하여 전체 214명의 사상자 중 7%에 불과했으며, 나머지 92%의 사상자는 양인과 천민들로 구성된 격군과 사부, 그리고 토병 등이었다.

이들 수군 하부 조직에서의 희생자 현황을 분석할 때 가장 특기할 만한 것은 한산도해전에서의 격군 사상자는 전체 78명 중 61명으로 78%를 차지하였다는 것이다.

|표 3| 초기 해전의 직책별 사상자 현황

구 분	직책별 전사자	직책별 전상자
2차 출전 (사천·당포· 당항포·율포)	사부 6, 격군 3, 포수 2, 사공 1, 기타 1(계: 13명)	사부 14, 군관 5, 격군 3, 포수 3, 조방 3, 무상 2, 토병 2, 좌수사 1, 선장 1, 훈도 1, 기타 2(계: 37명)
3차 출전 (한산·안골포)	격군 7, 수군 3, 거북선 토병 2, 선장 1, 사부 1, 별군 1, 진무 1, 갑사 1,기타 2(계: 19명)	격군 54, 수군 25, 토병 9, 사부 5, 진무 4, 포수 4, 군관 2, 무상 2, 사공 2, 도훈도 1, 파진군 1, 기타 6(계:115명)
4차 출전 (부산포)	격군 2, 만호 1, 사부 1, 사공 1, 분군색 1(계: 6명)	격군 9, 토병 6, 수군 4, 사부 3, 군관 1, 사공 1, 무상 1(계: 25명)
합계	격군 12, 사부 8, 수군 3, 포수 2, 사공 2, 거북선 토병 2, 만호 1, 선장 1, 별교 1, 진무 1, 갑사 1, 분군색 1, 기타 3(계:38명)	격군 66, 수군 29, 사부 22, 토병 17, 군관 8, 포수 7, 무상 5, 진무 4, 조방 3, 사공 3, 훈도 2, 좌수사 1, 선장 1, 파진군 1, 기타 8(계: 177명)

※ 《임진장초》에서 관련 내용을 추출하여 종합한 것임. '기타'는 직책과 신분 구분이 애매한 자들을 의미함.

이는 아마도 적의 정예 수군과의 근접전이 이루어지면서, 그리고 12척의 적 전선을 나포하는 과정에서 적의 조총 사정거리 내에 위치함에 따른 것으로 분석된다.

임진전쟁 당시 전라좌수군의 하부 구조는 대부분 현지 연해제읍沿海諸邑에서 동원된 군사들로 구성되어 있었다. 이들은 평소 바다와 선박에 익숙한 현지의 토착민들이었으며, 건장하고 활을 잘 쏘며 배를 잘 부리는 토병土兵과 포작鮑作들 또는 천민 계층의 세전수군世傳水軍들이 그 대부분을 차지하고 있었다. 전라좌수군의 하부 구조를 이렇게 이해한다면 실전에서 승리를 거둘 수 있었던 직접적인 동력은 격군과 사부, 포수 등의 전투력에서부터 비롯되었음을 알 수 있다. 또 희생자의 다수가 그들 가운데 있었던 것도 그들의 역할이 그만큼 컸음을 의미한다.

전라좌수군 의병들의 활약

그런데 당시 수군은 산간 내륙 지방에 거주하는 군사들과는 무관했던 반면에 평소 바다에 익숙한 연해 지역 출신의 군사들로 편성되게 마련이었다. 따라서 난전亂前부터 군정이 부실하여 제대로 정규군이 갖추어지지 못한 상태에서 해전을 수행하기 위해서는 우선 당장 두 가지 조치가 선행되어야 했다. 하나는 행정력을 동원하여 군적에 오른 대상자를 수괄함으로써 정규군을 확보하는 일이었고, 다른 하나는 연해 지역 사민士民들이 자발적으로 해전에 참전하거나 후방 지원에 참여하도록 유도함으로써 수군 전력을 보강하는 것이었다. 이순신 휘하 수군이 거듭 승리할 수 있었던 요인 중의 하나는 바로 이 문제의 해결을 위한 지속적인 노력 때문이라 생각한다.

이 가운데 특히 후자의 측면에서 주목되는 것이 다름 아닌 의병 활동이다. 처음부터 이순신 막하에 들어와 자진 종군한 경우는 예외가 되겠지만, 전라좌수군 휘하에서 본격적인 의병 활동이 시작된 것은 1592년 8~9월경이었다. 〈표 4〉에서 보는 바와 같이 의병·의승병장들을 주축으로 400여 명의 의병이 바로 그 무렵에 기병起兵하였으며, 그들의 일부는 연해 지역 요해처를 방위하고 다른 일부는 수사의 통제하에 실전에 참여하였다.

| 표 4 | 임진전쟁기 이순신 막하 의병장 현황

신분 및 성명	출신 지역	임무 및 활동
의승 삼혜三惠	순천	표호별도장, 순천 유군
의승 의능義能	흥양	유격별도장, 여수 본영 주둔
의승 성휘性輝	광양	우돌격장, 두치 방어
의승 신해信海	광주	좌돌격장, 석주 방어
의승 지원智元	곡성	양병용격장, 운봉팔양치
진사 방처인房處仁	구례	도탄 방어
한량 강희열姜凞悅	광양	두치 방어
보인 성응지成應祉	순천	순천성 수비

※ 《임진장초》의 〈분송의승파수요해장分送義僧把守要害狀〉

이들 의승병義僧兵들의 활약은 1593년(선조 26)에 있었던 웅포해전에서 돋보였는데, 이들은 육지에 상륙하여 무수한 일본 병사들을 사살함으로써 이순신에 의해 그 전공을 높이 평가받았다. 따라서 이순신은 전라좌수사 겸 삼도수군통제사로 있던 1594년(선조 27) 초, 순천교생이면서 의병장으로 활약했던 성응지成應祉와 의승장義僧將 수인守仁, 의능義能 등에게 포상이 있어야 함을 장계로 조정에 요청하면서 그들의 해상 의병 활동을 이렇게 평가하였다.

수군을 자진해서 모집하여 들어온 의병장 순천교생順天校生 성응지成應祉와 승장 수인守仁, 의능義能 등이 이런 전란에 제 몸의 편안을 생각하지 않고 의기를 발휘, 군병들을 모집하여 각각 300여 명을 거느리고 나라의 치욕을 씻으려 하였는바, 참으로 칭찬할 만한 일일 뿐만 아니라 수군의 진중에서 2년 동안 스스로 군량을 준비하여 이곳저곳에 나누어주면서 간신히 양식을 이어대는데, 그 부지런함과 고생스런 모습은 군관들보다 배나 더하였으되, 조금도 수고로움을 꺼리지 않고 지금까지 부지런할 따름입니다. 일찍이 싸움터에서 적을 무찌를 적에도 뛰어난 공로가 현저하였으며, 그들의 나라를 위한 분발심은 시종 변하지 않으니 더욱 칭찬할 만한 일입니다.

임진전쟁 초기 해상 의병 활동의 또 다른 예로서, 현직 감목관監牧官이면서 부산포 해전에 참전하여 가장 뚜렷한 활약을 보인 순천감목관順天監牧官 조정趙玎의 예를 빼놓을 수 없다. 조정은 스스로 전선을 마련하였을 뿐만 아니라 집안의 종들과 목동들을 인솔하여 부산포해전에 지원군으로 출전하였다. 특히 그는 순천부사 권준의 휘하에서 많은 일본 병사들을 사살하고 적의 군수물을 다수 노획함으로써 이순신이 부산포해전 결과를 보고하면서 조정의 전공을 맨 처음에 기록할 정도였다. 따라서 해전에서 수행된 이들의 의병 활동은 이순신이 이끄는 조선수군의 전력 강화에 적지 않은 영향을 끼쳤을 것으로 여겨진다.

03

임진전쟁 강화기 병참 지원 활동과 이순신의 사람들

　임진전쟁 시 조선수군의 주요 해전은 1592년(선조 25)에 집중되었고, 1593년(선조 26) 2월~3월에 있었던 웅포해전이 종료된 후 해전은 소강 상태에 접어들었다. 그리고 육지의 전황도 1593년 4월 18일에 일본군이 서울에서 철수하기 시작하면서 본격적인 강화기에 접어들지만, 강화 교섭 중에도 일본군과의 전투는 간헐적으로 있었다.

　한편 이순신은 전라좌수사에 더하여 1593년 8월 15일자로 '삼도수군통제사三道水軍統制使'라는 신설된 수군 최고 지휘관직에 임명되어 전라·경상·충청의 삼도 수군을 총괄 지휘하게 되었다. 이순신이 통제사 임명 교지를 받은 것은 그해 10월 1일이었다. 따라서 이제는 삼도의 수군 전체가 이순신의 지휘하에 포함된 것이다. 당시 어떤 인물들이 주로 활동하였는지에 대해서는 1594년(선조 27) 3월 4~5일에 있었던 제2차 당항포해전의 장계를 통해 알 수 있다(〈표 5〉 제2차 당항포 해전 시의 전과 참조).

| 표 5 | 제2차 당항포 해전 시의 전과

전투 편제	직책/성명	전 과	비고(소속)
조방장	절충장군 어영담	대선 2	전라좌수사 휘하
우척후장	여도만호 김인영	대선 1, 중선 1	〃
좌위좌부장	녹도만호 송여종	대선 1, 소선 1	〃
우돌격장	훈련주부 이언량	중선 2	〃
우돌격장 좌척후장	사도첨사 김완	중선 1	〃
좌별도장	전첨사 배경남	대선 1	〃
	훈련판관 이설	대선 1	〃
우부보전통장	전훈련봉사 최도전	소선 1	〃
좌척후일령장	정병보 노천기	소선 1	〃
좌척후이령장	정병보 조장우	소선 1	〃
계원장	수군우후 이정충	대선 1	전라우수사 휘하
전부장	해남현감 위대기	중선 1	〃
좌응양장	어란포만호 정담수	대선 1	〃
우응양장	남도포만호 강응표	중선 1	〃
중위좌부장	금갑도만호 이정표	중선 1	〃
좌위좌부장	목포만호 전희광	소선 1	〃
우위중부장	강진현감 유해	중선 1	〃
우부장	주부 김남준	중선 1	〃
우척후일령장	사복 윤붕	소선 1	〃
우응양조전장	충순위 배윤	소선 1	〃
중위좌부보주통장	정병보 곽호신	소선 1	〃
	경상우수사 원균	중선 2	
좌척후 일선봉장	사천현감 기직남	대선 1	경상우수사 휘하
좌돌격장	고성현령 조응도	대선 1	〃
좌척후 선봉도장	웅천현감 이운룡	대선 1	〃
유격장	하동현감 성천유	중선 1	〃
우부장	당포만호 하종해	대선 2	〃
좌선봉장	소비포권관 이영남	대선 2	〃

전투 편제	직책/성명	전 과	비고(소속)
우돌격도장	사량만호 이여념	중선 1	〃
전부장	거제현령 안위	중선 1	〃
우유격장	진해현감 정항	중선 1	〃

※《이충무공전서》권4, 〈당항포파왜병장當項浦破倭兵狀〉

　　임진전쟁 강화기에 이순신 막하 인물의 활동상은 이 기간 중에 있었던 해전 중 비교적 자료가 상세한 당항포 해전에서 활약한 인물들을 위주로 살펴볼 수 있다. 여기서는 앞에서 설명했거나 중복되는 인물은 제외하고 나머지 인물에 대하여 알아보고자 한다. 아울러 이순신의 직접적인 막하는 아니지만 삼도수군통제사의 휘하에 있던 원균元均과 이억기李億祺의 막하 인물 중에서 두드러진 활동을 보인 인물에 대해서도 살펴보고자 한다.

당항포해전을 승리로 이끈 인물들

　　우선 전공이 가장 뚜렷한 인물로는 〈표 5〉에서 보는 바와 같이 여도만호 김인영金仁英을 들 수 있다. 김인영은 임진전쟁 초기 해전에서도 여도권관으로 봉직하면서 적선 3척을 깨뜨렸고, 율포해전에서는 적의 머리 10급을 베었으며, 그 후에도 이순신 막하에서 꾸준히 활약하였다. 김인영의 눈부신 전공에 비해 표창의 수준이 낮음을 안타깝게 여긴 이순신이 장계를 올려 표창을 건의하기도 할 정도로 신임을 받았다.

　　다음으로 활약이 컸던 인물은 녹도만호 송여종宋汝悰이다. 그는 1592년에 낙안군수 신호申浩의 군관으로 큰 활약을 하였으며, 전투 결과 승전

보고서를 가지고 행재소行在所까지 가서 임금에게 전달하는 공을 세웠고, 이후 녹도만호에 제수되어 정유재란기에는 더욱 더 큰 활약을 보였던 인물이다.

한편 좌별도장으로 활약한 배경남裵慶男은 원래 전쟁 초기 육군 유격장으로 활약했던 인물이었는데, 수군에서 활동하기를 원했으므로 이순신이 조정에 건의하여 수군 장수로 중용하였다. 이후 능력을 인정받아 조방장의 직책에까지 올라 근무하면서 큰 공을 세웠다.

또한 이설은 선조 때 무과에 급제하고 만호가 되었다가 임진전쟁이 일어나자 의병을 일으켜 이순신의 막하가 되었고, 같은 고을의 나대용과 함께 거북선을 만들고 여러 번 특이한 공을 세웠다. 특히 그는 부산포 해전에서 귀선장龜船將 이언량과 함께 적선을 무찌르면서 가장 많은 적을 사살한 인물이다.

최도전崔道傳은 전에 봉사직을 수행하였는데, 1592년에 좌수영 진지로 와서 오령장五領將으로서 견내량 전투에서 힘껏 일본군을 쳐부순 인물이다.

한편 〈표 5〉에서 전라우수사 이억기의 막하 인물 중 하나인 위대기魏大器는 무과에 합격하여 해남현감이 되었는데, 1592년 7월에는 병마사 황진黃進의 편장偏將으로 웅치전투에 참전하여 공로를 세웠던 인물이다. 이밖의 인물에 관해서는 소개 자료가 없어 그 행적을 알 수 없으며, 다만 이정충·정담수·강응표의 경우《동의록》에 직책만 소개되어 있을 뿐이다.

경상우수사 원균 휘하의 인물들을 살펴보면, 먼저 이운룡李雲龍은 임진전쟁 때 옥포만호로 원균의 휘하에 있으면서 옥포해전 이래 남다른 공로를 세웠다. 1593년에는 용천현감이 되었고, 1594년에는 웅천현감, 1596

년(선조 29)에는 경상우수사가 되었다. 당시 원균의 부하로서 이순신에게 신임을 받고 동지가 된 이는 이운룡과 이영남李英男 등이었다. 이영남은 1588년(선조 21)에 무과에 합격하였으며, 1590년(선조 23)에 율포만호로 있으면서 임진전쟁 초기 전라좌수사 이순신에게 구원을 요청하는 교섭 책임자였다. 그 뒤로 모든 장수들이 합력하여 적을 무찌를 때에 그는 항상 선봉장으로 활약하였다.

군량 조달에 힘쓴 전라도 연해민들

강화 기간 중 전투 못지않게 중요한 활동은 수군과 관련된 각종 전투를 지원하는 병참 활동이었다. 병참 활동은 주로 군량이나 군기류軍器類를 지원·공급하는 것이었지만, 전직 관리나 무관사인無官士人들 중에는 수군 지휘부의 측근에서 여러 가지 군무를 보좌하거나 통신 연락의 업무를 행한 경우도 있었다.

임진전쟁 해전에서 소요되는 군량 조달을 위해 다른 지역에 비해 큰 부담을 졌던 곳은 전라좌수군 관할 구역인 전라도 연해안 지역이었다. 이순신이 "조선의 8도 가운데 오직 전라도만이 다소 보전되어 군량이 모두 이 도에서 나온다."라고 하였듯이 수군 병량兵糧뿐만 아니라 전국 각처의 전장에서 필요로 하는 군량의 대부분이 전라도에 의존하고 있었던 것이다. 그리고 임진전쟁 초기 전라좌수군의 군량도 주로 관내 5관 5진포에 비축된 것으로 조달되었다.

그러나 전쟁이 장기화되면서 군량 조달은 더욱 어려워지고 있었고, 더욱이 현지의 장정들이 모두 수군이 아니면 의병에 소속되어 수륙의 각 전투에 출전함에 따라 농사가 제대로 이루어질 수 없었다. 이러한 상황에서 계속 군비를 뒷받침해야 했던 연해민들의 어려움은 한층 더할 수밖에 없었다. 이에 대하여 이순신은 장계에서 전라좌수군 관할 지역민들의 형편이 좋지 않았음을 보여주고 있다.

순천·낙안·보성·흥양읍 등지의 군량 600여 석을 지난 6월(1592년)에 실어 들여 두루 분급하여 먹였는데, 본 도가 말로는 비록 보존되었다고 하나 난 후 2년간에 걸쳐 물력이 다 고갈되었고, 또 명군 뒷바라지하는 데에 피폐함이 극도에 이르렀으니 직접 전란을 겪은 지역보다 그 피해는 더욱 심합니다.

특히 전라좌수군의 주요 병참기지였던 순천·낙안·광양·흥양 등지의 경우에는 전쟁 물자의 징발은 물론 각종 잡부담까지 집중 부과되었다. 그것으로 인한 전라좌수군의 관할 지역 연해민이 겪고 있었던 전란의 고통은 일선 해상에서 수군들이 겪고 있었던 실전의 고통과 차이가 없었다.

이 밖에 노 제작용 목재, 목화·철·생마에 이르기까지 각종 군수품을 조달하기도 하였다. 특히 군량 공급을 위한 노력은 강화 기간 내내 계속된 것으로 보인다. 이렇게 어려운 시기에 큰 활동을 한 인물로는 정사준鄭思竣을 들 수 있다. 전 훈련봉사인 그는 임진전쟁이 일어나자 집의 종들을 인솔하고 군량미 1,000석을 내어 이순신의 휘하에 종군하였고, 같은 해 9월에는 같은 이의남李義男과 교생 정빈 등과 함께 의곡을 모아 군량을 바치기도 하였다. 특히 광양 전탄錢灘에서 복병장으로 활약하였던 정사준은 일본군의 조총을 능가하는 새로운 조총을 제작하였다. 이것에 대하여 이순신은 장계로 조정에 건의하면서 널리 보급함으로써 수군의 화력 증진에도 크게 기여하였다.

이와 같이 해상 의병은 전라좌수군과 결합되어 군량을 스스로 마련해 가면서 전투에 참여하였을 뿐만 아니라 그들이 떨친 의기와 전공도 관군에 못지않았다. 이처럼 스스로 의병을 모집하여 수군에 소속하던 연해 지역의 해상 의병이 있었다는 것은 전라좌수군이 초기 해전에서 승리하고 제해권을 장악하는 데에 이들의 역할이 결코 작지 않았음을 보여준다.

병참 지원에 큰 공을 세운 사람들

한편 병참 지원에 큰 공을 세운 인물로는 문관 출신의 정경달丁景達을 들 수 있다. 정경달은 1570년(선조 3)에 문과에 급제한 후, 호조정랑·가평현감·선산부사·남원부사·청주목사를 지냈다. 특히 선산부사 시절 변란을 만나 군사를 모으고 군량미를 모아 사진四陣을 설립하고 금오산전투에서 승전勝戰하였으며, 무등곡無等谷에 복병을 설치하여 무수한 적을 베고 노획하였다. 이순신의 요청에 의해 정경달은 그의 종사관이 되어 여러 가지 군무와 둔전 경영 등에 각별한 노력을 기울였다.

한편 이 시기 전선 건조도 추진되었는데, 1593년부터 1595년 초까지는 전염병과 흉년 등으로 기존 전력을 유지하는 것도 힘들어 전선의 추가 건조는 불가능한 상황이었다. 그러나 식량 사정이 호전된 1595년 가을부터는 그동안 전력에서 제외되었던 기존의 전선을 정비하는 데에 노력을 기울였다. 비변사는 이 해 10월에 수군 전력의 확충을 논의하면서 전선과 거북선을 더 건조할 것을 건의하여 선조의 허락을 받았다. 이때 건조한 거북선과 전선의 숫자는 구체적으로 알 수 없지만, 1595년 봄에 조선 국왕이 명에게 보낸《사대문궤事大文軌》에 의하면 거북선 5척, 전선

63척, 척후선 68척을 보유하고 있었다. 이를 통해 볼 때 어려운 여건하에서도 전선 건조는 꾸준히 추진된 것으로 추정된다.

특히 통제사가 원균으로 교체된 지 얼마 후인 1597년(선조 30) 5월, 도원수 권율權慄과 체찰부사 한효순韓孝純은 각각 장계를 올려 한산도에는 전선 134척이 있고, 5월 말까지 건조될 전선 48척을 추가하면 도합 180여 척 규모의 함대를 형성할 수 있다고 보고하였다. 이러한 사실을 통해 볼 때 1595년 가을 이후 전선 건조에 집중적인 노력을 기울였음을 알 수 있다. 자료가 보이지 않아 정확히 알 수 없지만 아마 이 시기 거북선도 2~3척 정도 건조되어 칠천량해전 직전에는 7~8척 정도 보유하지 않았을까 추정된다. 이러한 전선 건조 성과는 1597년 2월에 교체될 때까지 이를 계속 추진한 이순신의 노력과 막하 인물 및 백성들의 희생을 바탕으로 성취될 수 있었다.

6부

정유재란 시기(1597~1598년)를
함께 한 이순신의 사람들

01

이순신 복직 운동과 수군 재건 활동,
이순신의 사람들

    1596년(선조 29) 9월 명나라와 일본의 강화 회담이 결렬되자 도요토미 히데요시는 조선을 재침략하기로 결정하고, 1597년(선조 30) 1월 14일 선발대를 부산 다대포에 상륙시킴으로써 정유재란이 발발하게 되었다. 이때 일본군의 작전 지침은 주로 하삼도下三道에 공격 목표를 집중하였는데, 특히 1차 침략에서 점령하지 못한 전라도 지역을 집중적으로 공격하는 것이었다.

    정유재란이 시작될 무렵 조선 조정의 논의는 대체로 수군을 어떻게 효과적으로 활용할 것인지에 집중되고 있었다. 당시 육지에서의 일본군과의 전투는 거의 명군이 담당하고 있었고, 조선군은 그나마 수군의 활약을 통해 일본군의 호남 진출을 막고 있었기 때문에 수군에 대한 기대가 컸다. 그런데 당시 조정에서는 부산 지역에서 김응서와 일본인 요시라의 밀접한 관계에 기인한 정보에 의해 전쟁을 미연에 방지하기 위한 조치로서 수군의 부산 원정 계획이 논의되었다. 다시 말해 일본군이 다시 전쟁을 일으키는 것은 오직 가토의 주장 때문인 만큼 가토가 도해해 올 때 조선수군이 부산 앞바다로 가서 이를 요격할 경우 더 이상의 전쟁은 발생하지 않을 것이라는 판단이었다.

그에 따라 조정에서는 도원수를 통해 이순신의 부산 원정을 지시했지만 이순신은 간첩의 말을 신뢰할 수 없다는 점, 중간 귀착지가 확보되지 않았다는 점, 해상 상태가 불리한 점 등을 이유로 출전을 거부하였다. 이러한 이순신의 부산 출정 거부는 당시 선조의 이순신에 대한 또 다른 자의적 판단에 덧붙여 투옥의 빌미가 되었다. 그리하여 당시 조정에서 표면상으로 논의된 이순신의 '죄상罪狀'은 그가 부산 앞바다로 나아가 일본군을 요격하는 것을 회피하고 한산도에만 머물면서 방관한다는 것이 주된 내용이었다. 특히, 선조는 가토 키요마사[加藤淸正]가 바다를 건너온 것이 전적으로 이순신의 책임이라고 하면서 급기야 1597년 2월 6일 이순신을 체직시키고 그를 압송해 오라고 지시하였다.

결국 조정은 그해 2월 26일 통제사 이순신을 한산도에서 체포하여 한성에 압송하고 후임 통제사에 원균을 임명하였다. 이순신이 하옥된 이면에는 선조의 이순신에 대한 자의적 평가와 여러 요인들이 복합적으로 작용한 것이었지만, 표면적으로는 일본의 간계에 의한 선조의 오판과 원균의 모함에 의한 것으로 인식되었다. 이에 이순신의 막하 인물들은 구명운동을 펼쳐 이순신의 목숨을 구하고 통제사직에 복직시키는 데에 모든 역량을 집중하였다.

당시 이순신의 구명을 위해 적극적으로 활동한 인물로는 우선 변홍주卞弘冑를 꼽을 수 있다. 그는 임진전쟁을 당하여 아버지와 형제들, 여러 선비들과 함께 도원수 권율의 막하로 가서 호남과 영남 등지에서 싸웠는데, 이순신이 참소讒訴를 입었다는 말을 듣고는 완평부원군 이원익에게

긴 글을 올려, "적이 무서워하고 우리 백성이 믿을 사람은 통제사 이순신 뿐이니 급히 장계하여 구출해주기를 바란다."고 애원하였다. 또한 변정수卞廷壽는 한성에 올라가 "군민軍民들이 이순신을 갈망하는 정이 간절하다."고 진정서를 내기도 하였다.

이와 같은 심정은 이순신 막하의 많은 사람들도 공통적으로 갖고 있었다. 이순신이 투옥되었을 때 김택남金澤南은 식음을 전폐하였고, 변홍원卞弘源은 매일 바다로 나아가 이순신이 석방되기를 빌었으며, 송희립은 정경달·황대중黃大中과 함께 대궐문에서 울부짖으며 무죄를 하소연하였다. 특히 문관으로서 종사관인 정경달은 이순신이 하옥되었을 때 선조 임금을 직접 면대하여 구명 운동을 펼치기도 하였다.

이러한 구명 활동들을 통해 볼 때 막하 인물들은 서로 국가를 구하겠다는 의기가 투합되어 있었고, 이순신의 인품에도 감복하여 주장主將을 위하는 충절 정신으로 무장되어 있었음을 짐작할 수 있다.

막하 인물들의 충의심은 이순신이 1597년 4월 1일자로 옥에서 풀려나 도원수 권율의 막하에서 백의종군을 할 때에도 계속 발휘되었다. 그의 막하 인물 중 정사준鄭思竣·이기남李奇男·우치적禹致績·정사립鄭思立·배흥립裵興立 등은 이순신의 백의종군 여정에 도움을 주었다. 그리고 이순신이 도원수부에서 백의종군 중일 때에는 이덕필李德弼·변존서卞存緖·윤선각尹先覺·변홍달卞弘達 등이 수시로 찾아와 그동안의 정세를 보고하기도 하였다.

수군 재건에 동참한 옛 부하들

이순신을 대신하여 삼도수군통제사가 된 원균은 같은 해 7월, 함대를 이끌고 한산도를 떠나 부산으로 출항했다가 7월 16일에 벌어진 이른바 '칠천량해전'에서 일본수군에 대패하여 그 자신은 물론 전라우수사 이억기와 충청수사 최호 등이 전사하고 조선수군은 궤멸적인 타격을 입었다. 사태가 이렇게 되자 조정은 같은 해 7월 22일 이순신을 다시 삼도수군통제사로 기용하였다.

이순신은 백의종군 중에 칠천량 패전 소식을 들은 후 권율의 요청으로 수군 재건을 위한 방안을 모색하기 위해 송대립宋大立 등 군관 9명과 군사아병牙兵 6명을 대동하고 연해안 답사를 하던 중인 8월 3일에 선조의 임명교서를 받았다. 이후 그가 전라좌수군의 중심지인 순천에 도착한 것은 명량해전을 불과 한 달 정도 남겨 놓은 8월 8일경이었다.

이순신이 통제사에 복직되었다는 소식을 접한 많은 인물들이 의병으로서 이순신의 휘하에 몰려들었다. 특히 이들은 주로 전라도 지역에서 은거하다가 막하가 된 것이다. 《이충무공전서》의 다음 기록은 그러한 이유를 충분히 파악할 수 있게 해준다.

공은 곧 군관 9인과 군사 6인을 거느리고 진주로부터 옥과에 이르니, 피난민들은 길이 메이도록 오며 공을 바라보는 것이었다. 젊은 장정들은 처자를 보고 하는 말이 "자, 우리 대감이 오셨다. 이제 너희들도 죽지 않을 것이다. 천천히 찾아들 오너라. 나는 먼저 대감을 따라가겠다." 하였는데 이러한 자들이 자꾸만 나왔다. 그래서 순천에 이르러서는 정예병 60여 명을 얻고 아무도 없는 빈 성으로 들어가서 각각 무장을 했으며, 보성에 이르러서는 120명이 되었다.

위의 기록에서 알 수 있는 바와 같이 이순신 일행이 순천에 이르렀을 때 정예병 60명을 모아 무장할 수 있었고, 이웃 고을인 보성에 이르렀을 때에는 120명으로 늘어났던 사실에서도 그 점을 설명할 수 있다.

그런데 당시 칠천량해전에서 이순신의 막하 인물들도 다수가 전사함으로써 현직 막하 인물들의 숫자는 그렇게 많지 않았다. 명량해전을 한달여 앞둔 시점에서 이순신의 막하에는 어떤 인물들이 모였는지 《난중일기》의 기록을 통해 살펴보면 다음과 같다.

- 옥과현에 들어갈 때, 이기남 부자를 만나 현에 이르니 정사준·정사립이 와서 마중했다(정유년 8월 5일 계해).
- 순천에 이르니, …(중략)… 중 혜희惠熙가 와서 알현하므로 의병장의 사령장을 주었다(정유년 8월 8일 병인).
- 군청에 이르니 관청과 창고가 모두 타 버렸고, 관리와 마을 사람들이 흐르는 눈물을 가누지 못하고 와서 봤다(정유년 8월 9일 정묘)
- 배흥립도 같이 머물렀다(정유년 8월 10일 무진).
- 송희립·최대성도 와서 봤다(정유년 8월 11일 기사).
- 활 만드는 이지·태귀생이 보러 왔다. 그리고 선의와 대남도 왔다. 또 김희방·김붕만이 왔다(정유년 8월 16일 갑술).

위의 기록을 통해 볼 때 비록 많은 인물들이 사라졌지만 이순신과 함께 임란 초기 해전에서 연전 연승을 거두었던 전라좌수군 및 해상 의병 지휘부의 인사들이었던 배흥립裵興立·송희립宋希立·최대성崔大晟·김붕만金鵬萬·이기남李奇男 등이 다시 그 휘하에 합세하였으며, 궁장弓匠 이지李

智·태귀생太貴生·선의先衣 등과 같은 하층민과 지역 인사들도 자발적으로 모여들었음을 알 수 있다.

의병들의 합류

그런데 위의 기록에서 볼 때 수군통제사로부터 의병장에게 사령장이 주어진 사실이 주목된다. 이는 당시 육전에서 의병들에게 사령장을 부여한 이유와 같은 맥락에서 파악할 수 있는데, 의병장의 임명은 국가의 군사 체계에 포함되지 않고 있던 독자적인 군사를 이용하기 위해 주어진 직책이었다. 이를 통해 수군에 자원 입대하는 자들의 사기를 진작시켜 그들의 입대를 유도하고 활동을 활성화시킬 필요가 있었을 것이다.

한편 병력 모집에 있어서 적극적으로 활동한 인물로는 류형柳珩을 꼽을 수 있다. 그는 1594년(선조 27)에 무과에 급제한 후 훈련도감에서 일했는데, 당시 제조提調였던 이덕형이 그를 해남 현감으로 제수하자 행정가로서 큰 활약을 펼쳐 주위로부터 신망을 크게 받았다. 당시 이순신이 붙잡혀 가고 조선수군이 칠천량에서 패한 후 이순신에게 남은 병력은 전선 10여 척에 병력이 1,000명도 못된 상황에서 류형은 이순신의 참모로서 전쟁의 계책을 건의하였다. 이를테면 당시 피난민들이 안전을 위해 여러 섬으로 들어가는 이가 많고, 장정들은 쓸 만한데 각각 배를 사사로이 가지고 처자를 보호하는 것을 보고는, 수군이 피난민 가족들을 보호해줄 경우 많은 장정이 수군에 지원할 것이라는 계책을 건의하였는데, 이순신은 이를 수용함으로써 많은 병력을 모집할 수 있었다.

한편 당시 이순신의 막하 인물 중에는 임진전쟁 시기 육전에 종사하였던 인물도 많았는데, 특히 박광춘朴光春과 신여량申汝樑은 각각 1592년

10월의 1차 진주성 전투와 1593년 2월의 행주대첩에 참전한 이후 이순신의 막하가 되어 활약하였다. 이와 같은 부류에는 남원성과 평양성 전투에 참전했던 김성진金聲振과 이대축李大畜도 포함시킬 수 있으며, 이 밖에도 많은 인물이 있을 것이다.

또한 현직자로서 의병을 규합하여 막하가 된 인물도 있었다. 김유흡金有洽은 의병을 규합하여 육전에 종사하다가 이순신의 막하가 되었다. 정응鄭鷹은 고경명과 김명원의 막하에서 활동하다가 이순신 휘하에 들어가 해전에 참전하였다. 여기에는 정응의 종질從姪인 정진鄭縉이 포함되며, 고경명과 조헌의 의병 활동에 참여했던 전몽성全夢星과 의사義士를 규합하여 막하가 된 제홍록諸弘祿도 같은 부류에 포함시켜 이해할 수 있다.

이러한 인물들은 각자의 재능에 따라 적절한 자리에 배치되었다. 서덕숭徐德崇은 1597년에 발포만호鉢浦萬戶가 되었고, 송성宋晟은 이순신의 군관이 되었으며, 송지宋智도 같은 해에 수군의 후부장으로 활동하였다. 또한 이희춘李希春도 같은 해에 회령포만호가 되었고, 이담李曇은 1595년에 옥포만호가 되었으며, 정대수丁大水는 순초장巡哨將을 맡았다.

당시 칠천량해전에서 패배함으로써 조선수군의 병력 손실이 많았던 시점에서 위와 같은 인물들이 이순신 막하에 들어온 것은 이후 전개된 명량해전과 노량해전 등 주요 해전에서 조선수군이 승리하는 데에 근간이 되었다.

02

명랑해전과 의병 출신 이순신의 사람들

　명량해전을 앞둔 시점에서 육지의 전황은 조·명 연합군에게 매우 불리한 상황이었다. 칠천량해전에서 승리한 일본군은 남해안에서의 제해권을 장악할 수 있었다. 이를 기반으로 섬진강을 거슬러 올라가 병력과 보급 물자의 수송이 가능해져 조·명 연합군이 지키고 있던 남원성을 8월 16일에 함락시켰고, 이어서 호남 지방을 유린하면서 전라도 북방 쪽으로 진격하고 있었다. 아울러 일본수군도 남원성 공략 후 대규모 함대를 편성하여 서해로 진격하기 위한 준비를 추진하고 있었다.

　이러한 상황하에서 통제사 이순신은 전라도 해안 지역에 돌아와 전력을 정비하였고, 약 1개월 후에 명량해전을 맞게 되었다. 그런데 당시 조선수군은 앞에서 언급한 바대로 군사 수에서나 보유 전선 수에서도 매우 빈약한 세력이었다. 당시 남아 있던 병선은 칠천량해전에서 패배한 경상우수사 배설裵楔이 이끌고 온 12척뿐이었다. 여기에다가 전라우수사 김억추金億秋가 보유한 전선 1척을 추가하여 해전 당일에는 13척의 판옥선을 동원하게 된 것으로 보인다. 아울러 장전長箭·편전片箭이나 총통류의 병기 및 군량도 직접 현지 연해 제읍에서 수습·조달한 것으로 추측된다.

그러나 전선과 군사 수 등에 있어서 일본수군과는 비교될 수 없을 만큼 열세에 놓여 있었음을 부인할 수 없다. 그럼에도 불구하고 조선수군은 1597년(선조 30) 9월 16일의 명량해전에서 일본 전선 130여 척을 맞이하여 31척을 격침시키는 등 대승리를 거두었다. 조선수군이 명량해전을 대첩으로 이끌 수 있었던 것은 이순신의 뛰어난 전략·전술과 리더십, 전선 및 무기 체계의 위력도 기여했지만, 무엇보다도 의병들의 적극적인 참전과 연해민들에 의한 병참 지원이 가장 큰 승인이 되었다.

피난민들, 명량해전 승리의 또 하나의 주역

명량해전에서 의병 활동과 관련하여 가장 눈에 띄는 것은 피난민들이 100여 척의 향선鄕船을 동원하여 후방에서 지원하였다는 것이다. 피난민들은 가까운 해안 지방의 여러 읍에서 모여든 다양한 신분 계층의 집단이었고, 그 지도자들은 모두 사인士人들로 구성되어 있었다. 이들의 활동에 대해서는 《이충무공전서》에 구체적으로 기록되어 있다.

그때 백진남, 김성원, 문영개, 변홍원, 백선명, 김택남, 임영개 등 10여 명이 각각 피난선을 가지고 와 모였는데 "듣자오니 공이 방금 피난선으로 하여금 먼 바다에 열을 지어 군대같이 가장하라 하시니 이 기회에 같이 나간다면 파죽의 승세가 오직 이 한 번에 있을 것이오."하므로 이순신은 대답했다.

이공은 공로를 세워 속죄하라는 명령을 받자 어머니의 상사를 만나고, 다시 상중에 기용되어 바로 순천부로 달려갔다. 불에 타다 남은 배 13척과 수군 수백 명을 수습하여 왜적을 명량에서 크게 깨뜨렸다. 그때 호남 백성의 피란선 100여 척이 이공을 믿고 의지를 삼아 약속을 받고 군량을 도와 후방의 성원이 되었는데, 거기에는 백송호도 있었고, 정운희도 있었다.

명량해전 당시 피난민의 우두머리로서 이순신의 작전에 호응했던 인물로는 위의 기록에서처럼 장흥·해남·영암·흥양 등지에서 온 마하수馬河秀·백진남白振南·김성원金聲遠·문영개文英凱·변홍원卜弘源·백선명白善鳴·김택남金澤南·임영개任永凱·김안방金安邦·백송호白松湖·정운희丁運熙 등이 있었다.

그리고 향선의 의병 지도자 중의 한 사람이었던 오익창吳益昌은 본진과 피난선단 사이를 왕래하면서 의곡義穀을 전달하고 동과冬瓜[동아]를 공급하여 수군의 갈증을 풀어주기도 하고, 솜이불을 모아 물에 적신 다음, 적의 철환을 막게 하는 조치를 취하기도 하였다.

또한 피난민들은 이순신이 적을 피하라는 명령을 내렸음에도 불구하고 명량 인근 지역을 떠나지 않고 군량이나 군복을 조달하거나 피난선을 이용하여 세력이 강하게 보이는 등 응원전을 펼치기도 하였다. 그리고 피난선 300여 척에서 모여든 백성들과 나주진사 임선林愃·임환林懽·임업林業 등이 명량해전에서 승리한 군사들에게 군량을 지원하기도 하였다. 이 밖에도 전 홍산현감 윤영현尹英賢과 생원 최집崔潗, 무안에 사는 김덕수金德秀도 군량을 제공하였다. 이렇게 전라도 해안 지방 각처에서는 많은 의병들이 이순신의 막하에 와서 직접 전투에 참여하거나 병참 지원을 하는 등 수군 활동에 도움을 주었다.

이러한 의병 활동은 또 다른 형태로 이루어지기도 했는데, 그것은 주로 해안 지역 각지에서 수십 명에서 수백 명에 이르는 의병 조직을 갖추어 해안에 출몰하는 적을 상대로 유격전을 벌이는 형태였다. 전라좌수군의 관할 구역인 흥양·보성 일원에서는 송대립·최대성·전방삭·김덕방 등이 각각 의병을 모아 동맹 회군하여 큰 전과를 거두었다.

그중에서도 송대립은 흥양의 망제포_{望諸浦}와 첨산_{尖山}, 보성의 최대성은 안치_{雁峙} 등지에서 전투에 참가하여 대단한 활약을 하였다. 그러다가 송대립은 첨산전에서, 최대성은 그의 두 아들 후립·언립과 함께 싸운 안치전에서 전사하였다. 특히 첨산전투에서는 노예 신분의 두리_{豆里}·갑술_{甲戌} 형제가 활약한 기록이 함께 남아 있어 관심을 갖게 해준다.

명량해전이 있었을 무렵 전라우도의 장흥·강진·해남·영암 등지에서도 활발한 의병전이 전개되었다. 영암의 전몽성·유장춘과 나주의 박문립 등이 수군과 협력하여 명량 인근의 해안 지대에서 유격전을 펼쳤던 것이다. 이에 대하여 《이충무공전서》에는 다음과 같이 기록되어 있다.

이 때 왜적은 바깥 바다에서 연해의 여러 고을에 침입하여 목포 상류까지 거슬러 올라와 방자하게 노략질하였다. 마침내 통제사 이순신이 우수영에 머문 왜군을 치게 되자, 이 의병의 진중으로 편지를 보내 목포 일대와 바다를 방어하는 임무를 맡도록 하였다. 왜선 수십 척이 고을 서쪽 해암포에 머물러 있어 즉시 군사를 이끌고 서쪽으로 나아가 십대로 나누고 영장을 두었다. …(중략)… 드디어 군사를 정비하여 나아가 노략질하는 왜적을 격파하였다.

이처럼 명량해전을 전후하여 강진·해남·영암 등 가까운 연해 지방에서 펼쳐진 의병의 유격전은 명량해전을 승리로 이끄는 데에 크게 기여하였다. 수군의 활약뿐만 아니라 의병의 활동도 명량해전 승리의 주요한 요소였던 것이다.

앞에서도 지적했듯이 영암의 전몽성全夢星·유장춘柳長春·박문립朴文立 등이 주축을 이룬 의병 활동이 수군과의 긴밀한 협력하에 전개되었다. 예를 들어 해남 의병이 "왜인의 머리와 환도 한 자루를 가져와 바쳤다."는 기록으로 보아서도 소규모의 전투에 의병이 참가하고 있음을 알 수 있다. 이러한 의병 활동들이 수군의 전력을 보강하고 해상 작전을 뒷받침하여 명량대첩의 승리에 기여하였을 것이다.

이순신의 현직 막하 인물들의 활동

한편 명량해전 당시 이순신의 현직 막하 인물들의 활동을 살펴보기 위하여 명량해전 당시의 상황을 기록한 이순신의 친필 일기에 나타난 기사를 분석해보자.

적장이 탄 배가 그 휘하의 배 2척에 지령하여 일시에 안위의 배에 개미 붙듯하여 서로 먼저 올라가려 하니 안위와 그 배에 탄 사람들이 죽을힘을 다하여 혹은 모난 몽둥이로, 혹은 긴 창으로, 혹은 수마석 덩어리로 무수히 치고 막다가 배 위의 사람이 기진맥진하므로, 나는 뱃머리를 돌려 바로 쫓아 들어가서 빗발치듯 마구 쏘아댔다. 적선 3척이 거진 다 엎어지고 자빠졌을 때 녹도만호 송여종과 평산포 대장 정응두의 배가 뒤쫓아 와서 합력해 쏘아 죽여 적은 한 놈도 몸을 움직이지 못했다.

위에서 알 수 있듯이 당시 막하 인물 중 안위安衛, 송여종宋汝悰, 정응두鄭應斗의 활약이 돋보이고 있다. 특히 안위는 무과에 올라 찰방察訪으로 있었는데, 백사 이항복의 천거로 거제 현령에 제수되었고, 그 후 명량해전에까지 참전한 인물이다. 그는 이순신 기함을 선두에 두고 뒤에 포진하고 있던 수군 세력 중 가장 먼저 전투 현장에 참전함으로써 다른 장수들의 귀감이 되었다. 그런데《난중일기》기록과는 달리《선조실록》에 보면 이순신은 명량해전의 수공자로 김억추·배흥립·안위의 이름을 거론하면서 이들의 공로를 부각시키고 있다.

한편《호남절의록湖南節義錄》에 의하면 명량해전에서 송덕일宋德馹·서수장徐壽長은 현직 막하 인물로서, 송지宋智·송계현宋繼賢·송계창宋繼昌 등은 의병 막하 인물로서 직접 전투에 참가하여 전공을 세웠다. 이 밖에도 유렴柳濂은 1597년에 집안 하인들을 거느리고 의병을 모아 명량해전에서 전사하였고, 김응추金應秋는 김억추金億秋의 동생으로서 형을 따라 명량에서 싸우다가 전사했으며, 장우한張宇翰은 정유재란 때 의병을 일으켜서 군량을 마련하고는 나대용·박문룡과 함께 전투에 기묘한 비책을 제시하기도 하였다.

이상에서 살펴본 바에 따르면 명량해전에서 조선수군이 승리한 요인 중에는 이순신이 재기용되었다는 소식을 들은 많은 전·현직 막하 인물들과 전라도 지역 연해민들이 자원 입대하여 활동하거나 군수 물자를 지원하는 등 수군의 빈약한 전력을 보강시켰다는 사실을 들 수 있다. 이러한 지원 하에서 이순신의 막하 인물들이 의병들과 합심하여 죽기를 각오하고 싸움으로써 전투를 승리로 이끌었던 것이다.

03

수군 전력 강화와 조·명 연합 작전 시기의 이순신의 사람들

명량해전에서 패배한 일본군은 그들의 수륙 병진 전략이 무산되어 남해 방면으로 되돌아갔고, 북상하던 일본 육군도 남쪽으로 내려와 순천과 사천, 그리고 울산 등지의 남해 연안에 성을 쌓은 채 장기 주둔하는 양상을 보였다.

한편 조선수군이 명량해전에서 승리했지만 그렇다고 당장 남해안의 제해권을 되찾을 수는 없었다. 수군의 전력이 미약했기 때문이다. 따라서 당시 조선수군에게 가장 필요했던 것은 병력 모집과 군량 확보, 그리고 함대의 월동 대책 등이었다.

먼저 병력 모집 문제를 살펴보면 전술한 바와 같이 이 시기에 과거 이순신 휘하의 장병들이 명량해전에 참전하여 전투를 승리로 이끌었다. 이러한 상황은 계속되어 명량해전 이후에도 이순신 휘하로 자원해서 모여든 장병들이 적지 않았던 것으로 추정된다. 이것은 《이충무공전서》에 고하도高下島의 군사가 1,000여 명으로 기록되어 있고, 류성룡의 《징비록懲毖錄》에 고금도古今島로 이동할 때 8,000명이었다고 기록된 사실에 연유한다.

이순신은 병력 모집과 함께 자신을 보좌할 인재를 발탁하였는데, 이때 문무를 겸한 재사才士인 이의온李宜溫도 그의 휘하에 들어오게 되었다. 이의온은 당시 20세의 청년이었지만 가학의 전통을 이어받아 학문과 지략이 있는 인물이었다. 이순신 휘하에서 군량 관리를 맡게 된 그는 사재私財를 군량에 보태기도 하였고, 둔전에 관한 계책을 건의하기도 했으며 해로통행첩海路通行帖을 발행하여 주변의 피난선들로부터 군량을 모집하는 실무를 담당하였다. 특히 해로통행첩 제도를 시행하여 10여 일만에 만여 석의 군량을 확보하는 성과를 거두었다.

조선수군은 명량해전이 끝난 후 서해의 여러 도서 지역을 순회하면서 병력 모집과 군량 확보를 위한 대책을 마련하는 한편, 월동할 곳을 찾은 끝에 10월 29일에 나주의 보화도寶花島로 진영을 옮겼다. 보화도는 고하도高下島라고도 불리는 섬으로, 이순신은 이 섬을 선택한 이유로 "북서풍을 막을 수 있고, 배를 감추기에 적합하다."고 밝히고, 섬의 형세도 좋아 집을 짓고 유진하기로 결정하였다.

통제영이 고하도에 있었던 106일 동안 이순신은 휘하 군관들을 동원하여 일본군의 상황을 파악하기 위한 정보 수집 활동을 계속하였다. 이를 통해 11월 10일과 20일 각각 장흥과 완도에서 일본군이 물러간 사실을 확인했는데, 임준영任俊英은 명량해전 이전부터 여러 차례 정보를 전달한 대표적인 인물이었다.

고하도에서 겨울을 보낸 후, 조선수군은 1598년(선조 31) 2월 17일에 통제영을 현재의 완도 북동쪽에 위치한 고금도로 옮겼다. 그 이유는 고하도가 약간 서해 쪽으로 올라온 지점에 있기 때문에 남해에서의 해상 활동에는 적절하지 못하고, 섬이 좁아 곡물 생산이 적을 뿐만 아니라 유입된 백성들을 수용할 공간도 부족했기 때문이다. 반면에 고금도는 호남 좌우도의 바다를 제어할 수 있는 요충지였다. 그리고 농장과 경작 인구도 많을뿐만 아니라 인근의 흥양과 광양의 군민들을 모아 둔전을 경작할 수 있는 곳으로, 군량에 보탬이 될 식량 생산이 가능할 것으로 판단하였기 때문이었다.

수군 전력 증강과 조·명 연합 작전의 수행

고금도에서 조선수군의 중점적인 활동은 무엇보다도 부족한 전선을 건조하여 전력을 강화하는 것과 순천에 머물고 있는 일본군의 정세를 살펴 적절하게 대처하는 일이었다. 여기서 가장 돋보이는 활약을 한 인물로는 최희량崔希亮을 들 수 있다. 그는 1594년(선조 27)에 과거에 급제한 후, 장인인 충청수사 이계정李繼鄭의 막하에 있다가 1597년(선조 31)에 흥양현감으로 보직되어 이순신 막하에서 근무하게 되었다. 그는 당시 수군 전력을 증강하는 사업에 적극 참여하여 직접 나무를 베어서 끌고 와 배를 만들고 병기를 제조하였다.

그런데 조선수군이 고금도에 이진한 후, 그해 7월 명나라 수군도독 진린陳璘이 섬에 올 때까지 5개월간의 전투 등 제반 사정을 알 수 있는 사료는 많지 않고, 《난중일기》에도 이 시기에 해당하는 부분이 9·10·11월의 며칠 이외에는 모두 전하지 않아 아쉬움이 크다. 그리고 《이충무공전서》의 〈행록〉에도 이 시기에 대해서는 아무런 기사가 없는 것으로 보아 큰 전투는 없었다고 하여도 좋을 것 같다. 다만 신석겸辛錫謙의 《선묘중흥지宣廟中興志》에 녹도만호 송여종이 흥양에 침입한 일본군을 무찔렀다는 기사를 확인할 수 있다. 그리고 최희량의 보고서인 〈흥양현감 서목興陽縣監 書目〉에는 일본 전선 5척을 격침시켰다고 한 내용 등 몇 가지의 기록이 있 다. 이를 통해 볼 때 이 시기 송여종과 최희량의 활동이 컸음을 알 수 있다.

이 밖의 인물로는 송선宋瑄·송영宋瑛·송구宋球 형제들을 들 수 있다. 이들은 임진전쟁 때에 어가를 호종하였고, 정유재란 때에는 아들과 조카 들을 데리고 이순신의 막하에서 활동하였다. 특히 송영은 책략이 뛰어나 고금도에서 유진하는 동안 낮에는 허수아비를 병사처럼 보이게 하고 밤 에는 목책을 드러내는 등과 같은 의병 전술疑兵戰術로 이순신의 책략을 보좌하였다.

조선수군이 고금도에 이진한 지 5개월 후인 7월 16일에 명나라 수군 도독 진린이 이끄는 전선 500여 척이 조선수군이 주둔하고 있던 고금도 에 합류하여 조·명 연합 함대가 성립되었다. 따라서 이후부터 전개된 일 본수군과의 전투는 연합 작전의 형태를 띠게 되었다.

진린의 명 수군이 고금도에 도착한 지 이틀 후인 7월 18일부터 19일까 지 절이도해전折爾島海戰이 벌어졌다. 이 해전에서 조선수군은 60여 척의 전선을 가지고 일본 전선 100여 척을 맞아 50여 척을 쳐부수는 큰 전과 를 거두었다. 명나라 수군은 후방에 위치한 가운데, 조선수군만이 참전 한 이 해전에서 가장 큰 전공을 세운 인물은 녹도만호 송여종이었다. 그 는 이 해전에서 적의 전선 6척을 노획하였고, 적의 머리 69급을 획득하였 다.

절이도해전을 시초로 조·명 연합 작전을 시작한 조선수군은 이후 사 로병진작전四路竝進作戰에 따라 순천 예교성曳橋城에 주둔한 고니시 유키나 가[小西行長]가 이끄는 일본군을 공격하는 가운데 명나라 육군 제독 유정

劉綎이 이끄는 명 육군과 수륙 합동 공격전을 펼쳐 나갔다. 이 예교성 수륙 합동 공격전은 9월 20일경부터 시작되어 10월 4일까지 상호 공방전의 형태로 진행되었다.

이 기간 중 큰 활약을 펼친 인물로는 먼저 류형柳珩을 들 수 있다. 류형은 일본군을 공격하기 위해 육지 가까이까지 접근했던 진린의 배 3척이 썰물이 되어 해안의 얕은 곳에 걸려 나오지 못하자 꾀를 내어 모든 배를 세 배의 고물에 매고 한꺼번에 힘을 합쳐 노를 움직여 마침내 나올 수 있도록 했다.

조의립曹義立은 임환林懽·유지경柳持敬·진경문陳景文과 더불어 매복 작전을 펼쳐 일본군 수십 명을 베고 총 수십 자루를 노획했으며, 김유흡金有洽은 우위장으로서 훌륭한 작전 계획을 많이 세웠고, 일본군 수십 명을 무찔렀다.

한편, 당시 명군의 육군 제독 유정은 전투에 소극적인 태도로 일관하여 조·명 연합 작전이 원활하게 추진되지 못했다. 이에 이순신은 정대수丁大水를 사신으로 보내어 전투에 적극적으로 임해줄 것을 요청했다. 이에 유정이 크게 화를 내며 정대수의 목을 베려고 하였지만, 정대수는 조선수군의 기개를 굽히지 않은 가운데 유정의 소극적인 태도를 질타하였다.

이와 같이 유정의 소극적인 태도로 예교성 공격이 부진한 가운데, 1598년 8월 18일 도요토미 히데요시가 사망하였다. 도요토미 히데요시가 죽자 일본의 각 군영은 명나라와 화의를 추진하면서 철군할 준비를 서두르고 있었다. 따라서 조·명 연합군의 예교성 공격은 새로운 양상으로 전개되었다.

광양만 수로 차단 작전

이러한 상황 하에서 이순신은 진린과의 협조 관계 속에 수군 단독으로 작전을 수행해야 한다는 사실을 인식하고, 휘하 제장을 소집하여 계획을 논의했는데, 이 자리에서 군관 송희립은 다음과 같이 제안하였다.

> 적이 이미 유리한 지형을 점령하고 있으니 힘으로는 빼앗기 어렵습니다. 지금 명나라 군사와 우리 군사가 바다와 육지로 내려가고 있으니 만일 육군으로써 예교를 육박하고, 해군으로서 장도를 억눌러 영남의 바닷길을 막아 적으로 하여금 안팎이 다 막히고 허리와 팔목이 중단되게 하면 사천에 있는 적이 반드시 서로 도와주지 못할 것이며, 설사 서로 돕고자 해도 피차간에 호령이 통하지 못하면 서로 호응할 수 없을 것입니다. 적군이 지치고 양식이 고갈되며 기운이 꺾이고 형세가 군색할 때를 기다려 사면四面으로 육박하면 행장行長을 능히 사로잡을 수 있을 것입니다.

이 제안은 한마디로 수군으로 해로를 봉쇄하고 육군으로 예교성을 고립시킴으로써 퇴로를 차단하고 지구전을 벌여 일본군을 피곤하게 만든 다음, 다시 수륙으로 합공하자는 것이었다. 송희립의 이러한 전략이 채택되어 조·명 연합 함대는 이에 따라 예교성 주변 해역을 봉쇄하는 한편, 사천이나 남해 지역에 주둔한 일본군의 구원을 차단하였다.

조·명 연합 함대에 의해 포위당한 예교성의 일본군은 돌아갈 길을 마련하고자 명 수군 도독 진린에게 뇌물로 부탁하여 통신선 1척을 남해와 사천의 일본 진영에 보냄으로써 전투는 새로운 양상을 띠게 되었다. 뒤늦게 이러한 사실을 알게 된 이순신은 여러 장수와 방책을 논의했는데, 이때 류형은 다음과 같이 건의하였다.

> 해남현감 류형이 "적이 구원병을 불러들여 우리와 싸우게 해 놓고 그 틈
> 을 타서 빠져나갈 계획을 하는 모양이니 이제 만일 구원하러 오는 적병을 급
> 히 물리치면 돌아가는 길을 끊을 수 있을 것이오."하므로 순신도 "그렇다." 하
> 고는 드디어 계획을 정하고 린潾에게 알리니 린도 그제야 놀라며 스스로 뉘
> 우쳤다.

위의 전략에 따라 조명 수군은 노량수로에 먼저 도착하여 일본 함대
를 기다렸는데, 결국 그해 11월 19일 새벽을 기해 임진전쟁 마지막 해전
인 노량해전이 시작되었다. 이 해전에서 조·명 연합 수군이 승리할 수 있
었던 배경에는 일본 함대가 노량 수로를 건너오기 전에 먼저 도착하여
풍상風上 쪽에서 적을 기다렸다는 것도 중요한 요인이 될 수 있을 것이다.
즉, 조명 수군은 북서풍이 강하게 부는 시기에 풍상 쪽을 선점하여 일본
함대에 화공전火攻戰을 전개함으로써 승리에 결정적인 기여를 한 것이다.
이것은 결국 이순신의 결심을 도운 휘하 참모 류형의 조언에 힘입은 바가
크다고 할 수 있다.

또한 이 해전에서 화공전을 펼치도록 건의한 인물은 진무성陳武晟이
다. 그는 27세 때인 1592년(선조 25)에 이순신의 비장裨將이 되어 송희립·
김완 등과 함께 전공을 많이 세웠는데, 노량해전에서 이순신에게 화공전
을 펼치도록 건의함으로써 조선수군이 승리하는 데에 결정적인 공헌을
하였다.

이순신과 생사를 함께한 장졸들

전투가 진행되면서 이순신 휘하 막하 장수들은 생사를 도외시한 채 적극적으로 참전하였다. 예를 들어 가리포첨사 이영남李英男은 자기가 탄 배를 몰아 적선을 크게 충격하고 화전을 수없이 쏘게 하여 적선을 무력화시킨 뒤 맹사猛士를 거느리고 적선에 뛰어올라가 일검一劍으로 삼적三敵을 베어 죽이고 적의 창을 빼앗아서는 일창一槍으로 오적五敵을 찔러 죽이다가 유탄에 맞아 쓰러지게 되자 그 종사들이 침몰 직전의 적 선상에서 겨우 그를 구해낼 수 있었다.

또 낙안군수 방덕룡方德龍은 삼지창을 옆에 끼고 적선에 뛰어올라 '하나'의 호창으로 한 사람을 죽이고, '둘'의 호창으로 또 한 사람을 죽이니 종사들도 이에 제창하여 닥치는 대로 적을 무찔렀다. 격전의 와중에 그도 또한 가슴에 부상을 입은 가운데서도 분전하여 적선을 온전히 노획하였다.

흥양현감 고득장高得蔣도 적선에 뛰어들어 군관 이언량李彦良과 서로 앞을 다투어 참하면서 돌진하고 뱃간의 여러 곳을 뒤지면서 적을 죽이다가 모두 난투 끝에 죽었다.

이때에 순천부사 우치적禹致績은 적장 한 사람이 대궁을 휘어잡고 루선 위에 높이 앉아서 독전하는 것을 보고 쏘아 죽였다.

안골포 만호 우수禹壽는 사도첨사 이섬李暹과 서로 신호하면서 두 배를 같이 몰아 적선 양현으로 동시에 총통을 쏘고 화전을 쏘았으며, 장차 적의 배 위로 뛰어올라가려고 할 때에 이미 배에 불이 크게 일어나고 탄약이 유발하므로 이순신의 배를 찾아 가까이 가게 되었다.

한편 이 해전에서 이순신과 진린은 상호 상대방을 위급한 상황에서 구원하기도 하였다. 예를 들어 한때 이순신의 배가 적을 쫓아 더욱 적 함열 깊이 돌진할 때 적선이 좌우로 쳐들어와 포위하려 하자 진린의 배가 급히 달려와서 대포와 활로써 이 적선을 물리쳤다.

다른 한편으로 적이 진린의 배를 세 겹으로 포위한 채로 화살과 조총을 집중으로 쏘면서 그 배에 뛰어올라가려고 하였다. 이때 이순신과 우수, 이섬은 이 배들을 따라 뒤로 치고 옆으로 불태워 적의 배에 불이 옮아 붙게 하여 진린의 배를 구원하였다.

명나라 부총병 등자룡鄧子龍은 70세의 노장으로, 조선의 판옥선 1척을 빌려 타고 전투에 임하여 수없이 많은 적을 죽였다. 그러다가 혼전의 와중에 뒤에서 쏜 명나라 포탄이 잘못 맞아 그가 탄 배 중앙에서 불이 나기 시작하였으므로 그의 군사들이 한곳에 모여 불을 피하면서 싸웠다. 이때에 적병이 함상으로 뛰어올라와 백병전을 벌인 끝에 등자룡도 드디어 중상을 입게 되고 부하들도 다수가 부상을 당하였다. 이때에 제3선의 파총인 심리沈理가 급히 나가 등자룡의 배를 구했다. 그런데 조·명 수군은 등자룡의 배가 타는 것을 적의 배로 오인하고 더욱 앞을 다투어서 전진하기도 하였다. 그야말로 근접전이었기에 혼전이자 격전이 지속되었다.

한편 이때 해상에는 북서풍이 강하게 불어 왔다. 바람을 등진 채 싸운 조·명 수군은 앞에서 언급한 바와 같이 화공전을 적극 구사하였다. 이에 적함에 불길이 솟아 바닷물도 붉게 물들었는데, 이 와중에 경상우수사 이순신李純信은 적선 10여 척을 불태우는 전과를 거두기도 하였다.

명나라 장수들의 적극적인 참전

명나라 장수들도 적극적으로 참전하였다. 유격장 계금季金은 예교성

전투에서 부상당한 왼편 팔을 동여맨 채로 바른 손에 미첨도를 들고 적 7명을 참살하였다. 부총병 진잠陳蠶은 진린의 배를 호위하면서 진격하여 호준포와 위원포를 쏘았는데, 적함에 명중하는 소리가 먼 바다에까지 들릴 정도였다.

이러한 격전이 지속되자 마침내 견디지 못하게 된 적은 드디어 도망치기 시작하여 관음포 내항을 외해로 오인한 가운데 몰려 들어가게 되었다. 이때는 동이 트기 전이었는데, 이순신이 가장 선두에 서서 적을 몰아 넣었고, 해남현감 류형柳珩과 당진포만호 조효열趙孝悅, 그리고 진도군수 선의문宣義問과 사량만호 김성옥金聲玉의 배들이 그 뒤를 따랐다.

관음포에 갇힌 일본함대는 조·명 수군의 화포 공격에 좋은 표적이 되었다. 조선수군의 여러 배에서는 지자·현자·승자의 각종 총통을 일시에 집중 사격하여 일본군은 패색이 짙었다. 포구 안에서 진퇴유곡에 빠진 일본군은 궁서반서窮鼠反噬의 최후의 발악을 하게 되어 총역습을 감행하기에 이르렀다.

해남현감 류형은 무예에 뛰어난 장수였으므로 화살이 다하면 활을 버린 다음 창을 쥐고 싸웠으며, 창자루가 부러지면 쌍검을 들고 항상 군사들의 진격로를 헤쳤다. 그는 적의 조총에 맞아서 일시 쓰러졌다가 북소리를 듣고 다시 일어나 칼을 들고 적선에 돌입하니 여러 군사들도 그 뒤를 따랐다.

그리고 훈련원 판관 김덕방金德邦은 가장 선봉에서 싸워 적선 수십 척을 격침시켰으며, 이충실李忠實·정응鄭鷹 등은 본인이 부상을 입은 가운데서도 끝까지 싸우다 전사하였다. 이원李願은 명 수군 도독 진린이 일본함선에 포위되었을 때 가장 열심히 싸워서 포위망을 뚫었으며, 류형은 몸에 여섯 발의 총상을 입었고, 송희립도 머리에 부상을 입은 가운데 끝까지 싸웠다.

한편 노량해전에서는 이순신의 장자長子 이회李薈와 조카 이완李莞도 막하에서 활약하였다. 이들은 이순신이 죽으면서 "싸움이 급하니 내가 죽었다는 말을 하지 말라."라고 한 유명遺命을 받아 이순신의 죽음을 숨긴 채 북채를 잡고 전투를 독려하였다.

이 전투는 이순신이 지휘한 해전 중 가장 치열했던 해전이었다. 특히, 양국 수군이 근접전을 치름으로써 조선수군의 사상자도 많이 발생하였다. 이 해전에서 이순신뿐만 아니라 그의 막하 인물 중 장수급만 해도 가리포첨사 이영남·낙안군수 방덕룡·흥양현감 고득장 등 10여 명이 전사하였다. 이 밖에 무수한 인물들이 일본군과 싸우다 목숨을 잃었다.

이상에서 살펴본 바와 같이 조선수군은 어려운 여건에서도 수군을 재건하였고, 예교성 전투의 연장선상에서 벌어진 노량해전에서 대승첩을 거두었다. 이러한 결과는 이순신의 뛰어난 리더십과 작전 지휘도 훌륭했지만, 휘하 참모들의 적절한 전략·전술 건의와 막하 인물들이 희생을 감내하면서 싸운 결과라고 할 수 있다.

7부

이순신의 사람들은 임진전쟁이
끝난 후 어떻게 되었을까?

01

전라좌수군 지휘부 사람들

앞에서 살펴본 임진전쟁 시기의 막하 인물들이 종전 후에는 어떤 활동을 했는지, 그리고 조정에서는 이들에 대해 어떤 평가를 하였는지에 대해 살펴본다. 여기서는 막하 인물들을 크게 세 가지 부류로 나누어 살펴보고자 한다.

우선 임진전쟁 초기 전라좌수사 이순신 휘하에서 활동했던 주요 지휘관들이다. 이들은 전라좌수영 관할하의 5관 5진포의 최고 책임자들을 의미한다. 이순신의 수군 활동이 임진전쟁 전체의 전황에 많은 기여를 한 것은 임진전쟁 초기 해전에서 승전을 거두었기 때문이다. 이러한 승전의 주역은 전라좌수영 소속 수군이었고, 그 핵심 인물들은 바로 10명의 지휘관들이라고 평가할 수 있다.

두 번째로는 임진전쟁 초기와 강화기에 참모로 활동했던 인물들과 이순신 집안 인물들이다. 이들은 이순신의 최측근에서 전략·전술을 건의한 참모들로서, 이순신의 심복이라고 평가할 수 있다. 여기에는 이순신이 확실히 신뢰할 수 있는 아들과 조카 등 집안 인물들도 포함되는 것이다.

세 번째는 기타 인물들로 이순신이 삼도수군통제사가 된 이후 이순신 막하에 들어와 크게 활약한 인물들이다. 이들은 특히 정유재란기에 막하에서 활동하여 종전기까지 활약한 인물들과 전라좌수군 소속이 아니더라도 수군 활동에 크게 기여한 다른 수영 소속의 인물들을 포함한 것이다.

노량해전을 끝으로 임진전쟁이 종료되고 이순신도 이 해전에서 전사하였다. 주장을 잃은 막하 인물들 중 상당수가 은둔 생활에 들어가기도 하였고, 관직 생활을 계속 수행한 막하 인물들도 있다. 여기서는 종전 후 이순신의 막하 인물들 중 계속 관직 활동을 한 인물들을 위주로 하여 이들이 어떤 직책에서 무슨 활동을 하였고, 조정으로부터 어떻게 인식되었는지에 대해 살펴보고자 한다.

이순신의 전라좌수사 지휘부의 인물들

먼저 이순신이 전라좌수사 시절 지휘부 인물들부터 살펴보기로 한다. 당시 5관 5진포의 진장들은 순천부사 권준·보성군수 김득광·낙안군수 신호·광양현감 어영담·흥양현감 배흥립·방답첨사 이순신李純信·사도첨사 김완·녹도만호 정운·발포만호 황정록·여도권관 김인영 등이었다. 이들 10명의 지휘관 중 정운은 부산포 해전 시에 적극적으로 참전하여 전투를 수행하다가 일본군이 쏜 대철환에 맞아 전사하였다. 어영담은 1594년 3월에 있었던 제2차 당항포해전에서 조방장으로 참전하여 큰 활약을 펼친 후 한 달여가 지날 무렵 전염병으로 병사病死하였다. 그리고 임진년 당시 낙안군수였던 신호는 1597년 남원성전투에 참전했다가 전사하였다.

그러나 여도권관이었던 김인영은 자료가 부족하여 활동 여부를 알 수 없다. 따라서 나머지 6명의 인물들이 이순신이 전사한 후 어떤 활약을 하였는지에 대해 알아보고자 한다.

먼저 당시 사도첨사였던 김완은 이순신이 백의종군 중이던 1597년 초에 원균 휘하에서 거제도 복병도장으로 활동하면서 칠천량해전에서 분전하였으나, 일본군의 포로가 되었다. 이후 그는 일본에까지 압송되어 갔다가 1598년에 탈출하여 그해 4월 18일에 부산에 도착하였다. 그리고 탈출 경위와 재참전 의지를 조정에 건의하였으나 전투에는 참전하지 못한 채 양산 부근에 머물렀다. 임진전쟁이 끝난 지 3년 후인 1601년(선조 34)에 함안군수를 제수받아 봉직하였고, 1606년(선조 39)에 선무원종훈(선무정공신 외에 공을 세운 인물들)에 책록되었으며, 1607년(선조 40)에 병사病死하였다.

임진전쟁 초기 순천부사였던 권준은 1597년 2월에 나주목사가 되었다가 보직이 해임된 후, 칠천량해전이 끝난 후인 7월 22일에 충청도 수사가 되었다. 임진전쟁 종전 후에는 1599년(선조 32) 12월부터 경기도 병사兵使로 근무하면서 수원성을 수비하는 방책을 수립하였고, 선조로부터 제주에서 진상한 말 1필을 이순신李純信과 함께 하사받기도 하였다. 1601년 10월에는 충청도 병사로 근무하였고, 1605년(선조 38)에는 황해도 병사를 제수받는 등 무관으로서 큰 활약을 하였다. 특히 권준은 1604년(선조 37) 6월에 임진전쟁 선무공신 18명 중 3등에 봉해졌다.

다음으로 보성군수 김득광은 1601년에 훈련원 첨정으로 봉직하였고, 1604년에는 평안도 삭주부사로 봉직하였다. 그 후 1606년에는 군기시軍器寺 부정副正으로 봉직하면서 경성의 수어守禦 대책에 대하여 건의하는 등 나름대로 충실히 봉직했지만 크게 부각되지는 못했다.

흥양현감 배흥립은 1600년(선조 33) 6월에 경상우수사로 제수된 이래 1601년에는 전라좌수사로 봉직하였다. 그리고 1604년 5월과 6월에 공조참판과 지훈련원사知訓鍊院事를 거쳐 7월에는 충청도 수사로 봉직하였다. 그 후 1605년에는 충청도 병사로 봉직하는 등 고위 관료로서 상당히 활발한 활동을 하였지만 기간 중 뚜렷한 업적은 보이지 않는다.

방답첨사 이순신李純信은 노량해전 당시에 경상우수사로 봉직하였는데, 노량해전이 끝난 후 남해에서 고니시 유키나가[小西行長]에게 동조한 자들을 색출하여 그중 수장들을 효수하는 등 전후의 어수선한 기강을 바로잡았다. 그리고 이순신이 전사한 후 새 통제사가 부임해 오기까지 진린에 의해 임시 통제사로 임명되어 그 임무를 수행하였다. 그 후 1600년에는 충청수사로 봉직하였고, 1601년에는 황해도 병사로 봉직하였다. 이순신李純信이 황해도 병사로 근무하자 당시 도체찰사都體察使 이덕형은 선조에게 해방海防의 중요성을 역설하면서 유사시에 수군이 적을 가장 먼저 맞이하게 되는데 수전에 익숙한 이순신李純信이 육진陸鎭으로 물러가 있는 것에 대해 염려하면서 수군에 복귀시킬 것을 건의하기도 했다. 그 후 이순신李純信은 1601년 9월에 수원부사로 부임하였고, 1602년에는 경상 우병사로 봉직하였으며, 그해 12월에야 수군직으로 복귀하여 전라좌수사로 봉직하였다. 이후 사간원의 탄핵에 의해 파직되었다가 1604년 2월에 첨지중추부사로 봉직하였고, 그해 6월에 임진전쟁 선무공신 3등에 봉해졌다. 1606년에는 수원부사와 경기도 병사를 거쳤으며, 1607년에는 완천군完川君으로 봉해졌다. 이후 1610년(광해군 2)에는 전라병사로 봉직하는 등 종전 후 12년 이상 고위 무관직에 봉직하였다. 그리고 무의武毅

의 시호를 받은 그는 1679년(숙종 5) 8월에는 좌의정에 증직되었다.

마지막으로 발포만호 황정록은 1600년에 전라우수사로 임명되었는데, 사간원에서 술을 많이 마신다는 이유로 해직할 것을 건의하자 선조는 "활을 잘 쏘고 문자도 알며, 난리가 난 뒤에 적을 잡은 것도 적지 않다."고 신임하면서 거부하였다. 다시 말해 임진전쟁 초기에 황정록의 활약상을 이유로 선조는 그를 매우 신임하였던 것이다. 이후 황정록은 1604년에 용천군수를 역임하고, 1605년에는 황해 병사로 봉직하다가 노령으로 업무가 벅차다 하여 강계부사가 되었다. 1607년에는 원주부사를, 1609년(광해군 1)에는 간성군수가 되었는데, 나이 70세에 가까운 노령이라고 사헌부에서 체직을 건의하자 광해군은 노령이라도 능력이 있다고 하면서 거부하는 등 선조와 광해군으로부터 신임을 받았다.

이상에서 살펴본 임진전쟁 초기 5관 5진포의 진장들 10명 중 6명은 이순신 사후에도 주요 보직을 역임하고, 조정으로부터 신임을 받으면서 활동하였다. 특히 그중 이순신李純信과 권준은 선무공신에도 봉해지는 등 이순신 막하 인물로서의 위상을 크게 높였다.

02

이순신 참모와 집안 사람들

임진년 초기 이순신의 참모로서 활동한 인물들에 대하여 살펴보자. 당시 이순신 휘하 본영 소속의 참모들로는 나대용·이봉수·송희립 등이 대표적이다. 먼저 당시 거북선을 건조하는 데에 가장 큰 역할을 담당했던 나대용에 대하여 살펴보자.

나대용은 임진전쟁 시기 주요 해전에서 세운 전공을 인정받아 1596년(선조 29)에 강진현감을 지냈으며, 이어서 금구金溝·능성綾城·고성固城 현령에 제수되어 봉직하였다. 이후 1601년 11월에 모상母喪을 당한 후 3년상을 치르고, 연이어 부상父喪을 당하여 6년 간 거상居喪함으로써 관직에 더 이상 있을 수 없었다. 1606년에 그는 상소를 올려 과거 전선 건조 경험을 바탕으로 '창선槍船' 건조에 대한 제안을 하였다.

그는 1599년에 전선 건조 임무를 수행하면서 만들었던 창선제도槍船制度가 더 이상 실행되지 못하고 있음을 안타깝게 여겨 이를 다시 건조할 필요성이 있다고 역설하였다. 이 창선은 거북선과는 다른 형태를 띠면서 배 위에 창과 칼을 꽂아 만든 것이다. 창선의 장점은 거북선에 필요한 사수와 격군의 숫자(125명)와 비교해볼 때, 창선은 격군 42명만 필요하며 속력이 매우 빠르고 활을 쏘기도 편리함을 들었다. 이에 대하여 선조는 나대용을 조선차관으로 보직하여 시험해보도록 조치를 취했다. 그러나 창선은 1606년 이후 시제품이 생산되었을 뿐, 본격적으로 도입되지 못하고 말았다. 그 후 그는 1608년에 곤양군수를 지냈고, 1610년에는 남해현령으로 봉직하였다.

임진전쟁 초기 전라좌수영의 방비 태세를 갖추는 데에 큰 역할을 하면서 화약까지 제조한 바 있는 이봉수는 수사를 거쳐 1602년 3월에 충청도 병사로 봉직하였다. 당시 사간원에서 이봉수는 미천한 출신으로 이력도 별로 없으므로 해직을 건의하자 선조는 이봉수가 왜적을 무찔렀다는 사실을 잘 알고 있다고 언급하면서 체차를 거부하였다. 그리고 그는 그해 5월에 충청도에서 역옥逆獄이 일어나자 이를 진압하는 데에 공을 세웠다.

송희립은 임진전쟁 초기부터 종전기까지 이순신을 보좌한 참모 중의 참모였다. 특히 그는 노량해전 당시 이순신이 전사한 후 그의 죽음을 알리지 않고 군사들을 독려하여 전투를 승리로 이끄는 데에 크게 기여하였는데, 조정에서도 그의 이러한 공로를 높게 평가하였다. 그리고 이항복李恒福이 1600년 6월에 전라도 지역의 해방 태세를 점검하고 돌아온 뒤 선조에게 대책에 관해 보고하던 중 "변장 중에 송희립과 소계남이 쓸 만합니다."라고 언급할 정도로 조정으로부터 신임을 받았다.

그 후 그는 1601년 5월에 양산군수로 제수되었고, 그해 8월에는 다대포 첨사로 봉직하였다. 1611년(광해군 3)에는 전라좌수사로 봉직하였고, 1618년(광해군 10)에는 그가 상중喪中 임에도 기복起復시킬 정도로 신임을 받았다. 그리고 1619년(광해군 11)에는 주사청舟師廳에 소속되어 전선 건조를 감독하는 별장으로서의 임무도 수행하였다.

한편 임진전쟁 강화기講和期에 이순신 막하에 들어와 참모로서 활동한 인물들에 대하여 살펴보자. 우선 문관 출신 종사관으로 큰 활약을 펼쳤던 정경달丁景達은 1595년 11월 남원부사를 거쳐 종전 후에는 형조참의와 청주목사를 지냈고, 1602년 12월에 세상을 떠났다.

임진전쟁 강화기에 정철총통을 만들었고, 정유재란기에도 이순신의 참모로 크게 활약한 정사준鄭思竣은 종전 후에 결성현감으로 재직했다는 기록만 보이고 있다.

정유재란기 녹도만호로서 절이도해전에서 크게 활약한 송여종은 종전 후 1599년에 단성현감으로 봉직하였고, 1600년에는 절충장군으로 사복시 정이 되었다. 이후 임순첨사·흥양현감·경상좌수군 우후·곤양군수 등을 역임하고 1609년(광해군 원년)에는 부친상을 얻어 애통해 하다 그대로 병을 얻어 세상을 떠났다.

명량해전에서 큰 활약을 보였던 안위安衛는 1598년에 전라우수사로 봉직하였고, 전쟁이 끝난 후 전라도 병사로 봉직하다가 역적 정여립의 5촌 조카라는 이유로 면직되기도 했지만, 다시 등용되어 전라좌수사로 봉직하였다. 이후 충청수사와 경상좌수사를 거쳐 1608년(선조 41)에는 전라우수사로 봉직하는 등 종전 후에도 주로 수군 지휘관으로 활동하였다.

이순신의 집안 인물들

한편 이순신의 막하 인물 중에는 집안 인물들도 있다. 이들은 이순신의 아들과 조카들을 말한다. 이 분야에 대해서는 앞에서 상술하였기 때문에 여기서는 간단하게 언급하고자 한다. 우선 이순신의 아들은 이회,

이열, 이면의 3명과 서자 이훈, 이신이 있다. 이중 이회, 이열, 이면은 임진전쟁기에 이순신 막하에서 종군하였는데, 이중 막내인 이면은 정유재란기에 전사하였고, 둘째인 이열은 형조정랑을 지내고 좌승지에 증직되었다는 기록밖에 보이지 않는다. 장자인 이회는 노량해전 시에 종군하였는데, 종전 후에는 선무원종공신이 되고 임실현감을 지냈으며, 선정善政으로 이름이 높았다. 이순신의 서자 이훈은 무과에 올라 이괄의 난 때 서울 안현에서 전사하였는데, 뒷날 병조참의를 증직받았다. 신도 무과에 올라 의주에서 정묘호란 중에 사촌 형 이완과 함께 전사하였다.

이순신의 조카들은 큰형 이희신의 아들 이뢰, 이분, 이번, 이완과 둘째형 이요신의 아들 이봉, 이해가 있다. 이들 중 이뢰는 찰방을 지냈으며, 이번은 효릉 참봉을 지냈다. 그런데 이희신의 넷째 아들인 이완과 둘째인 이분의 활동에 대해서는 기록에 나타나고 있다. 이완은 1597년에 19세의 나이로 이순신의 막하에 들어와 활약하였는데, 전쟁이 끝난 후 1599년에 무과에 급제하고 1624년(인조 2) 46세 때에 충청병사로부터 의주부윤으로 옮겼다. 그 후 1627년(인조 5)의 정묘호란 때에 군사를 이끌고 힘이 다하도록 싸우다가 마침내 패하자 스스로 죽음을 택했다. 조정에서는 그의 행적을 높이 평가하여 병조판서를 증직하고 '강민공剛愍公'이라는 시호를 내렸다.

또한 이분은 이희신의 셋째 아들로, 정유년에 숙부인 이순신의 막하에 와서 군중 문서를 맡아보며 명나라 장수를 접대하는 외교 방면의 일을 보았는데, 위인이 총명하고 교제에 능란하여 조명 장졸들이 모두 탄복해 했다. 1603년(선조 36)에는 왕자사부를 지낸 후, 1608년에 문과를 치르고 벼슬은 형조정랑에 이르렀으며, 서장관으로 연경에 갔다 온 일도 있었는데, 1619년(광해군 11)에 54세로 사망했다.

　한편 이요신의 아들 이봉은 이순신 막하에서 종군한 후 전쟁이 끝나면서 무과에 급제하여 경상병사·평안병사·포도대장을 역임하였고, 이해 또한 무과에 급제하여 훈련원주부 등을 지냈다.

03
이순신과 함께 한 사람들

정유재란기를 맞아 이순신 막하로 들어와 활동한 인물들을 살펴보면, 먼저 명량해전에서 큰 활약을 보였던 김억추金億秋를 들 수 있다. 그는 종전 후에도 계속 전라우수사로 봉직하였는데, 특히 재직 중 장계를 올려 고금도·선산도·완도·지도 등 주요 섬을 충실히 지키고 있음을 보고하면서 현자총통의 재료를 구할 수 없음을 안타깝게 여겨 이에 대한 조치를 취해줄 것을 건의하는 내용이 조선왕조실록에 나타나고 있다. 이후 그는 1606년 12월에 밀양부사로 봉직하였고, 1608년에는 경상좌병사로 봉직했으며, 1612년(광해군 4)에는 제주목사로 봉직하는 등 해·육상 주요 보직을 거치면서 활동하였다.

역시 정유재란기에 큰 활약을 펼쳤던 송덕일宋德馹·임영립林英立·박광춘朴光春·이섬李暹 등은 종전 후에도 조정으로부터 큰 신임을 받았다. 당시 도원수 한준겸이 해진을 순시하고 돌아온 뒤에 선조에게 보고하기를, "임치첨사 송덕일·어란만호 임영립은 주즙과 기계가 모두 극히 정교하고 담략과 재능이 뛰어나다."고 하였다. 또한 "가덕첨사 박광춘·미조항 첨사 이섬은 병선과 전기戰機를 잘 정리하여 주사의 모범이 된다."고 평가하였다. 이를 통해 볼 때 이들이 종전 후에도 역시 수군의 주요 보직에 임하여 큰 활약을 하고 있었음을 알 수 있다.

한편 도원수 권율의 막하에 있다가 이순신의 휘하에서 활동한 신여량申汝樑은 종전 후 경상우수사의 우후로 근무했는데, 당시 당포에 들어온 일본 전선을 쳐부수자 왕은 이를 기념하여 '당포승첩도'를 하사하였다. 이후 그는 1605년 12월 전라우수사에 임명되었다가 이듬해 전라병사로 전보되었으나 부임 전에 병사하였다.

정유재란기에 활동했던 최희량은 노량해전에서 이순신이 전사하자 벼슬을 버리고 향리로 돌아와 은둔 생활을 했으며, 1604년 논공에서 선무원종공신 1등에 녹훈되고, 가선대부에 올랐다.

정유재란기에 이순신 막하가 된 인물 중에서는 류형의 활약이 가장 돋보인다. 류형은 조정으로부터 노량해전에서 세운 전공이 우치적·이섬·우수·이언량과 함께 가장 우수하다는 평가를 받았으며, 경상우수사로 봉직하였다. 이때 사간원에서 그가 나이가 어리고 경험이 부족한 점을 들어 파직을 건의하자 좌의정 겸 도원수 이항복은, "류형은 자기가 맡은 일에 대해 의기가 과도하게 넘칠 정도로 직분에 진력하는 성격이다."라고 평가하였고, 선조도 이에 동의하였다.

류형은 경상우수사로 봉직하는 동안 쇄환민과 적의 동태에 대하여 수시로 보고하는 등 업무에 열성적으로 임하는 모습을 보였다. 그 후 그는 1600년 1월에는 전라우수사로 봉직하다가 그해 11월에는 경상우수사 겸 삼도수군통제사로 임명되었다. 이후 1602년(선조 35)에는 충청도 병사로 봉직하였으며, 1604년에는 함경북도의 회령부사가 되었다.

그가 회령부사로 봉직하는 동안 앞장서서 성을 견고하게 쌓는 등 방비 태세를 충실히 다져 당시 육진을 순시한 점군어사 이홍주로부터 육진 중에 제일 낫다는 평가를 받았고, 이러한 공로를 높이 평가한 선조가 군공청에 가자를 지시하였다. 류형의 가자에 대하여 사헌부에서 전공戰功이 아님을 이유로 가자 개정을 요구하자 선조는 "전쟁을 벌여 공을 세우는 것보다 전쟁을 하지 않고서 적들로 하여금 두려워하여 침범하지 못하게 하는 것이 제일의 공이다."라고 하면서 거부하였다.

이후 류형은 1606년에 함경북도 병사가 되었고, 1607년 8월에는 경상도 좌병사로 제수되었다가 바로 평안도 병사가 되었다. 평안 병사로 봉직하면서 오랑캐 '노추奴酋'의 침입에 대비한 방비 대책을 수립하였고, 그 후 신병을 이유로 스스로 파직해줄 것을 요청했지만 받아들여지지 않았으며, 오히려 광해군은 명의를 보내 그의 중풍을 치료해줄 것을 지시하였다. 그 후 그는 1611년에 황주목사가 되었다가 이어서 황해 병사로 봉직하면서 해안을 침입한 해적들을 전선을 동원하여 섬멸하는 활약을 보였다.

다음으로 노량해전에서 화공전을 건의했던 진무성은 1599년에 무과에 급제하였고, 선무원종 1등공신에 녹훈되었다. 이후 유원첨사·경흥부사·통제영 우후가 되어 활동하였으며, 정묘호란이 일어나자 조정에서는 북방 수비의 중요성을 감안하여 그를 구성부사로 천거하기도 했다.

의병 출신과 경상우수군 출신 막하 인물들

한편 이순신의 막하에서 의병으로 참전한 인물들의 동향에 대하여 살펴보자. 먼저 이순신에 대한 충절심이 깊었던 김택남金澤南은 이순신이 전사했다는 소식을 듣고는 삼베옷을 입고 부모상과 같이 거상하였으며, 조정에서 군자감 참봉에 제수하였으나 관직 생활을 하지 않았다.

정유재란기에 전몽성·유장춘과 더불어 이순신 휘하에서 의병으로 활동하였던 서희서徐希恕는 이순신이 전사한 후에는 세상 일에 뜻이 없어 호수 위에 정자를 짓고는 은둔 생활을 하였다.

마지막으로 원래 원균의 막하였지만 이순신이 삼도수군통제사가 됨으로써 이순신의 휘하에서 활동한 인물로는 노량해전에서 전사한 이영남을 비롯하여 우치적馬致績과 이운룡李雲龍을 들 수 있다. 이중 우치적은 1596년(선조 29)에 순천부사로 제수되어 정유재란 시기에 많은 공을 세웠고, 1601년에는 충청수사가 되었다. 1605년에는 함경북도 우후로 제수되었는데, 이때 전 훈련주부인 한추경이 상소를 올려 다음과 같이 언급하면서 존경을 표하였다.

북도 우후 우치적은 사람됨이 용감하고 힘을 다해 싸우고 있으며, 본래 수군 1만 명을 거느렸는데 지금까지 심복한다 합니다. 신은 이 사람을 따라서 북도의 싸움터로 나아가 그와 함께 힘을 다하여 죽음을 각오하고 종사하고자 합니다.

이후 1607년 1월에는 경흥부사로, 그해 7월에는 회령부사로 봉직하였는데, 기간 중 암행어사 유석증의 상소에 의해 근무에 공이 있음을 인정받아 광해군으로부터 표리表裏한 벌을 받기도 하였다. 그 후 1610년에는 전라우수사로 봉직하였고, 1611년 6월에는 경상우수사 겸 삼도수군통제사로 제수되어 수군의 최고 지휘관으로 봉직하였다. 1614년(광해군 6)에는 경상도 병사로 봉직한 이후 조정의 요직에서 활동하다가 1618년(광해군 10)에는 평안도 순변사로, 이듬해에는 평안도 병사로 봉직하였으며, 이후 경상 좌병사·함경도 북병사로 봉직하다 1628년(인조 6)에 사망하였다.

다음으로 이운룡에 대해 살펴보면, 그는 1596년에 경상좌수사가 되어 봉직하였고, 임진전쟁이 끝난 후에도 1602년까지 계속 경상좌수사로 봉직하였다. 이운룡에 대하여 명나라 유격 모국기가 1599년에 선조에게 작별 인사를 하면서 "수로 총병 이운룡은 육군의 정기룡과 함께 훌륭한 장수로, 몸을 돌보지 않고 나아가 싸우는 것은 이보다 나은 사람이 없다."라고 언급할 정도로 그 능력을 높게 평가받았다. 그 후 이운룡은 1605년 2월에 안릉군安陵君으로 봉해졌으며, 그해 7월에 경상우수사 겸 통제사로 제수되었다.

이후 1607년 통제사직을 마치면서 식성군息城君으로 봉해졌으며, 1608년에는 함경도 남병사로 봉직 중 사헌부에서 술을 좋아한다는 이유로 파직을 건의하자 광해군은 '힘껏 싸워서 공이 있는 장수이니 바꾸는 것은 불가하다'고 하면서 거부할 정도로 신임을 받았다.

이상에서 살펴본 바와 같이 종전 후 이순신의 막하 인물들 중 일부는 이순신이 전사하자 주장을 잃은 슬픔에 관직 생활을 버리고 향리에서 은둔 생활을 하였다. 그러나 많은 인물들은 중용되어 해·육상 주요 보직에서 맡은 바 직분을 훌륭히 수행하였다. 특히 이들은 공직 기간 동안 조정으로부터 임진전쟁에서 세운 공에 대해 지속적으로 좋은 평가를 받기도 하였다.

이순신 팩트 체크 6

1
영화 〈명량〉이 주는 교훈과 오해들

1. 이순신과 영화 〈명량〉

필자는 2014년에 일어난 유난히도 많은 사건 사고 중 우리 사회에 가장 큰 파장을 일으킨 사건으로 2가지를 꼽았다. 하나는 4월 16일에 있었던 세월호 침몰사건이었고, 다른 하나는 영화 〈명량〉이 개봉되어 돌풍을 일으켰다는 것이다. 극명하게 대립되는 이 2가지 사건은 전자의 반향으로 후자가 크게 각광을 받았다는 면에서 여러 가지 의미를 담고 있다.

모두가 공감하듯이 우리 사회는 세월호 침몰사건으로 인해 전쟁터에서나 경험할 수 있는 정신적 공황상태에 빠졌었다. 여객선 운영을 책임지는 리더의 잘못과 사회적 위기관리 시스템의 부재로 인해 304명의 고귀한 생명이 자신의 의지와 상관없이 바다의 고혼이 되고 말았다. 이 사건은 국민의 공분을 불러일으켜 수개월 동안 책임자에 대한 성토가 계속되었으며, 급기야 정부에서는 국가안전에 대한 원점에서의 재검토와 조직개편까지 단행하였다.

이러한 사회적 분위기가 3개월여 지속되던 시점에서 개봉된 영화

〈명량〉은 가히 폭발적인 주목을 받았다. 이 영화로 인해 우리 사회는 다시 이순신을 그리워하며 외쳐 부르게 되었다. 지난 30여 년 동안 이순신과 관련된 대형 영화가 상영되지 않았던 시점이어서인지 이 영화의 개봉은 우리 사회에 여러 가지 시사점을 부여하였다. 그리고 그 파장은 수개월간 지속되었는데, 스크린을 통해 이순신을 재조명하는 일이 이순신 선양에 가장 효과적이며 획기적인 계기가 된다는 점을 실감할 수 있었다.

한편으로 영화는 많은 사람들이 즐겨 접하고 흥미가 동반되기에 내용 이해가 쉬운 매체다. 영화에서 그린 이순신 상像은 국민들에게 그대로 투영되어 그에 대한 인식의 기반을 이루게 된다. 문제는 영화를 사실로 인식하는 경향이 강하다는 것이다. 대다수의 영화에 대해 관람자들은 영화의 허구성을 이해하면서 흥미로 보는 것이 일반적이지만, 역사적 실존 인물에 대해서는 사실로 인식하는 경향이 강하다. 2004년(~2005년)에 방영된 드라마 〈불멸의 이순신〉을 본 시청자들의 상당수가 허구를 사실로 인식하는 것을 경험했었다. 특히 이순신의 경우 그동안 많은 사람들이 관심을 가지고 학습을 통해 상당량의 지식을 쌓았기에 드라마나 영화에 나오는 잘못된 부분에 대해서 지적하기도 하고 영웅의 상을 폄훼하는 내용에 대해서는 불만을 제기하기도 한다. 그만큼 충무공 이순신의 위상은 다른 위인보다 차원을 달리한다는 것을 확인할 수 있다. 영화를 통해서 학습하는 것이 오늘날 보편화된 학습방법 중 하나임을 고려할 때 이번 영화도 이순신을 이해하는 데 좋은 기회가 되었을 것이다.

이런 의미에서 영화 〈명량〉은 현 시대의 이순신 선양활동에 한 획을 긋는 중요한 사안이기에 나름의 의미를 정리해보고자 한다. 먼저 사회적 함의에 대해 살펴보고자 한다. 아울러 영화 속에 나오는 장면과 역사적 사실과는 어떤 부분이 다른지에 대해서도 중점적으로 살펴보고, 영화가 주는 핵심 교훈이 무엇인가에 대해 정리해보고자 한다.

2. 영화 〈명량〉이 주는 사회적 함의(含意)

영화는 2014년 7월 30일 개봉되어 총 1159개 스크린에서 68만 3200명의 관객이 관람했다. 이는 7월 23일 개봉한 〈군도〉의 55만 1073명의 기록을 넘었고, 이전 최대의 관객 동원 영화인 〈광해, 왕이 된 남자〉의 역대 최고 평일 스코어 67만 명을 넘어선 숫자이기도 하다. 이후 날이 갈수록 각종 신기록을 갈아치우더니 12일째 되던 날에는 최단 기간 1000만 관객을 달성하였다. 그 후 국내에서 상영된 영화 중 최대 관객 동원이라는 신기록을 수립하더니 급기야 9월 3일에는 1700만 관객을 돌파하였다. 결국 스크린으로 본 관객만 총 1760여 만 명을 기록하였다. 우리 국민의 34%가 이 영화를 관람했다는 뜻이다. 국민 3명당 1명 이상이 관람하였고, 성인 2명 중 한 명꼴로 봤다는 얘기다. 이렇게 내중들에게 호평을 받은 이유는 무엇일까? 많은 사람들이 지적하듯이 크게 보아 3가지 이유 때문인 것으로 풀이된다.

첫째, 일본과의 불편한 관계가 지속되고 있는 국제정세 때문이다. 역사적으로 우리나라를 크게 침략하여 괴롭혔던 일본이 최근 들어 독도영유권을 계속 주장하는 한편 일제강점기 때 저지른 군 위안부 문제를 왜곡하고 있으며, 유사시 한반도 군사개입을 거론하는 등 군사 대국화를 기하려는 움직임을 보이고 있다. 이러한 시점에서 임진왜란 시기에 일본군을 크게 무찌른 이순신장군의 활약상을 그린 영화 〈명량〉은 국민들에게 현실의 울분을 토로하는 데 유용한 수단으로 작용한 것이다. 이러한 효과는 지난 2004년부터 1년간 방영된 드라마 〈불멸의 이순신〉에서도 마찬가지였다. 당시 이 드라마가 국민적 관심을 끈 것은 일본의 독도영유권 주장이 지속되던 현상과 맞물려 현실의 울분을 드라마를 통해 해소하는 효과를 가졌기 때문이다. 아울러 이 드라마 방영을 계기로 일부 지방자치 단체에서는 이른바 '이순신 프로젝트'를 대규모로 추진하기도 했다. 이 드라마의 여파로 수년간 이순신에 대한 국민적 관심이 고조되었다.

둘째, 사회적 리더십이 부족한 국내 상황이 역사상 최고의 리더 이순신을 그리워한다는 점일 것이다. 세월호 침몰, 경주 마우나 리조트 체육관 붕괴, 고양종합터미널 화재, 판교 환풍구 추락사고 등 계속된 대형 재난사고로 수백 명이 소중한 목숨을 잃었다. 특히 사망자 295명, 실종자 9명에 이르는 인명피해를 낸 세월호 침몰사건은 안전보다는 수익, 편의에 치중한 우리 사회의 안전불감증의 민낯을 적나라하게 보여줬다는 평가다.

정부는 각종 대형 재난사고에 신속하게 대응하기 위해 국무총리실 산하에 국민안전처를 신설하고 위기대응력 강화에 나섰다. 본연의 역할을 제대로 해내지 못한 해양경찰청을 해체하고 행정안전부를 행정자치부로 축소하는 등 엄중한 책임을 묻기도 했다. 이러한 국가 차원의 안전진단과는 별도로 이 사건이 국민의 주목을 받은 것은 이러한 사건이 일어난 현장에서의 선장이 보여준 리더십 실종 때문이었다. 승객들을 죽음의 현장에 남겨두고 홀로 빠져나온 선장의 행태는 온 국민을 격분시켰고 수개월 간 대다수 국민들을 심리적 공황상태에 빠지게 하였다. 선장의 비상식적인 행태에 대한 실망 때문에 많은 국민이 400여 년 전의 이순신 리더십을 그리워하게 된 것이다.

이순신은 명량해전에서 죽음을 각오하고 선봉에 서서 부하와 백성을 구했다. 그것도 절체절명의 위기 상황에서 적을 물리친 도전과 희망의 리더십을 보여주었다는 점이 국민들을 크게 감동시켰다. 국민의 실망과 분노가 확고한 철학과 강한 추진력을 갖춘 리더십에 대한 갈증으로 이어졌기 때문이라는 분석이다. 전쟁이라는 혼란의 시대에 백성과 나라를 위해 목숨마저 내던졌던 이순신 리더십에 대한 사회적 갈증이 이순신의 재조명이라는 현상으로 분출되고 있는 것으로 보인다.

셋째, 그동안 이순신과 관련된 영화가 수십 년간 없었다는 점이다. 지난 1977년에 제작되었던 영화 〈난중일기〉 이후 대형 영화가 없었다는 점이 민족의 영웅에 대한 갈증을 불러일으켰다는 분석이다. 참고로 영화 〈난중일기〉는 1978년 1월 21일에 개봉했으며 장일호 감독에 김진규, 정애란, 태현실 등이 출연했던 125분 정도의 영상물이다. 그동안 TV를 통해 방영된 드라마나 역사다큐 프로그램 등을 통해 이순신을 알려주었지만, 영화만큼 큰 문화적 충격을 주지는 못했다. 수십 년간 지속되어온 이순신에 대한 갈증을 해소한 것이 바로 영화 〈명량〉이었다.

이러한 배경에서 개봉된 영화 〈명량〉은 큰 인기를 끌면서 극장가를 점령했다. 영화를 감상한 후의 소감은 어떨까? 언론 보도를 통해서 보면 많은 감상자들이 통쾌하고 재미있었다고 평한다. 반면에 역사적 오류가 많았다고 지적하는 사람들도 적지 않았다. 전자는 이순신에 대한 사전지식이 별로 없이 막연한 지식을 가진 상태에서 그냥 영화로서의 의미만 부여한 사람들이다. 특히 영화의 절반 이상이 전투장면인 만큼 무더운 여름에 가슴이 시원해지는 것을 느꼈을 것이다. 후자는 이순신에 대해 어느 정도 알고 있는 관객들일 것이다. 특히 명량해전은 워낙 신비스럽기로 유명한 해전이기에 그동안 많은 연구와 함께 논란점도 많았다. 최근 들어서는 이 해전에 대해 어느 정도 윤곽이 잡혀서 대중들의 해전 이해 수준이 상당히 높아졌다고 볼 수 있다.

필자는 역사적 실존 인물을 다룬 영화의 경우에는 흥미와 학습효과를 동시에 추구해야 한다고 생각한다. 그래야만 국민에게 역사적 실존 영웅에 대해 제대로 배우게 하는 계기가 되기 때문이다. 상업영화니까 당연히 흥미를 위주로 해야 하고 그러자면 허구가 큰 비중을 차지할 수밖에 없을 것이다. 그렇지만 영화나 드라마를 본 국민들은 허구로 보지 않고 역사적 사실로 인식하는 경향이 크다는 것을 고려해야 한다. 따라서 극의 전개에 문제가 없다면 가급적 사실적 묘사를 하는 것이 의미가 있다고 본다. 분위기에 편승하여 한 번 보긴 했지만 다시는 보고 싶지 않은 영화가 아니라 두고두고 보고 싶은 명화가 되기를 희망할 것이다.

영화 〈명량〉을 감상한 사람들이 감동적이었다고 말하는 부분을 보면 공통점이 있다. 주로 전투 장면에 집중되어 있는데 다음의 3가지로 요약된다. 첫째, 가장 통쾌한 장면으로 이순신이 백병전을 벌여 왜군 장수의 목을 베는 순간 전율을 느꼈다고 한다. 둘째, 명량수로의 회오리 부분에 적선을 유인하여 백병전을 준비하라고 하는 이순신의 모습에서 뛰어난 전략가의 위상을 느꼈다고 한다. 셋째, 조선수군 10여 척의 판옥선이 충파 전술로 일본군선들을 신나게 격침시키는 모습에서 가슴 후련한 감동을 받았다고 한다.

이러한 장면들이 실제로 조선수군과 이순신이 사용한 전술이 맞는다면 더 이상 멋진 영화도 없을 만큼 훌륭한 작품성을 인정받았을 것이다. 그러나 위 3가지 모두 왜곡된 것이라면 이는 심히 우려스럽다. 최근 영화를 통해 학습 효과를 높이고자 하는 추세에 정확한 역사 교육을 하자고

하는 것은 찬물을 끼얹는 것처럼 보일 수도 있기 때문이다. 위와 같은 견해를 보인다는 것은 아직도 대다수의 국민들이 이순신에 대해 잘 모르고 있다는 점을 반증한다. 다시 말해 저런 부분에서 감동을 느꼈다면 이순신에 대한 학습노력이 일천하다고밖에 볼 수 없다. 다음 장에서 자세히 서술하겠지만 그만큼 이순신에 대한 학습 및 선양활동이 효과를 보지 못했다고 봐야 한다. 왜 이런 현상이 벌어지는 것일까.

그것은 우리 사회가 이순신에 대한 올바른 지식을 함양하게 하는 수단이 부족하다는 점을 드러내는 것이다. 그동안 드라마나 역사다큐 같은 프로그램으로 공영매체에서 이순신 학습을 주도해왔지만, 체계적이지 못했으며 정확성에 문제가 있었다. 수백 년 전의 역사 인물에 대해 연구하려면 상당한 노력이 필요하다. 그러자면 그 분야의 전공자가 많아야 하는데 그렇지 못한 것이 현실이다. 그 결과 이런 대형 영화나 드라마를 제작할 때 역사고증을 제대로 하지 못하게 된 것이다. 또 우리 사회의 고질적인 이분법적 인식이 고착화되어 있기 때문이기도 하다. 따라서 이러한 인식을 넘어서 제대로 된 이순신 학습을 할 필요성이 노정되어 있음을 시사한다.

아무리 영화가 통쾌하더라도 그것이 역사적 사실이 아니라 허구라면 그로부터 올바른 교훈을 얻을 수 없다. 따라서 영화제작자의 입장에서는 허구를 가미하되 극의 전개에 지장이 없다면 당시의 역사적 사실은 정확하게 전달하려는 태도가 필요하다고 본다. 정확한 역사적 사실에 기반을 둔 가운데 극을 전개해야만 올바른 교훈을 얻을 수 있기 때문이다. 따라서 이번 영화를 통해서 역사적 사실과 다른 부분에 대해서 제대로 학습하는 태도가 필요하다. 이것이 이 영화가 주는 효과의 외연을 넓히는 작업이 될 것이기 때문이다.

3. 영화 〈명량〉과 역사적 사실로서의 명량해전

앞에서 언급한 이유로 이번 영화에서 보여준 장면들을 역사적 사실과 비교하여 사실과 다른 부분들을 살펴보고자 한다. 역사적 사실과 달랐던 부분들을 정리하여 사실과 다른 내용들을 정확하게 학습하는 데 기여하고자 한다.

1) 조선수군의 전술 부문

먼저 영화의 내용을 보자. 영화의 중간쯤 전투 장면이 시작될 때 이순신이 탄 대장선이 홀로 몇 시간을 버틴다. 그런데 이때 이순신이 사용한 전술은 백병전이다. 그것도 어쩔 수 없이 백병전을 펼친 게 아니라 이순신 스스로 백병전을 준비하도록 명령한 후 실행한다. 그리고 4척의 일본 군선이 조선수군의 대장선을 4면으로 포위한 채 일본 군사들이 등선하여 상호 백병전을 벌인다. 그리고 조선수군은 백병전을 통해 적을 물리치고 결국 적장의 목을 베게 된다.

이 장면은 필자가 가장 안타깝게 여긴 부분이다. 당시 이순신이 지휘한 해전에서는 등선백병전을 사용한 적이 없다. 조선수군은 사정거리 1km 이상의 화포를 원거리에서 발사하여 적선을 파괴하고 상당수 인명을 살상하여 적을 무력화시킨다. 이후 근접하여 활을 쏘아 적군을 완벽하게 제압한 후 분멸焚滅시키는 전술을 체계적으로 구사했다. 반면에 유효 사거리가 50m에 불과한 조총과 도검류로 무장한 일본군은 조선수군을 당할 수 없었던 것이다. 이러한 화포의 우수성은 이순신이 수십 회의 해전을 승리로 이끈 원동력으로 작용했다.

　백병전은 이순신이 아니라 일본군의 장기長技였다. 일본 수군은 전통적으로 해적질을 통해 전술을 연마했는데 적선을 탈취하기 위해 배 위로 올라가서 도검류로 싸워서 승리를 거두었다. 임진왜란 때도 일본은 주로 이 전술을 사용했다. 정유재란 초기 통제사 원균이 지휘한 기문포해전(1597. 3. 9.)을 예로 들 수 있다. 당시 조선수군은 수십 척의 전선으로 일본 군선 3척을 맞아 전투를 벌였다. 이 전투에서 조선수군은 일본군선을 우습게보고 백병전을 벌이다가 고성현령 조응도가 사망하고 군사 10여 명이 전사하는 등 큰 피해를 입은 채 배를 탈취당했다. 그러다가 빼앗긴 우리 전선을 화포로 공격해서 겨우 되찾은 적이 있다.

　칠천량해전에서도 조선수군이 패한 핵심 요인은 조선의 군선들이 흩어져 도망하다가 사방으로 적의 등선을 허용하여 백병전을 벌인 데 있다. 백병전은 일본군의 전술이니 활쏘기가 근접 전술인 우리에게 불리할 수밖에 없으며 더욱이 우리는 수적으로도 열세였다. 이순신은 이러한 사실을 잘 알기에 적으로부터 4면 포위를 당하지 않기 위한 전투 장소로 택한 곳이 바로 명량수로인 것이다.

　명량수로는 조류가 빠르게 흐르는 곳인 만큼 적이 전全 방위로 조선 전선을 포위할 수 없다. 실제 명량해전 시 일본군선들이 앞에서는 포위가 가능했지만 측면이나 후면에서는 포위할 수 없었다. 조류가 빠르게 흘렀기 때문이다. 그런데 영화에서는 조선수군이 일본군을 유인하여 스스로 백병전을 벌여 일본군을 물리치고 있다. 그것도 2번씩이나 펼쳐서 다 승리한다. 조선수군이 검술을 잘하여 적을 이기는 장면은 통쾌하지만 사실과 다르니 어떻게 해석해야 할까?

다음으로 일본군이 화선火船을 이용하여 조선수군을 공격하는 장면이 있다. 화선은 이순신이 가끔 사용한 전술이다. 배 안에 화약을 넣고 섶으로 덮은 후 조류를 따라 적진으로 보낸 후 적진 가까이에 갔을 때 불화살을 쏘아 화약을 폭발시켜서 적에게 피해를 입히는 전술이다. 이순신은 웅포해전의 막바지(1593. 3)에 화선을 이용하여 적을 공격하려고 하다가 사정이 여의치 않아서 중단한 적이 있다.

명량해전 때 이순신이 사용한 전술 중 화선을 이용한 적이 있다. 이를 테면 오전에는 밀물, 즉 조류가 북서쪽으로 흘러서 일본군에게 유리했지만 오후 1시경부터는 썰물, 즉 남동류가 흘러서 조선수군에게 유리하였다. 그런데 이때 조선수군은 조류를 따라 떠내려가는 일본군을 따라가지 않았다. 따라갈 경우 일본군의 주력 군선들을 명량수로 입구에서 만날 수 있고, 조류가 북서류로 흐르지 않는 한 돌아오기 힘들기 때문이다. 이때 이순신은 어떻게 했을까? 바로 화선을 이용하여 적을 공격하였다. 화선을 띄워 보내서 적선 가까이 도착했을 때 불화살을 쏘아 화약에 불을 붙여서 그 폭발력으로 파손되는 선체 파편의 충격으로 적선을 깨트리는데 효과를 본 것이다. 이때 배 안에는 노를 젓는 격군들이 없었다. 조류가 빠르니 놓아두면 자연스럽게 적진 속으로 떠내려가기 때문이다. 더욱이 당시에는 북서풍이 많이 불어서 화선 공격이 원활하였다.

그런데 이러한 화선을 이용한 공격을 영화에서는 일본 수군이 사용하고 있다. 일본군이 어느 세월에 그런 준비를 해서 화선을 이용한 공격을 할 수 있었을까? 왜 이순신이 사용한 다양한 전술 중 하나를 일본군이 사용하는 것으로 묘사해야 했을까? 더욱이 망장望將 역할을 톡톡히 하며 적의 동태를 알려준 임준영은 명량해전 후에도 살아서 활동하는데 왜 이렇게 어이없이 화선에 갇혀서 죽게 만들었을까?

　한편으로 전투 초기에 일본군의 조총에서 쏜 총탄이 조선수군의 초요기를 훼손하는 장면이 있다. 또 일본군의 조총이 조선수군의 방패를 뚫으면서 조선수군의 사상자가 발생하기도 한다. 일본군의 조총 공격이 시작되었는데 우리의 화포 공격은 없었다. 조총이 먼 거리에서 날아와 조선수군에게 피해를 입힌 장면을 보면 조총의 사거리가 우리의 화포보다 멀리 날아가는 것처럼 보인다. 그렇다면 조선수군의 화포는 적이 근접해 왔을 때만 사용할 수 있는 것일까? 당시의 전술 구사체계에 대한 개념이 부족하기 때문에 이런 설정이 있었던 게 아닌가 싶다. 사실을 말하자면 당시 조선수군의 화포는 일본군의 조총을 압도하였다. 총통으로 대변되는 조선수군의 화포는 피사체가 두 종류였다. 대장군전 등 대전류(大箭類)를 쏘아 적선의 구조물을 부수는 역할을 하는 경우 사정거리는 1km 정도였다. 적의 인명을 살상하는 조란환의 경우 무려 3km 밖에서도 적의 인명을 살상할 수 있었다.

　이순신의 대장선이 홀로 대부분의 전투를 수행한 후 마지막 부분에 조선수군의 12척 전선이 대장선 곁에 합류하여 전투를 마무리하는 장면이 나온다. 《난중일기》를 보면 이순신의 대장선이 상당 시간 동안 홀로 버틴 것은 사실이지만 전세를 완전히 혼자서 뒤집은 것은 아니다. 어느 정도 버티다가 부하들을 불러서 함께 치열한 전투를 수행한 것이다. 이순신이 선봉에서 활약한 이유는 부하들의 전의를 고양시키기 위한 것이었다. 바로 하루 전에 이순신은 다음과 같이 부하들에게 말했다. "죽기를 각오하고 싸우면 살고 살려고만 하면 죽는다... 한 사람이 길목을 지키면 천 명의 적도 두렵게 할 수 있다. 必死則生 必生則死… 一夫當逕 足懼千夫" 다시 말해 죽기를 각오하고 싸우면 살 수 있다는 사실을 이순신은 몸소 실천하여 부하들의 전의를 고양시킨 것이다.

그런데 영화에서는 이순신의 대장선이 거의 모든 전투를 하고 부하들은 전투 막바지에 마무리하는 정도에 그친다. 이순신이 지휘도 하고 활도 쏘고 칼도 사용한다. 수군통제사라는 위치에서는 전체 전황을 조율하면서 적시에 전술을 지시해야 한다. 영화에서는 대장선 1척이 모든 전투를 다 수행하고 이순신 혼자서 모든 것을 다한다. 이런 설정은 역사적 사실과 맞지 않고 우리 사회의 발전에도 도움이 되지 않는다. 과거에는 그랬을지 몰라도 이제는 모든 일을 개인이 하는 것이 아니라 시스템이 하도록 해야 한다.

아울러 영화에서는 조선수군이 선체로 전선을 박치기하는 충파 전술을 사용한다. 우리 배가 적선을 충격하면 적선만 깨지고 우리 배는 유유히 다음 배를 향하여 충파를 하고 있다. 참으로 통쾌한 장면이다. 그렇게만 될 수 있었다면 얼마나 좋았을까? 이전에 선체로 선체를 부딪치는 전술을 '당파'라고 했고 그러한 전술이 조선수군의 전술인 것처럼 인식된 적이 있었다. 그러나 연구 결과 그것이 아니라 화포에 의한 적선 당파가 핵심이었다는 것이 입증되었다. 영화를 본 관객들은 명량해전 때 조선수군이 선체로 충파 전술을 사용하여 이긴 것으로 이해할 것이다.

이순신의 일기에 보면 '충파衝破'라는 용어가 보인다. 《난중일기》 계사년(1593) 2월 20일 자를 보면, "흥양, 방답, 순천, 본영의 전선 각 1척이 서로 부딪혀 깨졌다衝破."라는 내용이 있다. 우리 배끼리 서로 부딪혀 손상을 입었다는 것을 표현한 것이다. 서로 부딪히면 상호 손상을 입을 수밖에 없다. 일본군선이 아무리 약하다고 해도 파도를 헤치고 먼 바다를 통과해서 온 만큼 어느 정도 강도는 유지하고 있었다고 봐야 한다. 다시 말해 조선의 전선과 일본의 전선이 부딪칠 경우 일본 배만 부서지고 우리 배는 안전하다고 확신할 수 없는 것이다. 같은 목선이기에 우리 배도 손상을 입기 마련이다. 더욱이 우리 배는 척수가 부족하니 부딪치다가 손상될 경우 그 손실이 막중하다. 이순신이 이러한 전술을 사용했을 리 만무하다.

2) 수군 제도 부문

다음으로 아쉬운 부분은 당시 수군 제도적 오류이다. 먼저 조선수군의 장졸들이 모두 갑옷을 입고 전투에 임하고 있다. 당시 갑옷은 일부 상급 지휘관만 입었을 뿐 일반 수군들은 갑옷을 준비하지 못했다. 노량해전 시 중국 화가가 그린 '정왜기공도권'과 임진왜란이 끝난 지 6년이 지난 시점인 1604년 6월에 통영 당포에서 벌어졌던 당포해전을 그린 '당포전양승첩지도'를 보면 갑옷을 입고 있는 군사는 배 1척에 1~2명에 불과하다. 나머지 기수旗手·사부射夫·격군格軍 등 일반 수졸들은 모두 납의衲衣를 입고 머리에는 전립戰笠 또는 조건皁巾을 쓰고 허리에 대帶를 두르고 있다. 납의는 소매통이 좁고 소매길이가 손목까지 오며, 옷 길이가 무릎 정도에 이르는 간소한 형태의 포布로서, 중국 진대에 일반 전사들이 군복으로 입었던 장유長襦 형태의 포와 비슷하다. 이는 군사들이 경제적 어려움으로 인해 스스로 갑옷을 준비하지 못했거나 국가에서 이를 충당하지 못했기 때문이다. 조선 조정에서 수군에게 갑주를 입히도록 시도한 것은 임진왜란이 끝난 지 50년이 경과한 1650년을 전후한 시점부터이다.

아울러 조선수군은 백병전을 위한 군이 아니었기 때문에 갑옷을 입을 필요가 없었으며, 명량해전 당시는 군수물자 확보 수준이 매우 열악했기 때문에 준비할 여력도 없었다고 볼 수 있다. 추정컨대 현대시기에 그려진 '명량해전도'라고 명명된 정체불명의 기록화를 보니 전부 갑옷을 입고 있어서 그대로 모방한 것 같다. 부가하여 갑옷을 입고 있어야 백병전에서 승리할 수 있다는 설정을 위해서 입혔을 수도 있다.

다음으로 당시 참전했던 인물들의 활약상을 사료에 맞게 그려야 함에도 불구하고 전혀 다르게 설정하였다는 점이다. 이순신 휘하에서 감조군관의 임무를 수행한 나대용을 도원수 권율에게 보내 병력 지원을 요청하게 한 것은 사료에 나오지는 않지만 작가의 상상력으로 충분히 설정이 가능하다. 이런 것들은 지적할 만한 내용은 아니다. 그렇지만 본인의 행적이 사료에 뚜렷하게 나오는 인물의 경우에는 가급적 사료에 충실해야 한다.

예컨대 경상우수사 배설의 행위에 대해서는 너무 비약적으로 그렸다. 배설은 칠천량해전에서 먼저 도망쳐 나와 관하 12척으로 서진하다가 8월 19일 회령포에서 통제사 이순신에게 전선을 인계한 후 이순신 휘하에서 경상우수사의 직책을 수행하였다. 칠천량해전에서 패배한 기억 때문인지는 몰라도 두려움에 떠는 모습이 『난중일기』에 보인다. 그 후 병을 핑계로 육지에 올랐다가 결국 9월 2일에 도망치고 말았다. 종전 후 1599년에 고향 선산에서 도원수 권율에게 붙잡힌 후 참형을 당한 인물이다. 그런데 여기서는 거북선을 불태우고 이순신을 암살하려다가 발각되어 부상을 입은 채 도망가는 장면이 나온다. 거북선이 존재한 것도 사실과 다르지만 이순신을 암살하려고 하는 태도는 더욱 사실과 다른 것이다.

이순신 휘하에서 적정을 살피는 역할을 수행한 임준영任俊英의 경우도 아쉬웠다. 임준영은 명량해전 직전 적의 동태를 살피는 망장 역할을 충실히 수행한 후 명량해전 후에도 유사 임무를 수행한 인물이다. 그런데 영화에서는 적에게 잡힌 후 적이 운용하는 화선에 태워져 화약 폭발로 사망하는 장면이 나온다. 이렇게 전사한 인물이 아닌데 역사적 인물의 생사를 왜곡하는 것이 과연 바람직한 것인가?

한편 일본수군 장수가 붓글씨로 '대도무문大道無門'이라는 한자숙어를 능숙하게 쓰고 있는 장면이 있다. 일본 장수들은 대부분 글을 몰랐고 측근의 승려들만 겨우 글을 알고 있었을 뿐이었다. 임진왜란 종전 후 성리학이 전파되어 일본도 유학을 배우게 된 것이다. 그런데 일본군 장수가 한문을 능숙한 솜씨로 쓰는 장면이 나온다. 너무 관대한 부분이 아닌가?

다음으로 당시의 수군 제도에 대한 것이다. 10년 전에 방영된 드라마 〈불멸의 이순신〉에서 필자가 가장 아쉬워한 것 중 하나로 전선에 장착한 대포인 총통을 장난감 취급한 부분이다. 무거운 총통을 어깨에 메고 구보를 하는가 하면 손으로 들어서 옆 사람에게 던지기도 하였다. 영화《명량》에서는 총통 운용에 관해서 비교적 사료에 충실한 모습을 보였다. 총통의 무게를 고려하여 현실감 있게 취급하였고 화포 발사 모습도 정확하게 묘사하였다. 그런데 주위를 에워싼 일본군선들에게 막대한 타격을 주기 위한 방편으로 총통을 격군실로 내려 보내 몇 층으로 쌓아 마치 다연장 로켓포처럼 만드는 기발한 아이디어가 발휘되었다. 천자총통을 겹겹이 쌓아 두고 한꺼번에 발사하는 모습을 그렸다. 여기서 결국 총통이 또 한 번 장난감 취급을 받게 된 것이다. 무거운 총통을 겹으로 쌓아 올려서 발사할 수 없다. 300kg이나 되는 천자총통을 쉽게 굴러 떨어뜨릴 수도, 쌓아 올릴 수도 없을 뿐더러 쌓을 경우 발사 자체도 불가능할 뿐만 아니라 발사 후 반동력을 이길 수도 없다. 이런 점들을 고려했더라면 이런 발상을 하지 않았을 것인데 아쉽다.

영화에서는 일본군이 조선의 깃발 신호들을 다 알고 있는 장면이 나온다. 물론 적정을 입수하면 알 수 있을지도 모른다. 그러나 이순신도 적선의 깃발이 주는 의미를 파악하지 못하고 있는데 일본군이 어떻게 조선수군의 다양한 깃발이 가지는 의미를 정확하게 파악하고 있었는지 의문스러웠다.

3) 명량수로의 특성 부문

이순신이 명량수로를 전장으로 택한 이유는 이곳이 조류가 가장 빠른 곳이고, 폭이 좁아서 적은 전선으로 많은 적선과 싸우기에 적당하다고 판단했기 때문이다. 그런데 영화에서는 일본수군, 조선수군을 막론하고 전선의 진퇴가 아무런 방해를 받지 않는다. 수십 척이 일자진一字陣을 형성해도 무방한 위치를 보여서 이곳이 마치 넓은 바다 같은 느낌도 준다. 아울러 조류의 흐름이 명확하지 않고 멋대로 흐른다. 당시 시간대별 조류의 방향과 속도는 이미 연구를 통해 밝혀진 바 있다. 명량해전 당일의 조류는 아침 7시경 북서류(밀물)가 흐르고 13시경 남동류(썰물)로 전류된다는 연구 결과가 이미 발표되었다. 그럼에도 영화에서는 이를 전혀 활용하지 못하고 조류의 전류시각을 아전인수 격으로 언급할 뿐이다.

또 진을 친 곳이 불명확하여 이곳이 명량인지 여부를 정확히 알 수 없다는 점도 있다. 피아를 막론하고 수십 척이 일자진으로 먼 거리에서 포진하고 있다. 그리고 필요시에 배를 보내 싸우게 한다. 명량수로에는 그런 여유를 부릴 만한 장소가 없다.

게다가 회오리가 이는 곳을 설정하여 여기서 전투를 벌이는 장면이 장시간 보였다. 회오리는 울돌목의 어원풀이에서 착안한 것으로 보인다. 즉 울돌목은 '물이 울면서 돌아가는 곳이다'라는 뜻을 보고 회오리가 이는 곳으로 인식한 것이다. 사실상 울돌목이라는 것은 명량수로 중 최협부의 조류 속도가 워낙 빨라서 물살이 암초와 부딪칠 때 물이 우는 소리를 낼 정도라는 뜻이다. 명량수로 가운데 조그마한 소용돌이는 형성되지만 대형 회오리가 이는 곳이 존재한다는 뜻이 아니다.

영화에서는 이곳에 대형 회오리가 이는 지점을 설정하여 물살이 빙빙 도는 가운데에 일본군선들을 유인하여 백병전을 벌이는 형태로 전술을 구사한다. 그리고 일본군선들을 격퇴시킨 후 조선수군의 대장선을 회오리에서 구출하기 위해 어민들의 선박을 동원하여 끌어당기는 해프닝을 연출하기도 했다. 어민들이 100여 척이나 참전해서 후방에서 조선수군을 도운 것은 사실이나 이런 식의 참전은 아니었다. 해상의병으로 대변되는 어민들의 활약상은 주로 선단 사이를 오가면서 군량을 제공하고 군수물자를 지원했으며, 직접 전투에 참가하여 희생된 지 들도 있었다. 따라서 이들의 활동상을 좀 더 구체적으로 묘사했더라면 좋은 장면들이 많이 나왔을 것이다.

4) 기타 부문

이 부분은 지엽적인 것이지만 옥의 티를 닦고 개봉했으면 좋았을 것이다. 영화 앞부분에서 회령포를 '회룡포'라고 하였다. 아울러 자막에 벽파진에 있던 날을 삼도수군통제사를 임명받은 지 12일째 되는 날이라고 표현하고 있다. 영화대로라면 통제사 임명교서를 받은 날이 8월 3일이니 보성에 있던 날이 8월 15일이 되어야 한다. 그러나 벽파진에 진을 옮긴 시점은 8월 29일이다. 육전에 종사하라는 임금의 교서 말미에 보면 날짜가 만력 30년(서기 1602년)으로 되어 있고 날짜도 명량해전이 끝난 9월 20일로 적혀 있다. 실제로는 만력 25년 또는 선조 30년으로 표현해야 한다. 상당시간 동안 그 문서를 보고 있으니 관람자들은 자연히 그 내용을 읽게 된다. 그러면 말미에 그 문서가 작성된 날짜가 보이고 그것이 현실과 맞지 않으면 제작진의 성의가 없다고 생각할 수 있다.

거북선의 한자 표기를 영화에서는 '구선'으로 표현하고 있는데, 이미 보편적으로 '귀선'으로 통일해 사용하고 있다. 거제현령을 '거제도현령'으로 표기하고 있다. 당시 거제도는 단순히 섬 이름이었다. 행정구역상 명칭은 거제현이다. 따라서 '거제현령'으로 표기해야 한다. 더불어 거제현령이 타고 있던 배에 걸려 있던 깃발의 한자도 정확하게 표시했어야 했다. 현령에서의 '縣' 자를 '懸' 자로 잘못 표기하면 뜻이 달라진다. 이런 것들은 영화의 허구성과는 다른 문제이다. 관람자의 학습차원에서 당시의 제도에 대한 정확한 지식을 부여하는 노력을 보여야 한다.

명량해전 참전 척수도 당대 이순신이 남긴 사료를 채택하지 않고 왜 꼭 후대의 가감된 자료를 채택하는지 모르겠다. 이순신이 명량해전 결과를 보고한 상황보고서가 당대의 1차 사료인『선조실록』에 수록되어 있다. 즉 판옥선 13척과 초탐선 32척으로 적선 130여 척을 맞이하여 31척을 분멸시켰다고 한 내용을 인용하면 되지 왜 후대의 재해석된 자료를 인용해서 왜곡하는지 모르겠다. 이런 것들도 영화니까 이해해야 한다고 하면 할 말이 없다.

4. 영화 〈명량〉이 주는 핵심 교훈

이상과 같은 여러 가지 역사적 오류가 있긴 하지만 그럼에도 불구하고 영화 〈명량〉은 우리 사회에 큰 긍정적 영향을 끼쳤다고 본다. 비록 이 영화가 일부에서는 '초등학생 수준에 맞는 영화, 외국인들에게 보여주기 위한 영화'라는 혹평을 받기도 하지만 우리 국민들의 이순신에 대한 관심을 제고시키는 데 매우 큰 기여를 한 것은 틀림없다.

필자 역시 감명을 받은 부분이 없지 않다. 필자가 가장 감명을 받은 장면은 이 영화의 핵심 메시지로서 이순신과 큰 아들 회와의 대화에 함축되어 있다. 이를테면 수백 척의 적선이 몰려온다는 소식에 조선수군 장졸들이 두려움에 떨고 있을 때 아들 회가 이순신에게 물었다. "방법이 있겠습니까?" 이순신이 대답하기를 "두려움을 용기로 바꿀 수 있다면…"이라고 하자 아들이 그 방법이 무엇이냐고 물었을 때 이순신은 "내가 죽어야 한다."라고 답했다. 다시 말해 이순신이 선봉에서 죽기를 각오하고 싸우는 모습을 부하들에게 보여줘 부하들의 전의를 고양시킬 수 있다면 이길 수 있다는 것이다. 이순신은 9월 16일 자신의 말에 책임을 지고 선두에 서서 적을 물리쳤다. 이순신의 '필사즉생 리더십'을 극명하게 보여준 것이다.

또한 '충은 백성을 지향해야 한다.'고 한 대목 역시 오늘날 위정자와 공직자에게 따끔한 질책으로 작용했을 것이다. 이순신의 '어적보민(禦敵保民)' 사상은 시공을 초월하여 우리 사회에 귀감을 주고 있다. 그는 평소에도 백성을 위한 정책들을 펼쳤을 뿐만 아니라 전투에서도 전과보다 백성의 안위를 우선시한 리더였다. 이러한 그의 애민정신은 400여 년의 시간을 초월하여 이어져 왔음을 알 수 있다.

영화 〈명량〉이 각광을 받은 이유 중 하나가 국제정세와 내부적 요인 때문이라고 분석하긴 했지만 이와 별도로 영화 자체의 의미도 높게 평가할 수 있다. 앞에서도 언급했듯이 그동안 이순신을 다룬 대형 영화가 1977년 제작되었던 〈난중일기〉 이후 수십 년 동안 없었다. 물론 10년 전에 드라마 〈불멸의 이순신〉이 방영되어 우리 국민들의 이순신에 대한 관심을 크게 제고시킨 바 있다. 그렇지만 TV 드라마에만 의존하다 보니 순간적인 폭발력을 가진 문화적 충격을 주지는 못했다. 이번 〈명량〉은 단기간에 수많은 관람자들에게 엄청난 반향을 일으키는 계기가 되었다.

오류는 많지만 시도 자체가 갖는 의미가 컸고, 이를 계기로 관련 영화 제작에 탄력을 받게 될 것이라 기대한다. 앞으로 한산도해전, 노량해전 등 이순신의 다른 해전에 대한 영화가 제작될 것이라는 예상도 나오고 있다. 좋은 일이다. 다만 이제는 좀 더 역사적 고증에 충실해야 할 것이다. 적어도 교육적 차원의 고려를 해가면서 제작해야 좀 더 많은 국민의 신뢰와 사랑을 받게 될 것이다. 한 번 관람한 관객은 수준이 높아져서 이제는 역사적 오류들을 금방 집어낼 것이다. 그런 오류들이 계속 된다면 관객들은 영화를 무협지 수준으로 생각하게 될지도 모른다. 이순신의 실체를 제대로 배워야 그분의 교훈을 올바르게 도출할 수 있을 것이다. 어쨌든 이번 영화 〈명량〉으로부터 다음의 몇 가지 교훈을 생각할 수 있다.

첫째, 이순신의 전술적인 부분을 올바르게 이해하는 계기가 되었으면 한다. 백병전을 통해 일본군과 싸운 전술은 당시의 이순신과 조선수군의 실상과 전혀 다르니 앞으로는 유념할 필요가 있다. 당시 조일 수군의 전술을 제대로 구사할 수 있도록 해야 한다. 그래야만 조선수군이 승리한 요인을 정확하게 파악할 수 있으며, 이순신의 수군 전술을 올바르게 이해할 수 있을 것이다.

'등선백병전'이라는 단순한 전술을 구사한 일본과는 달리 조선수군은 다양한 전술을 체계적으로 구사하였다. 조선수군은 당시 통용되던 오위진법에 기초한 각종 진법 또는 진형을 해상에서 창의적으로 형성하여 적을 물리쳤다. 한산도해전에서는 학익진鶴翼陣을 형성했으며, 부산포해전에서는 장사진長蛇陣을, 명량해전에서는 일자진一字陣을 사용하여 화력의 집중을 기했다. 이는 평소 부단한 전기 전술을 연마한 조선수군의 전술 능력이 실제 상황에서 제대로 응용되어 발휘된 것이다. 이러한 전술 구사 과정을 부각시키는 것이 영화의 묘미를 더하고 조선수군의 위상을 드러내는 데 기여할 것이다.

둘째, 이순신 혼자서 모든 것을 수행하는 장면은 맞지 않다. 조선수군은 일본군을 압도할 수 있는 작지만 강한 군대로서의 전력을 구비하고 있었다. 이순신 휘하에는 우수한 전선과 화포뿐만 아니라 많은 훌륭한 장수들이 포진하여 맡은 바 제 몫을 다하고 있었다. 이순신은 이러한 전력과 부하들의 능력을 극대화할 수 있는 리더십이 뛰어났다고 묘사해야 한다. 그것이 진실이기 때문이다.

이번 영화처럼 혼자서 지휘하고, 활을 쏘고, 칼을 쓰는 1인 3역의 모습은 맞지 않다. 명색이 삼도수군통제사라면 활을 쏘아 적을 맞추는 전투 구성원이 아니라 전체 전황을 두루 살펴보고 조율하는 모습을 보여야 한다. 더욱이 오늘날처럼 고도로 분화되고 전문화된 사회에서 일인다역은 현실적인 괴리감이 있다. 과거에도 그랬지만 오늘날에는 이러한 현상이 더욱 심화되고 있는 것이다. 과거의 사례에서 현실을 극복할 수 있는 지혜를 배운다고 할 때 현대에 벌어지는 전쟁이나 대소 국가재난 시

혼자서 모든 것을 해결하는 것으로 설정해서는 안 된다. 리더가 부재할 경우에 대비하여 시스템 자체가 위기를 극복할 수 있도록 구축되어야 한다. 한 사람에게 모든 것을 의지하고 권한을 집중시키는 일은 더 이상 우리 사회와 맞지 않다. 이순신은 전지전능한 신이 아니다. 보통 인간이다. 올바른 나라사랑 정신으로 무장한 가운데 꾸준한 연구와 노력으로 위대한 전략가이자 훌륭한 리더가 된 사람이다. 보통 사람들도 충분히 이순신 같은 능력을 발휘할 수 있을 것이다. 그러한 희망을 심어주는 방향으로 이순신을 알리려는 노력이 필요하다는 것이 이번 영화가 주는 최대의 교훈일 것이다.

셋째, 임진왜란 때 조선수군이 일본군을 압도한 이유에 대해 정확하게 인식하는 계기가 되어야 한다. 임진왜란은 동아시아의 조선·일본·명 3개국이 참전한 국제전쟁이다. 이 전쟁을 극복한 일등공신은 조선수군이었다. 그것은 조선의 수군력이 일본과 명을 압도했기 때문이다. 그 전력의 핵심은 전선과 무기의 우수성이었다.

우수한 전선과 화포가 없었다면 아무리 명장이라도 전력차이를 극복할 수 없었을 것임을 인식해야 한다. 예컨대 명량해전이 시작되던 시점에 이순신의 대장선 1척만이 선두에 포진하였다. 이때 이순신은 사색이 된 부하장졸들에게 "적이 비록 천 척이라도 감히 우리 배에는 곧바로 덤벼들지 못할 것이니 조금도 동요하지 말고 힘을 다해 적을 쏘아라."라고 말했다. 이러한 자신감은 어디에서 비롯된 것일까? 근본적인 이유는 조선수군의 판옥선이 높고 견고하여 일본군선을 압도한다는 사실과 탑재한 화포의 성능이 일본군의 조총과 도검류를 무력화시킬 수 있었기 때문이었다.

그러면 해양분쟁이 갈수록 심화되고 있는 오늘날은 어떠한가? 한국의 해군력이 일본과 중국을 압도할 만한 수준인가? 영화 〈명량〉에서는 이 점을 부각시키지 못했다. 오로지 이순신이 선봉에서 전투를 수행하는 리더십만 부각시켰다. 이래서는 올바른 교훈을 얻을 수 없다. 훌륭한 지휘관 한 명만 있으면 전력차이와 상관없이 전쟁에서 이길 수 있다는 잘못된 사실을 국민에게 인식시킬 우려가 있다. 이번 영화 〈명량〉을 통하여 전투의 승리에 전력의 우세가 중요하다는 사실을 부각시켰더라면 이순신이 오늘날 우리에게 주는 참다운 교훈을 좀 더 쉽게 얻을 수 있었을 것이다.

이번 영화는 우리 사회에 이렇게 많은 교훈을 주고 있다. 수익을 추구하는 상업영화였으나 여러 가지 다양한 가치를 내포하고 있는 것이다. 위대한 영웅을 조상으로 두고 있는 우리로서는 이순신의 정신을 계승하고 선양할 시대적 소명을 안고 있다. 대중매체를 통한 이순신 정신의 선양은 이순신을 올바르게 이해하고 그의 교훈을 오늘날 계승하는 데 가장 효과적이고 중요한 수단이 될 것이다.

5. 영화 〈명량〉, 그리고 이순신

이상과 같이 영화 〈명량〉은 이 시대 이순신 선양에 한 획을 긋는 중요한 계기가 되었음을 알 수 있다. 영화에 역사적 오류가 많았음에도 호평을 받은 것은 개봉 시점의 사회적 분위기가 많은 사람들로 하여금 영화를 갈망하게 한 점이 컸다. 그것은 영웅의 탄생을 바라는 시대적 분위기를 반증하는 것이다. 사실 우리의 삶에 바람직한 반응은 아니다. 사회적 분위기가 과거의 영웅을 그리워 할 정도로 암울하다는 뜻이기 때문이다.

이순신이 우리에게 주는 최대의 메시지는 유비무환이다. 미래의 환란을 대비하여 미리 준비를 철저히 하라는 것이다. 이러한 교훈을 우리가 일찍부터 깨닫고 실천했더라면 위기를 맞아서도 잘 극복할 수 있었을 것이다. 영화 〈명량〉은 우리에게 다시 한 번 이순신의 교훈을 제대로 배우고 실천하라는 메시지를 주었다고 생각한다.

이번 영화에서 잘못 구사된 이순신의 전술, 수군제도, 명량수로의 특징 등에 대해서 정확하게 살펴봄으로써 이순신의 전술과 리더십에 대해 제대로 이해하는 기회가 되었기를 바란다. 더 이상 소 잃고 외양간 고치는 속담을 되풀이하는 일이 생겨서는 안 될 것이다. 그러자면 향후 제작되는 영화에서는 극의 전개에 큰 지장이 없는 범위 내에서 역사적 사실에 맞게 설정하려는 자세가 필요할 것이다.

한편으로는 이렇게 대중성 있는 이순신 관련 영화를 자주 만들어 국민들에게 이순신을 제대로 알리려는 노력을 기울여야 할 것이다. 이순신이 주는 핵심 교훈은 400여 년이 지난 오늘날에도 우리가 수용할 부분이 많기 때문이다. "바다를 버리면 조선을 버리는 것이며 백성을 버리는 것이다."라고 한 영화의 한 장면이 떠오르는 것도 이러한 이유와 무관하지 않다. 이번 열풍이 일회성으로 그치는 것이 아니라 이를 계기로 이순신과 좀 더 가깝게 다가갈 수 있는 국민적 공감대를 형성하고 다양한 사회적 활동이 나타나기를 기대해본다.

2
이순신의 해전 횟수와 승패에 대한 재해석
: 23전 23승은 없다

1. 23전 23승은 없다?

지난 2004년 9월부터 2005년 8월까지 KBS1 TV에서 방영된 드라마 〈불멸의 이순신〉의 홍보 멘트에서 이순신의 전적을 '23전 23승'이라고 표현하였다. 이후 지난 10여 년간 '23전 23승'은 이순신의 전적으로 고착화되었다. 그러다가 지난 2016년 같은 방송사에서 방영된 5부작 드라마 〈임진왜란 1592〉에서는 이순신의 전적을 '46전 46승'이라고 언급하였다. 이순신의 전적이 지난 10여 년 동안 2배로 늘어난 것이다. 그 이유는 무엇일까? 필자가 판단한 바로는 처음 해전 횟수를 제시할 때 특별한 기준이 없이 제시했기 때문인 것으로 보인다. 아울러 당대의 연구자들이 해전 횟수를 자의적으로 제시한 분위기를 반영했기 때문이기도 하다.

당시 이순신 연구 학자들과 관심을 가진 자들의 분류내용을 분석해 보면 다음과 같은 특징을 발견할 수 있다. 첫째, 주장자들 중 아무도 해전의 범위에 대해 제시하지 않았다는 점이다. 둘째, 이들이 언급한 해전들은 20세기에 연구된 결과를 토대로 작성한 것이며 최근 21세기에 밝혀진 연구 성과들을 망라하지 못했다는 점이다. 셋째, 이순신 관련 기본 자료에 명시되지 않은 해전 중 날짜가 정확하게 제시되지 못하는 해전은 제외하고 있다. 넷째, 해전의 승패문제에 관해 약간 아전인수식 평가를 보이고 있다.

이러한 문제점을 인식한 필자는 지난 2008년 《이순신파워인맥》에서 해전 횟수를 나름의 기준을 제시하여 정리한 바 있다. 대표해전과 세부 해전으로 분류하여 세부 해전의 경우 총 43전 38승 5무라고 주장하였다. 그 후 2012년 《이순신파워인맥33》에서는 45전 40승 5무라고 주장한 바 있다. 그동안 발굴된 해전을 추가한 것이다.

그러나 필자의 주장 역시 정확하지 못하다. 왜냐하면 임진왜란 해전을 연구하면 할수록 양파껍질같이 새로운 해전들이 밝혀지고 있기 때문이다. 따라서 임진왜란 해전 횟수를 현시점에서 완벽히 정리하는 것은 불가능하다고 봐야 한다. 다만 여기서는 해전 횟수를 셀 때 기준을 가지고 해야 함을 제시하고, 현재 정립된 수준의 해전 횟수를 소개하고자 한다. 아직까지 '23전 23승'을 주장하는 분위기를 쇄신하는 데 도움이 되길 기대한다.

2. 이순신 참가 해전 횟수에 관한 검토

이순신 전적에 대한 기존의 분류

1) 이형석의 분류

이형석의 연구 책임하에 임진전란사간행위원회가 1974년에 펴낸 《증

보개정판 임진전란사》(전 4권)에는 임진왜란 전체 전투를 망라하여 분류하고 있다. 이때 육전은 'ㅇㅇㅇ전투'로, 해전은 'ㅇㅇㅇ해전'으로 분류하고 있다. 이형석의 해전분류에 따르면 임진왜란 7년간의 해전은 총 19회이며 (왜교성전투 포함, 필자) 그중 이순신이 참가한 해전은 18회로 분류하고 있다. 이것을 다음 〈표1〉로 정리할 수 있다.

|표 1| 이형석의 이순신 참가 해전 분류

순서	이순신 참가 해전명	교전일자(음력)	비고
1	옥포해전	1592. 5. 7.	
2	합포해전	상동	합포의 위치를 마산으로 표시
3	적진포해전	1592. 5. 8.	
4	사천해전	1592. 5. 29.	
5	당포해전	1592. 6. 2.	
6	제1차 당항포해전	1592. 6. 5~6.	
7	율포해전	1592. 6. 7.	
8	한산도해전	1592. 7. 8	
9	안골포해전	1592. 7. 10	
10	부산포해전	1592. 9. 1.	장림포해전(8. 29.)은 배경으로, 나머지는 부산포해전에 포함하여 기술
11	웅천해전	1593. 2. 1.~3. 8.	
12	제2차 당항포해전	1594. 3. 4.	
13	제1차 장문포해전	1594. 9. 29.	
14	영등포해전	1594. 10. 1.	
15	제2차 장문포해전	1594. 10. 4.	
16	명량해전	1597. 9. 16.	어란포, 벽파진해전에 포함하여 기술
17	왜교성전투	1598. 9. 19.~10. 24.	수륙 합공전을 '해전'이 아닌 '전투'로 표현
18	노량해전	1598. 11. 19.	장도해전에 포함하여 기술

※ 이 분류표는 이형석의 연구 결과를 필자가 종합하여 표로 정리한 것임.

2) 조성도의 분류

해군사관학교 박물관장으로 봉직한 조성도 교수는 그의 저서를 통해 임진왜란 해전은 총 16회이며, 그중 이순신이 참가한 해전은 15회로 분류하고 있다. 앞의 이형석의 분류와 유사하다. 다만 차이점은 일부 해전 명칭을 달리 표현하였고, 장문포해전을 세분화하지 않았다는 점이다. 이를 정리하면 다음 〈표2〉와 같다.

|표 2| 조성도의 이순신 참가 해전 분류

순서	이순신 참가 해전명	교전일자(음력)	비고
1	옥포해전	1592. 5. 7.	
2	합포해전	상동	합포의 위치를 현 마산 해상으로 표시
3	적진포해전	1592. 5. 8.	
4	사천해전	1592. 5. 29.	
5	당포해전	1592. 6. 2.	
6	당항포해전	1592. 6. 5.	
7	율포해전	1592. 6. 7.	
8	한산양해전	1592. 7. 8.	이형석은 한산도해전
9	안골포해전	1592. 7. 10.	
10	부산포해전	1592. 9. 1.	
11	웅포해전	1593. 2. 1.~3. 8.	이형석은 웅천해전
12	제2차 당항포해전	1594. 3. 4.	
13	장문포해전	1594. 9. 29.~10. 4	이형석은 세 가지 해전으로 세분화
14	명량해전	1597. 9. 16.	어란포, 벽파진해전을 포함하여 기술
15	노량해전	1598. 11. 19.	장도해전을 포함하여 기술

3) 최두환의 분류

최두환 교수의 분류에 따르면 이순신 참가 해전 횟수를 기존 연구자들보다 늘어난 총 26전으로 정리하고 있다. 이것을 표로 나타내면 다음 〈표3〉과 같다.

|표 3| 최두환의 이순신 참가 해전 분류

순서	이순신 참가 해전명(지역)	교전일자(음력)	비고
1	옥포해전	1592. 5. 7.	
2	합포해전	상동	
3	적진포해전	1592. 5. 8.	
4	사천해전	1592. 5. 29.	
5	당포해전	1592. 6. 2.	
6	당항포해전	1592. 6. 5.	
7	율포해전	1592. 6. 7.	
8	견내량해전	1592. 7. 8.	
9	안골포해전	1592. 7. 10.	
10	장림포해전	1592. 8. 29.	
11	화준구미해전	1592. 9. 1.	
12	다대포해전	상동	
13	서평포해전	상동	
14	절영도해전	상동	
15	부산포해전	상동	
16	웅포해전	1593. 2. 1.	
17	당항포해전	1594. 3. 4.	
18	장문포해전(1)	1594. 9. 29.	
19	장문포해전(2)	1594. 10. 4.	
20	어란진해전	1597. 8. 28.	
21	벽파진해전	1597. 9. 7.	
22	명량해전	1597. 9. 16.	

순서	이순신 참가 해전명(지역)	교전일자(음력)	비고
23	절이도해전	1598. 7. 18.	
24	장도해전	1598. 9. 20.~10. 9.	
25	유도해전	1598. 11. 9.~15.	
26	관음포해전	1598. 11.18.~19.	

4) 최근 주장자들의 분류

이선호는 2001년에 발간한 그의 저서 『이순신의 리더십』에서 이순신이 조일 7년전쟁간 8대해전에서 총 27회의 싸움을 통하여 무패의 연전연승을 기록했다고 주장하였다(이선호, 『이순신의 리더십』, 팔복원, 2001, 11쪽). 그는 8대해전이란 옥포, 당항포, 한산도, 부산포, 웅포, 제2차 당항포, 명량, 노량해전으로 분류한다. 그러면서 27회의 싸움에 대해 구체적으로 기술하고는 있지만, 해전명칭으로 일관하지 않고 해전지역으로 제시하고 있어 논외로 한다.

한편 이순신 전적의 대명사인 '23전 23승'이 전국에 확산된 이후 필자는 이에 대한 구체적인 해전명칭을 알고자 하는 네티즌들의 관심이 다수 표출되고 있음을 확인할 수 있었다. 이것에 대해 2008년 6월 현재 온라인에서 관심 있는 네티즌들이 나름대로 23회의 해전을 구성하여 답을 제시한 것이 있는데, 대표적인 사례를 두 가지만 제시하면 다음 〈표4〉와 같다.

|표 4| 네티즌들의 이순신 참가 해전 분류

구분	푸른마을 님의 분류 http://blog.naver.com/bangteresa	도원 님의 분류 http://samtay.egloos.com/498462
1	옥포해전	옥포해전
2	합포해전	합포해전
3	적진포해전	적진포해전
4	사천해전	사천해전
5	당포해전	당포해전
6	제1차 당항포해전	당항포해전
7	율포해전	율포해전
8	한산도대첩	한산도해전
9	안골포해전	안골포해전
10	장림포해전	장림포해전
11	화준구미해전	화준구미해전
12	다대포해전	다대포해전
13	서평포해전	서평포해전
14	절영도해전	절영도해전
15	초량목해전	부산포해전
16	부산포해전	웅포해전
17	웅포해전	당항포해전
18	제2차 당항포해전	제1차 장문포해전
19	장문포해전	제2차 장문포해전
20	명량해전	어란진전투
21	절이도해전	벽파진전투
22	예교(장도)해전	명량해전
23	노량해전	노량해전

기존 분류에 대한 분석

세부적으로 살펴보면 개별 해전들을 주장자마다 임의적으로 분류하여 제시하고 있음을 알 수 있다. 위에서 제시한 주장자들의 내용을 분석해볼 때 다음과 같은 특징을 발견할 수 있다.

첫째, 이순신의 《임진장초》에 수록된 내용을 인용하면서 임진년(1592년)의 해전 횟수에 대해서는 대다수 비슷한 표현을 하고 있다. 다만 부산포해전의 경우 부산포 본전에 앞서 벌어진 여섯 차례의 해전을 개별 해전으로 간주한 경우(최두환, 네티즌 1,2)와 부산포해전에 포함해서 분류한(이형석, 조성도) 경우로 이원화된다.

둘째, 웅포해전의 경우 출동기간이 근 1개월 남짓 되었으며, 기간 중 일곱 차례의 공격이 이루어지고 있음에도 동일 대상이라는 점에서 1회의 해전으로 취급하고 있다(공통).

셋째, 장문포해전은 1회로 분류한 경우도 있고(조성도, 네티즌1), 세분화하여 2~3회로 분류한 경우도 있다(이형석, 최두환, 네티즌2).

넷째, 명량해전 이전에 있었던 어란포해전과 벽파진해전을 명량해전에 포함시킨 경우도 있고(이형석, 조성도, 네티즌1), 이를 개별 해전으로 분류한 경우도 있다(최두환, 네티즌2).

다섯째, 절이도해전에 대해서는 일부만 언급하고 있다(최두환, 네티즌1).

여섯째, 예(왜)교성수륙 합공전의 경우 언급하지 않은 경우(조성도, 네티즌2)와 육전으로 분류한 경우(이형석), 그리고 다른 해전으로 나누어 분류한 경우(최두환, 장도와 유도해전으로 세분) 등 다양한 형태를 띠고 있다.

일곱째, 제2차견내량해전, 고금도해전, 흥양해전, 장도해전 등은 기존 분류에서는 나타나지 않고 있다.

3. 이순신의 해전 횟수 정립에 대한 개선안

오늘날 해전은 해군전(海軍戰)과 같은 개념으로 통용된다. 해군 기본교리에 의하면 해군전이란 '해군이 바다에서 그리고 바다로부터 싸우는 것, 즉 해양 및 지상에서 해군에 의해 실시되는 제반 전투 및 작전활동'이라고 정의한다. 다시 말해 해군전이란 함대 간의 교전을 포함하여 해군부대에 의하여 수행되는 모든 전투와 지원 작전을 망라하는 개념이라고 할 수 있다(해군전투발전단, 《해양전략 용어 해설집》 대전, 2004. 110쪽).

이러한 해전에 관한 현대적 개념을 적용하여 400여 년 전의 해전을 분석하는 것은 무리가 있다. 왜냐하면 전근대 시기와 현대의 해전 개념은 다른 면이 많기 때문이다. 예컨대 기본적인 분야만 비교하더라도 군사의 충원이나 유지 방법에 차이가 크고, 전근대 시기의 전선과 오늘날의 군함은 그 규모와 기능 면에서 엄청난 격차를 보이며, 탑재 무기의 성능 또한 천양지차이기 때문이다. 더욱이 이러한 기본적인 전력구성 요소 면에서의 차이뿐만 아니라 이를 바탕으로 한 전략전술 개념도 큰 차이가 있다.

그렇지만 전근대 시기에도 명칭만 수군이었을 뿐 엄연히 오늘날의 해군과 다름없는 조직이 있었고, 그 기본적인 기능 또한 오늘날과 유사한 형태로 수행되었다. 또한 오늘날의 해군 역시 전근대 시기 수군제도 발달의 소산이기 때문에 임진왜란 해전을 현대적 관점에서 개관하는 것이 크게 잘못된 것은 아니라고 본다.

해전을 분류하기 위해서는 먼저 해전의 개념에 대한 규정이 전제되어야 한다. 즉 어떤 해전을 1회의 해전으로 셈할 수 있을 것인가에 대한 문제다. 더욱이 전근대 시기 해전인 만큼 오늘날의 분류와 다른 면이 많다는 특징이 있다. 따라서 해전 횟수를 명확히 구분하는 데 기준을 정하기가 쉽지 않다. 이를테면 이순신 참가해전 중 하루 동안에 다른 대상을 목표로 하여 두세 차례 공격한 경우도 있고, 심지어 여섯 차례나 전투를 벌인 적도 있다. 예컨대 1592년 5월 7일에는 옥포해전과 합포해전이 하루 동안에 벌어졌고, 같은 해 9월 1일에는 부산포해전 본전에 앞서 다섯 차례나 서전이 벌어졌다. 반면에 동일한 대상을 한 달여 동안 최대 일곱 차례나 공격한 적도 있다. 이를테면 웅포해전의 경우 같은 대상에 대해 날짜를 달리하여 일곱 차례나 전투를 벌였으며, 예교성 수륙 합공전의 경우 연속으로 3일간 공격 후 8일간 쉬었다가 또 연속으로 3일간 공격하여 총 여섯 차례에 걸쳐 교전하였다.

이러한 면들을 감안하여 필자가 기존 연구에서 제시한 안은 대표해전과 세부 해전으로 나눈 것이다. 여기서는 《이순신 파워인맥33》에서 제시한 내용을 재론하지 않고 세부 해전 횟수에 대해서만 살펴보고자 한다.

세부 해전은 한 번 출동해서 있었던 모든 전투를 각각 1회의 해전으로 산정하는 것이다. 이 경우 같은 대상이라도 교전날짜가 다를 경우 해전 횟수에 포함하였다. 예컨대 웅포해전 중의 일곱 차례 공격이나 예교성 수륙 합공전의 여섯 차례 공격도 날짜가 다른 전투인 만큼 모두 개별 해전 횟수에 포함시키는 것이다. 또한 큰 해전을 앞두고 벌어진 소규모 해전은 장소나 대상이 다를 경우 각각 해전 횟수에 포함시킨다.

그런데 임진왜란 해전의 경우 이순신이 직접 전투에 참가한 경우도 있고 상당 부분 휘하 장수들이 지휘하여 전투한 경우도 있다. 그럴 경우 세부적으로 분류해야 하지만 여기서는 최고 지휘관인 이순신의 지휘와 작전지침에 따라 이루어진 것으로 간주하여 이순신의 전적에 포함하여 분류하고자 한다. 그러니 엄밀히 말하면 조선수군의 해전 횟수라고 해야 정확한 표현이다.

이러한 관점을 가지고 필자는 임진왜란 해전 횟수를 표로 정리해보았다. 다음 〈표5〉는 필자가 기존에 발표한 세부 해전 횟수에다 최근에 발굴된 해전을 포함하고 기존 해전들도 분류할 수 있는 한 세분화하여 정리한 것이다.

| 표 5 | 임진왜란 해전 일람표

기존 세부 해전	추가된 세부 해전	주지휘관	교전날짜	참전세력(척)		전과	승패	피해
				조선(전선: 판옥선·거북선)	일본 (대·중·소선)			
1. 옥포	1. 옥포	이순신, 원균	1592년 5.7	28	30	26척 분멸	승	부상자 1명
2. 합포	2. 합포	상동	5.7	상동	5(대)	5척 분멸	승	
3. 적진포	3. 적진포	상동	5.8	상동	13	13척 분멸	승	
4. 사천	4. 곤양사천경계 해상	상동(李純信, 기효근)	5.29	26	1척	1척 분멸	승	전사 13명, 부상 37명 (전라좌수군)
	5. 사천선창	이순신, 원균	상동	상동	대선 12척	12척 분멸	승	
	6. 사천선창	상동(원균)	6.1	상동	소선 2척	2척 분멸	승	
5. 당포	7. 당포	상동	6.2	상동	21(대9)	21척 분멸	승	
6. 당항포	8. 당항포	이순신, 원균, 이억기	6.5	51	26(대9)	25척 분멸	승	
	9. 당항포입구	상동(정운)	6.5	상동(4)	4	2척 분멸	승	
	10. 당항포	상동(李純信)	6.6	상동(수척)	1	1척 분멸	승	
	11. 가덕북방	상동(이전)	6.7	상동(1척)	소선 1척	1척 나포	승	
7. 율포	12. 율포	상동	6.7	51	7(대5)	7척 분멸	승	
8. 한산도	13. 한산도	상동	7.8	58	73(대36)	59척 분멸	승	전사 19명, 부상 115명 (전라좌수군)
9. 안골포	14. 안골포	상동	7.10	상동	42(대21)	20여 척 분멸	승	

기존 세부 해전	추가된 세부 해전	주지휘관	교전날짜	참전세력(척)		전과	승패	피해
				조선(전선: 판옥선·거북선)	일본 (대·중·소선)			
10. 장림포	15. 장문포	이순신, 원균, 이억기	8.29	74 이상	6(대4)	6척 분멸	승	전사 7명, 부상 25명 (전라좌수군)
11. 화준구미	16. 화준구미	상동	9.1	상동	5(대5)	5척 분멸	승	
12. 다대포	17. 다대포	상동	9.1	상동	8(대8)	8척 분멸	승	
13. 서평포	18. 서평포	상동	9.1	상동	9(대9)	9척 분멸	승	
14. 절영도	19. 절영도	상동	9.1	상동	2(대2)	2척 분멸	승	
15. 초량목	20. 초량목	상동	9.1	상동	4(대4)	4척 분멸	승	
16. 부산포	21. 부산포	상동	9.1	상동	470	100여 척 분멸	승	
17. 웅포 1차	22. 웅포 1차	이순신, 원균, 이억기	1593년 2.10	89 추정	100여(추정)	왜군 다수 사살	승	없음
18. 웅포 2차	23. 웅포 2차	상동	2.12	상동	상동	상동	승	
19. 웅포 3차	24. 웅포 3차	상동	2.18	상동	상동	왜군 100여 명 사살	승	
20. 웅포 4차	25. 웅포 4차	상동	2.20	상동	상동	왜군 다수사살	승	
21. 웅포 5차	26. 웅포 5차	상동	2.22	상동 (상륙군)	상동	적선 50여 척 격파, 적군 다수 사살, 포로 5명 구출	승	통신선 1척 침 몰(수군 다수 사망)
22. 웅포 6차	27. 웅포 6차	상동	2.28	88 추정	500여(추정)	왜군 다수 사살	승	없음
23. 웅포 7차	28. 웅포 7차	상동	3.6	88 추정	상동	왜군 다수 사살	승	
24. 견내량 입구	29. 견내량 입구	이순신, 원균, 이억기	1593. 6.26	100여	10	격퇴	승	없음
25. 읍전포	30. 읍전포	이순신 (어영담)	1594.3.4	100여(30)	6	6척 분멸	승	없음
26. 어선포	31. 어선포	상동	상동	상동	2	2척 분멸	승	
27. 시굿포	32. 시굿포	상동	상동	상동	2	2척 분멸	승	
28. 당항포	33. 당항포	상동	3.5	상동	21	21척 분멸	승	
	34. 춘원포	이순신 (사도첨사 등)	8.14	100여 척(수척)	1	1척 나포	승	없음
29. 장문포 1차	35. 장문포 1차	이순신	9.29	140여	100여 (추정)	2척 분멸	무	전선 1, 사후선 3
30. 영등포	36. 영등포	이순신	10.1	70여(추정)	70~80	없음	무	없음
31. 장문포 2차	37. 장문포 2차	이순신	10.4	140여, 상륙군	왜성 주둔 병력	없음	무	없음
32. 거제 기문포	38. 거제 기문포	원균	1597. 3.9	수십 척	3	3척 분멸	승	조응도 사망, 10여 명 사상
33. 안골포 2차	39. 안골포2차	원균	6.19	100여	100여(추정)	수척 분멸	승	안홍국 전사, 1명 부상

기존 세부 해전	추가된 세부 해전	주지휘관	교전날짜	참전세력(척)		전과	승패	피해
				조선(전선: 판옥선·거북선)	일본(대·중·소선)			
34. 절영도외양	40. 절영도외양	원균 (휘하 수사)	7.8~9	90여	1000여(추정)	10여 척 분멸	무	7척 표류
35. 칠천량	41. 칠천량	원균	7.16	160여	500~1000 (추정)	10여 척 분멸	패	140여 척 분멸·실종, 수군지휘부 전사
36. 어란포	42. 어란포	이순신	8.28	13	8	격퇴	승	없음
37. 벽파진	43. 벽파진 1차	상동	9.7 16시경	13	13	격퇴	승	없음
	44. 벽파진 2차	상동	9.7 22~24시	13	13(?)	격퇴	승	없음
38. 명량	45. 명량	상동	9.16	13	130여(133)	31척 분멸	승	다수 인명 전사
39. 고금도	46. 고금도	상동	1598. 2.	40여	16	16	승	확인 불가
40. 흥양 고도	47. 흥양고도	상동	3.18	상동	5	5	승	확인 불가
41. 절이도	48. 절이도	이순신, 진린	7.19	60여 /명 200	100	50척 분멸	승	확인 불가
42. 예교성 1차	49. 예교성 1차	상동	9.20	60여 /명 400	300(추정)	적의 기세를 꺾음	승	없음
43. 예교성 2차	50. 예교성 2차	상동	9.21	상동	상동	1	승	없음
44. 예교성 3차	51. 예교성 3차	상동	9.22	상동	상동	없음	무	조선 장수 2명 부상, 명 장수 1명 부상, 명 수군 11명 사망
45. 예교성 4차	52. 예교성 4차	상동	10.2	60여 /명 500	상동	적 인명 다수 살상	승	조선 장수급 2명 사망, 5명 부상
46. 예교성 5차	53. 예교성 5차	상동	10.3	상동	상동	없음	무	명 전선 39척 침몰, 조선 장수 1명 부상
47. 예교성 6차	54. 예교성 6차	상동	10.4	60여 /명 400여	300(추정)	적 격퇴	승	없음
48. 장도	55. 장도	상동	11.13	60여	10여	격퇴	승	없음
49. 노량 (관음포)	56. 노량(관음포)	상동	11.19	60여 /명 400여	500여	200척 분멸	승	조선 4척, 명 2척 침몰, 다수 인명 사망

위의 〈표5〉에서 보면 필자가 기존 발표한 해전 횟수는 총 49회였으며, 이 중 이순신이 참가한 해전은 총 45회였다. 그런데 해전을 좀 더 세분화하면 임진왜란 총 해전 횟수는 56회이며, 그중 이순신이 참가한 해전은 총 52회가 된다. 이와 같이 해전 횟수는 보는 이의 시각에 따라 다양하게 정리될 수 있다. 그렇다고 필자가 주장한 것이 정확하다고 볼 수는 없다. 아직 발굴되지 않은 해전이 분명히 있을 것이므로 향후 연구 추이에 따라 보다 많은 해전 횟수가 정리될 것으로 예상된다.

한편, 이러한 해전 횟수와 연계하여 오늘날 항간에서 논란이 일고 있는 것이 해전의 승패문제다. 1594년 9월의 장문포해전 이전까지의 전투에서 조선수군이 모두 승리했다고 평가하는 데는 이견이 없다. 그러나 장문포해전의 경우 세부 해전별로 보았을 때 반드시 이겼다고 보기 어렵다. 왜냐하면 이 해전에서 삼도수군이 총 출동했지만 거제도 해안의 왜성에 주둔한 일본군에 별다른 타격을 주지 못했고, 전과도 뚜렷하지 않으면서 조선수군의 피해가 발생했기 때문이다. 그리고 원균과 이억기가 전사한 칠천량해전의 패전 이후 전투에서는 모두 승리했다고 볼 수 있다. 다만 명 수군과 연합함대를 구성하여 명 육군과 예교성 수륙 합공전을 수행할 때는 전과가 뚜렷하지 않은 전투도 일부 있다.

이 분야와 연계하여 피아간의 세력과 전과가 명확히 드러나지 않은 전투도 다수 있다는 점을 지적할 수 있다. 이것은 웅포, 장문포, 예교성 등의 수륙 합공전 때 일본군이 보유한 전선의 수가 명확히 드러나지 않다보니 이들 해전에서 정확하게 어느 정도의 전과를 거두었고 피해를 입었는지 산정하기가 어렵다. 뿐만 아니라 여기서는 언급하지 않았지만 이순신이 정유년 2월 통제사직에서 교체되기 직전에 부산으로 출동한 적이 있다. 기간 중 1597년 2월 10일과 12일 두 차례에 걸쳐서 통제사 이순신이 이끈 조선수군은 일본군과 부산포구와 가덕도의 동쪽해안가에서 소규모의 전투를 치른 적이 있다. 출동은 했지만 이 기간 중에는 해전이라고 명명할 만한 전투가 없었기 때문에 출동횟수에서 제외하였다. 이와 같이 임진왜란 통 시기적 해전을 현재 명확히 밝히기는 쉽지 않으므로 향후 이 분야에 대해 지속적인 연구가 진행되어야 할 것이다.

그러나 이순신이 참가한 해전은 전승이든, 일부 무승부를 기록했든 출동기간 중 수십 회의 세부 해전에서 승리했다. 이러한 업적은 우리나라뿐만 아니라 세계 해전사에서도 그 유례를 찾아보기 힘들다.

3
이순신,
'성웅'인가? '전략가'인가?

성웅聖雄을 사전적 의미로 나타내면 두 가지가 있다. 첫째 성웅이란, 성인이자 영웅이라는 뜻으로 '훌륭한 인격을 지닌 성스러운 영웅'이라는 의미이다. 둘째, 뛰어난 영웅을 높여 부르는 말이다. 이중 전자의 의미가 보편적으로 통용되어 이순신은 무결점의 인간으로서 간주되었고, 신과 다름없다는 존숭을 받아왔다.

그러나 필자의 생각은 다르다. 이순신은 훌륭한 인품을 지닌 영웅임에는 틀림 없지만, 그렇다고 하여 공자나 석가, 예수 등의 성인군자 반열에 올릴 수는 없다. 왜냐하면 이순신이 존경받는 것은 무엇보다도 임진전쟁이라는 국난을 당하여 군인으로서 나라를 지켜내는 데 큰 공을 세웠기 때문이다. 부연하면 수십 회에 걸친 임진전쟁 해전에서 대부분 승리를 거두었던 것이다. 이러한 과정에서 이순신도 역사상의 여느 군 지휘관들과 마찬가지로 군법의 범위 내에서 인명을 참하기도 했고, 교묘한 계략으로 많은 수의 적을 물리치기도 했다. 그리고 적군들을 붙잡아 효수한 것도 비일비재하였으며, 동급의 지휘관들과는 군공 다툼도 있었다. 이러한 행동들은 성인으로서의 이미지와는 맞지 않다.

따라서 필자는 이순신에게 성인으로서의 위상보다는 뛰어난 전략가의 이미지를 부여하고 싶다. 왜냐하면 이순신은 임진전쟁을 맞아 그가 수행한 대부분의 해전에서 탁월한 전략·전술을 발휘하여 전투를 승리로 이끌었기 때문이다.

그런데 우리의 관심을 끄는 것은 그가 이룩한 전략가로서의 능력이다. 그가 이러한 능력을 갖추게 된 배경적 요인은 무엇일까? 이순신은 언제부터 전략가가 되었을까? 천부적으로 타고 났을까? 아니면 후천적인 노력에 의해 이루었을까? 하는 의문에 대하여 해답을 구하는 작업이 필요하다고 본다. 이러한 의문을 해결하기 위하여 이순신이 전라좌수사가 되기까지의 그의 행적을 살펴볼 필요가 있다. 이를 통해 그 배경을 어느 정도 파악할 수 있을 것으로 생각된다. 아울러 그의 전략가로서의 사상적 특징도 살펴보고자 한다.

이순신의 전략 사상은 어떻게 형성되었을까?

이순신은 어릴 때 두 형과 함께 유학儒學을 공부하면서 문관文官의 꿈을 키우다가 22세에 무관武官으로 진로를 바꾸게 된다. 숭문천무崇文賤武의 시대 상황 속에서 이순신이 무관으로 진로를 바꾸게 된 배경은 무엇일까? 그것은 두 가지로 추정된다. 한 가지는 이순신 자신이 어렸을 때부터 무인의 기질을 타고났다는 점일 것이다. 《이충무공전서》에 있는 다음의 기록은 이러한 점을 설명해준다.

어려서 영특하고 남의 구속을 받지 않았으며 여러 아이들과 유희하면서도 언제나 진을 치는 놀이를 하며 아이들이 대장으로 떠받들었는데, 동리에 불쾌한 일이 있으면 문득 억누르고 꺾어 버리므로 동리 사람들이 두려워하였다.

이와 같이 이순신은 유년 시절부터 진법놀이를 하거나 대장이 되려고 하는 등 무인의 기질을 다분히 가지고 있었던 것으로 판단된다. 이러한 무인으로서의 기질은 향후 무관으로의 진로 선택에 큰 영향을 끼쳤을 것이다.

다른 한 가지는 이순신이 21세에 결혼한 후, 그의 장인 방진方震의 적극적인 권유에 의한 것으로 생각된다. 방진은 무관 출신으로 보성군수를 역임한 후 은퇴하여 아산 향리에서 노후를 보내고 있었는데, 그의 슬하에는 무남독녀만 있었다. 그리고 그는 무인으로서 호방한 성격을 가진 인물이자 상당한 재력가이기도 했는데, 이순신의 품성과 자질을 높게 평가하여 자기 딸과의 혼사를 추진하였다. 그리고 이순신이 결혼한 후에는 무관직을 적극 권유한 것이다. 이와 같이 이순신이 무관직을 선택하게 된 데에는 그 자신의 무인으로서의 기질과 장인인 방진의 적극적인 권유가 어우러진 결과로 생각된다.

이순신은 22세 때 무예에 입문한 후 방진의 적극적인 후원과 지도에 힘입어 무과 시험을 착실히 준비해 나갔다. 그리하여 그는 무예에 입문한 지 10년만인 32세에 식년무과式年武科 시험에 합격하였다. 당시 무과 합격자는 29명을 선발했는데, 이순신은 병과 4등(전체 12등)의 성적을 거두었다.

그런데 당시 무과 합격자의 출신별 분포도를 볼 때 방진의 도움이 매우 컸음을 알 수 있다. 이를테면 당시 합격자 29명 중 보인保人은 이순신을 포함하여 4명뿐이었고, 나머지 25명 전원이 현직 군인이었다. 그들은 해당 군부대에 임관하기 위해 무과 고시 과목과 거의 동일한 무예를 이미 연마했으며, 군내의 평시 훈련도 고시 과목의 반복 교육이었다. 특히 기격구騎擊毬와 보격구步擊毬는 현직 군관의 필수 무예였다. 반면 당시 보인 신분으로 사가私家에서 무예를 연마한 이순신의 승마술은 체계화된 승마술을 반복한 현직 군관들을 압도할 수 없었다. 그럼에도 불구하고 이순신은 현직들과 겨루어 보인 신분으로서 당당히 합격하였고, 당시 보인 합격자 4명 중에서도 두 번째로 좋은 성적을 거두었다. 이렇게 볼 때 보인 신분인 이순신이 전체 12등이라는 비교적 좋은 성적을 보인 것은 장인 방진의 조력과 함께 그의 부단한 노력이 거둔 결실로 생각된다.

그런데 당시 전시殿試의 성적 순위는 기격구와 보격구 성적만으로 매겼기 때문에 이순신이 어떤 분야에 탁월한지 알 수 없다. 그러나 《이충무공전서李忠武公全書》의 〈행록行錄〉에 보이는 다음의 일화를 통해 볼 때 이순신은 다른 분야보다도 병법 분야에서 우수한 성적을 거두었을 것으로 생각된다.

무경을 외우는 데 다 통하였는데, 황석공黃石公 소해素害를 강강講하다가 시험관이 "장량張良이 적송자赤松子를 따라가 놀았다 하였으니 장량이 과연 죽지 않았을까?"하고 묻자 "사람이 나면 반드시 죽는 것이요, 강목에도 '임자壬子 6년에 유후 장량이 죽었다'고 하였으니 어찌 신선을 따라가 죽지 않았을 리가 있습니까? 그것은 다만 가탁假托하여서 한 말이었을 따름입니다."고 대답하니 시험관들이 서로 돌아보며 "이것은 무사로서는 알 수 없는 것이다."

하면서 탄복하였다.

이를 통해 볼 때 이순신은 무과 시험 과목 중 병법 분야에 탁월한 능력을 보유했을 것으로 판단된다. 아울러 이순신이 이러한 병법 분야에 조예가 깊은 것은 어렸을 때부터 글 공부를 한 것이 큰 도움이 되었을 것이다. 이것은 다음과 같은 이수광李晬光의《지봉유설芝峰類說》에 보이는 지적과 같이 당시 무인들이 병법을 소홀히 대하는 듯한 현상과 비교해볼 때 이순신의 독특한 면을 엿볼 수 있다.

우리나라의 무예를 업으로 하는 자들은 비록 활을 쏘고 말을 달리는 법은 익히고 있으나 병서는 읽지 않으니, 장수다운 인재가 나오지 않는 것은 당연하다.

따라서 어릴 때부터 글 공부를 한 이순신은 병법 서적을 섭렵하는 데에 있어서 다른 무장들보다 유리했을 것이고, 병법에 탁월한 이순신이야말로 다른 무인들과는 차별성을 가진 전략가로서의 기본 자격을 갖춘 것으로 생각된다.

이러한 그의 병법에 관한 전문 지식 수준은 그가 발포만호로서 최초의 수군 생활을 할 때 드러난 한 가지의 사례를 통해 확인할 수 있다. 그가 충청도 병사兵使의 군관(종7품)으로 근무하다 6품계 위의 발포수군만호(종4품)직에 임명되자 일부 사람들이 파격적인 그의 승진에 의심을 하여 당시 전라감사 손식孫軾에게 조사를 요청하였다. 손식은 이러한 요구를 받아들여 이순신의 직무 수행 능력을 평가하였는데,《이충무공전서》의 〈행록〉에 보이는 다음의 사례는 그의 병법에 관한 전문 지식 수준이 어떠했는지를 밝혀준다.

경진년(36세) 가을에 발포만호가 되었을 때 감사 손식이 참소하는 말을 듣고 공에게 벌을 주려고 하여 순행차로 능성에 와서 공을 마중오라 불러다가 진서陣書에 대한 강독을 끝내고 또 진도陣圖를 그리게 하자 공이 붓을 들고 정묘하게 그려 내니 감사가 구부린 채 한참 동안 들여다보다가 "어쩌면 이렇게도 정묘하게 그리는고."하며 그 조상을 물어보고, "내가 진작 몰랐던 것이 한이다."하며 그 후로는 정중하게 대우하였다.

이와 같이 이순신은 병법 서적의 섭렵을 통해 병법에 관한 전문 지식을 충실하게 쌓았음을 알 수 있다. 그런데 당시 병법서는 해전만을 수록하지 않았고, 그 비중도 소략疏略했다. 그렇다면 이순신은 언제부터 해전에 관심을 가지게 되었을까?

이순신의 수군 활동과 병법 지식

이순신이 수군직에 근무한 것은 36세 때인 발포만호직이 처음이었다. 아마도 이 시기에 수군의 중요성과 해전에 대하여 나름대로의 식견識見을 가지게 되었을 것으로 판단된다. 그러나 이 시기에 그의 수군 활동과 관련된 사례가 보이지 않기 때문에 정확한 판단은 하기 어렵다. 다만 이순신이 당시戰곧은 성격과 고분고분하지 않는 태도 때문에 상관인 전라좌수사 이용率으로부터 제재를 당하게 되었는데, 이때 위의 같은 책에 나타난 한 가지 사례를 통해 그의 수군 활동에 대한 태도를 유추해볼 수 있다.

수사水使와 감사監司가 같이 모여 관리들의 성적의 우열을 심사하면서 공을 맨 아래에 두려고 하자 중봉重峯 조헌趙憲이 도사都事로서 붓을 들고 있다가 쓰지 않고 하는 말이 "이李 아무의 군사를 거느리는 법이 이 도에서는 제일이라는 말을 들어 왔는데, 다른 여러 진鎭을 모두 아래에다 둘망정 이 아무는 폄할 수 없을 것이오."하여 그만 중지하였다.

이 사례에서 비록 이순신의 수군 활동에 관한 구체적인 내용은 없지만, 바닷가에 위치한 수군진의 수장首將으로서 그의 근무 태도가 먼 거리에 있는 조헌이 알 정도로 뛰어났음을 확인할 수 있다. 여기서 조헌이 말한 '군사 거느리는 법'이란, 지휘 통솔력을 의미한다고 볼 수 있다. 그런데 이순신이 그러한 통솔력을 발휘하기 위해서는 그만큼 수군 운영에 대한 전문성을 갖추고 있었을 것으로 생각된다. 그러면 여기서 이순신이 그가 보유한 병법에 관한 전문 지식을 현실에 어떻게 적용했는지 다음의 사례를 들어 살펴보자.

계미년(39세) 가을에 이용이 남병사가 되어 위에 아뢰어 공으로 군관을 삼으니 그것은 전일에 공을 잘 알아주지 못했던 것을 깊이 뉘우치고 이 길에 서로 사귀고 싶어서였다. 그래서 공을 보고서는 몹시 기뻐하며 다른 이보다 배나 더 친밀히 해줄 뿐만 아니라 군사 사무에 있어 큰일이든, 작은 일이든 반드시 의논하는 것이었다.

그해 겨울에 건원보 권관이 되었다. 그때 오랑캐 울지내鬱只乃가 변방의 큰 근심이 되었지만 조정에서는 걱정만 했지 잡을 도리가 없던 차에 공이 여기 도임하여 방책을 써서 꾀어내니 울지내가 오랑캐들을 데리고 오므로 공은 복병을 배치했다가 그들을 사로잡았다.

우선 남병사 이용의 군관 시절에는 지휘관의 신임을 받아 크고 작은 일에 자문 역할을 충실히 했다는 사실을 확인할 수 있다. 여기서 크고 작은 일은 군의 일상적인 업무에 관한 것도 있겠지만, 야인野人의 침입이 잦은 변방 지역의 특수성을 고려해볼 때 적을 막는 방책에 관한 일들도 많았을 것이라는 데에 의문의 여지가 없다. 이러한 일들에 이순신이 남병사 이용의 자문 역할을 충실히 했다는 것은 그의 병법 원리의 현실 적용 능력이 매우 뛰어났을 것이라는 추측을 가능하게 한다. 아울러 건원보 권관 시절에 야인의 두목을 사로잡은 전과를 거둔 사실은 그의 전략가로서의 능력이 뛰어났음을 입증해주는 단적인 예라 할 것이다.

이순신은 부친상을 치른 후 42세에 조산보造山堡만호직에 임명되었다. 조산보는 당시 북병영 예하의 유일한 수군진이었다. 당시 함경도의 수군 만호직은 세 곳이었다. 남도에 낭성포浪城浦·도안포道安浦가 있었고, 북도에는 조산포造山浦가 있었다. 진의 위치가 두만강 변에 위치하여 해전을 수행했다는 기록은 보이지 않는다. 그러나 당시의 수군은 바다와 강을 가리지 않고 작전을 수행하였다. 특히 43세에 동해와 맞닿은 곳에 위치한 녹둔도의 둔전관을 겸직하면서 수군으로서의 기능을 더욱 충실히 수행했을 것으로 여겨진다. 따라서 이곳에서의 근무 경험도 그의 전략 사상 형성에 일조 一助했을 것으로 판단된다.

특히 이순신이 녹둔도의 둔전관을 겸직하고 있던 중 야인들의 침입을 당해 군사 10여 명이 전사하고 106명의 민간인이 붙잡혀 가는 피해를 입은 일이 있다. 이로 인해 이순신은 북병사 이일李鎰에게 장형杖刑을 당한 후, 백의종군白衣從軍하였다. 이순신이 일생 동안 두 번의 백의종군을 당했는데, 바로 여기서 첫 번째 백의종군을 겪게 된 것이다. 이곳에서 그가 겪은 실전에서의 쓰라린 패배 사례는 그의 전략가로서의 능력을 한층 성숙시키는 데에 기여했을 것으로 생각된다.

이순신, 전라좌수사로 부임하다

이순신이 몇 가지 보직을 더 거친 후 전라좌수사로 부임하게 된 것은 그의 나이 47세인 1591년 2월이었다. 이 시점은 임진전쟁이 발발하기 1년 2개월 전이었다. 이때 조정에서는 이순신의 능력에 대하여 다음의 《선조실록宣祖實錄》에 나오는 기록에서 보는 바와 같이 상당한 신뢰를 보이고 있었다.

> 사간원이 아뢰기를, "전라좌수사 이순신은 현감으로서 아직 군수에 부임하지도 않았는데 좌수사에 초수하시니 그것이 인재가 모자란 탓이기는 하지만 관작의 남용이 이보다 심할 수 없습니다. 체차시키소서." 하니, 답하기를 "이순신의 일이 그러한 것은 나도 안다. 다만 지금은 상규에 구애될 수 없다. 인재가 모자라 그렇게 하지 않을 수 없었다. 그 사람이면 충분히 감당할 터이니 관작의 고하를 따질 필요가 없다. 다시 논하여 그의 마음을 동요시키지 말라." 하였다.

즉, 종6품인 현감직에서 정3품의 전라좌수사로 품계를 크게 뛰어 넘어 보직된 것에 대해 사간원에서 크게 반대하였지만, 선조의 긍정적인 입장 표명으로 보아 이순신의 능력이 높게 평가되고 있음을 알 수 있다.

전라좌수사에 보직된 이순신은 전쟁에 대비하여 해전 준비에 매진하였다. 이 기간 중 그의 후견인 류성룡柳成龍이 보내 준《증손전수방략增損戰守方略》이라는 병법서는 그의 전략 사상 형성에 상당한 도움을 주었을 것으로 판단된다. 그 이유는 다음의《난중일기》에 나오는 기사를 통해 유추할 수 있다.

> 3월 초5일(을축) 맑음. 동헌에 나가 공무를 보았다. 군관들은 활을 쏘았다. 저물녘에 서울 갔던 진무가 돌아왔다. 좌의정이 편지와《증손전수방략》이라는 책을 보내왔다. 그것을 본즉, 해전海戰·육전陸戰과 화공전火攻戰 등에 관한 것을 낱낱이 말했는데, 참으로 만고에 특이한 전술[기론奇論]이었다.

위 기록에서 보는 바와 같이 이순신은 류성룡이 보낸《증손전수방략》이라는 책을 보고는 '만고의 기론奇論'이라며 경탄하였다. 이것은《전수방략戰守方略》이라는 병법서를 수정, 보완한 것으로 보인다. 이 책자에 수록된 것 중 특이한 것은 해전과 화공전에 관한 내용들이 많이 수록되어 있다는 것이다. 이것은 후일 이순신이 해전에서 화공법을 자주 사용하는 사례를 통해 볼 때, 그의 전략 사상에 상당한 영향을 끼쳤을 것으로 사료된다.

이 책자는 당시 비변사의 계획에 따라 관련 전문가들이 진력하여 만든 병법서로 모두가 인정하는 훌륭한 저작임에 틀림없다. 이순신이 찬탄을 금치 못할 만큼 이 책자는 이순신의 전략 사상을 형성하는 데에 큰 영향을 끼쳤을 것으로 사료된다.

이순신의 톡톡한 전략 사상은 무엇일까?

그러면 앞에서 살펴본 바와 같은 과정을 거쳐 형성한 이순신의 전략 사상의 가장 큰 특징은 무엇일까? 뛰어난 전략가로서의 이순신만이 가지는 독특한 전략 사고는 무엇일까? 그것은 크게 두 가지로 살펴볼 수 있을 것이다.

첫째는 그가 해전의 중요성에 대하여 누구보다도 깊이 인식했다는 점일 것이다. 예를 들어 임진전쟁 직전 조선 조정이나 고위 무관들의 일반적 시각은 해전보다는 육전에 더 중점을 두었다. 따라서 장차 일본군이 침략해 올 경우 그들을 육지에 상륙시켜 싸워야 한다는 인식이 팽배하였다. 이때 이순신은 해전의 중요성을 강력하게 주장하였다. 《선묘중흥지宣廟中興志》에 기록된 다음의 사례를 살펴보자.

선조 24년(신묘년) 7월에 비변사에서 논의하기를, 왜적들이 해전에는 능하지만 육지에 오르기만 하면 민활하지 못하다 하여 육지 방비에 전력하기를 주장하고 대장 신립申砬은 수군을 철폐하자고 청하여 마침내 호남과 영남의 큰 고을의 성들을 증축하고 수보하도록 명령하였다. 이때 전라좌수사 이순신이 장계하여 "바다로 오는 적을 막는 데에는 수군만 한 것이 없으니, 수군을 없앨 수는 없습니다."라고 하니 그대로 따랐다.

위 기록을 통해 볼 때 당시 비변사에서는 해전의 중요성을 깊이 인식하지 않고 있음을 확인할 수 있다. 반면에 현장 지휘관인 이순신의 경우 해전에 대하여 깊은 통찰력을 가지고 있음을 알 수 있다.

이순신의 해전 인식에 관한 구체적 사례는 임진전쟁이 발발하기 전에 있었던 여러 가지 해전 대비 노력을 통하여 확인할 수 있다. 예를 들어 그는 전라좌수사로 부임한 직후 전선을 수리하는 데에 전력을 기울였고, 더 나아가 거북선도 건조하였다. 그리고 해전을 수행하는 데에 필요한 여러 가지 무기들을 정비 또는 개발하였다. 아울러 돌산도와 수영 사이에 수중 철쇄를 설치하여 바다로 오는 적을 막기 위한 현실적인 대책을 수립하였다. 이러한 행위들을 통해 볼 때 이순신이 해전에 대해 얼마나 깊은 지식을 가지고 있었는지를 충분히 짐작할 수 있다. 특히 이순신은 임진전쟁 첫 해전인 1592년(선조 25) 5월의 옥포해전에서 승리한 후 올린 장계를 통해 해전의 중요성을 다음과 같이 역설하였다.

저의 어리석은 생각으로는 적을 막는 방책에 있어서 수군이 작전을 하지 않고 오직 육전에서 성을 지키는 방비에만 전력하였기 때문에 나라의 수백 년 기업基業이 하루아침에 적의 소굴로 번지게 된 것입니다. 생각이 이에 미치니 목이 메어 말이 나오지 않습니다. 적이 만약 뱃길로 본도(전라도)를 침범해 온다면, 제가 해전으로써 결사적으로 담당하겠습니다.

위 기록에서 보듯이 조정에서 바다를 지키는 데에 매진했더라면 전쟁의 참화를 겪지 않았을 것이라는 메시지를 조선 조정에 전달하고 있다. 그리고 적이 전라도로 침입해 올 때 해전으로써 적을 막겠다는 강력한 의지를 표명하고 있다. 나아가 이순신은 1593년(선조 26) 9월 10일에 보고한 장계를 통해 해전의 장점에 대하여 다음과 같이 구체적으로 역설하였다.

···(전략)··· 해전으로 말할 것 같으면 많은 군졸이 죄다 배 안에 있으므로 적선을 바라보고 비록 도망해 달아나려 해도 그들의 형편이 어쩔 수 없는 것입니다. 하물며 노를 재촉하는 북소리가 급하게 울릴 때 명령을 위반하는 자가 있을 것 같으면 군법이 뒤를 따르는데 어찌 마음을 다하지 아니할 것이며, 거북선이 먼저 돌진하고 판옥선이 뒤따라 진격하여 연이어 지자·현자총통을 쏘고 따라서 포환과 시석을 빗발치듯 우박 퍼붓듯 하면 적의 사기가 쉽게 꺾이어 물에 빠져 죽기에 바쁘니 이것은 해전의 쉬운 점입니다.

위의 기록에서 보는 바와 같이 이순신은 당시의 수륙군의 형편을 고려해볼 때 해전이 전란을 극복하는 데에 가장 중요한 요소라는 점을 강조하고 있다. 아울러 해전의 특징과 용이한 점을 소개하면서 해전이 어렵다는 일반적 시각을 바로잡을 필요성을 제기하고 있다. 그리고 해전술의 기본적인 원리를 설명하고 있다.

이순신이 표출한 전략 사상의 또 한 가지 특징은 바로 그의 적극적인 대민관對民觀이다. 즉, 당시 일반적인 민본 이데올로기라고 할 수 있는 '어적보민禦敵保民'의 사상보다 진일보한 개념이다. 예부터 군인을 성곽에 비유하여 그 임무를 잘 나타낸 용어가 바로 '어폭(적)보민禦暴(敵)保民'이다. 이 말은 '적을 막아 백성을 보호한다'는 것으로 군인이라면 당연한 의무이자 사명인 것이다. 그런데 이순신의 경우 이에 대한 생각은 단순히 백성들을 보호하는 것뿐만이 아니었다. 이순신의 백성들에 대한 또 다른 인식은 그들을 전란 극복의 동반자로 생각한 것이다. 다시 말해 백성들을 보호하는 일들을 결코 소홀히 하지 않으면서도 백성들의 도움을 통해 전란을 극복하려고 했던 것이다.

이러한 사고를 가진 이순신은 해전을 수행하면서 항상 백성들의 안위를 함께 생각했다. 일본수군이 육지 가까이 포진해 있을 때는 그들이 유사시 배를 버리고 육지로 상륙하여 백성들을 해치지 않을까 염려하였다. 따라서 그들을 되도록 넓은 바다로 유인하여 무찔렀다. 그리고 바닷가에 정박해 있는 적선에 대해서는 모두 격침시키지 않았다. 모두 격침시킬 경우 육지로 상륙한 적들이 백성들에게 보복하지 않을까 염려해서이다.

또한 살길을 찾아 온 많은 피난민들을 수용하여 이들의 안전과 생업을 보장해주었다. 이를테면 이순신은 임진전쟁 초기 많은 피난민들이 좌수영을 찾아왔을 때 그들을 돌산도를 비롯한 섬 지방에 보내어 농사를 짓도록 배려해주었다. 그리고 삼도수군통제사를 겸임한 이후에는 더욱 민생 문제에 관심을 기울였다.

아울러 그는 백성들과 함께 전란을 극복하려는 의지를 가지고 있었다. 다음 그가 올린 장계를 통해 그의 백성에 대한 시각을 확인할 수 있다.

신의 생각에는 각 도의 피난민들이 이미 정주할 곳을 잃었고, 또 생명을 이어갈 방도가 없어서 보기에도 참담한 형편입니다. 그러니 이들을 이 섬에 불러들여 살게 하면서 협력하여 농사를 지은 뒤에 서로 절반씩 나누어 가지게 한다면 공사간公私間에 다 좋을 것 같습니다. 그리고 흥양 등지의 유방군은 도양장으로 들어가서 농사를 짓게 하고 그 밖에 남은 땅은 백성들에게 나누어주어 병작하게 하고, 말들은 절이도로 옮겨 모으면 목장에도 손해가 없고 군량에도 도움이 될 것입니다.

이와 같이 이순신은 유리遊離하는 백성들을 보살피는 동시에 둔전 경영으로 군량미를 해결하는 이중 효과를 도모하였다. 이러한 그의 백성을 위한 노력은 피난민들에게 커다란 신뢰감을 심어줌으로써 백성들도 이순신의 여러 가지 정책에 적극 협조하였다. 이를테면 1592년 5월의 옥포 해전 때에는 첫 출전인 만큼 전투에서 위세를 보이기 위하여 민간 어선인 포작선까지 동원하여 수군의 사기를 드높였다. 또한 1597년 9월의 명량해전 시기와 같이 수군의 전력이 열악했을 때에는 피난민들도 향선鄕船을 동원하여 해상 의병으로 활동하였다. 아울러 그들은 군량미와 의복 등 군수 물자들을 조선수군에게 아낌없이 지원하였다. 이러한 백성들의 도움은 종전 시기까지 지속되어 수군 재건의 기반으로 작용하였다.

이상에서 살펴본 바와 같이 이순신은 문무를 겸전한 가운데 병법 서적에 대한 섭렵을 통해 뛰어난 전략가로 성장하였다. 그리고 당시 해전에 무지했던 일반 무장들과는 달리 해전의 중요성을 자각하였다. 이러한 전략가로서의 능력을 구비한 그는 백성들에 대한 적극적인 관심과 밀접한 협조 관계를 통해 백성을 보호하면서 동시에 백성의 도움으로 국난을 극복하겠다는 사고를 가졌다. 이러한 독특한 전략가적 사고와 행동은 그가 수행한 대부분의 해전에서 승리하는 기반으로 작용하였던 것이다. 그리고 유리하던 백성들에 대한 적극적인 보호 정책으로 인해 백성들로부터 무한한 신뢰와 존경을 받을 수 있었다. 따라서 이순신의 이미지는 '훌륭한 전략가'라는 표현이 적당하다고 본다.

4
이순신 죽음의 진실은 무엇인가?
자살론 vs 은둔론 vs 전사론

이순신의 죽음은 매우 극적으로 이루어졌기에 많은 논란을 불러일으
키고 있다. 특히 이순신의 자살론이 여러 곳에서 대두되어 최근에 방영
된 바 있는 드라마에서조차 이순신의 자살에 초점을 두기도 하였다. 한
편으로 이순신 같이 위대한 영웅이 노량해전에서 죽었을 리가 없고, 실
제로는 그로부터 16년을 더 살아 은둔하였다는 은둔론을 주장하기도
한다.

이순신의 죽음은 전사한 것이 역사적 통론인데, 이러한 다른 주장들
이 제기되고 있는 것이다. 여기서는 이러한 주장들에 대해 구체적으로 살
펴보고자 한다. 다만 여기서는 필자가 이들의 주장에 대해 별도의 코멘
트를 하지 않고, 자살론에 대해서는 주장의 유래와 내용에 대한 소개로
그치고자 한다. 다만 은둔론에 대해서는 기존 자료와 연구 성과를 바탕
으로 이를 반박하고자 한다. 그리고 필자가 동의하는 전사론의 실체에
대해서도 언급하고자 한다.

자살론

자살론을 주장하는 사람들의 의견을 정리해보면 다음과 같다. 첫째, 이순신은 7년 동안에 적과 더불어 어렵고 위태한 전쟁을 수십 회나 치르면서도 그 신기한 전략과 전술에 의하여 한 번도 패배한 일이 없었다. 그런 분이 이 마지막 전투에서 자기 몸을 보전하려고 했다면 얼마든지 가능했던 일임에도 불구하고 적탄에 맞았다는 것은 못내 의아스러운 일이라 아니할 수 없다는 것이다.

둘째, 이순신이 마지막 해전에서 '면주선등免胄先登(갑주를 벗고 앞장서 나감)했다는 것이 여러 기록에 적혀 있는데, 11월 19일 동짓달 바람찬 새벽에 왜 구태여 갑주를 벗었던가? 그리고 또 자기 위치가 최고 지휘관임에도 불구하고 왜 구태여 앞장을 나섰던가? 그같이 맨 머리, 맨 몸뚱이로 북채를 들고 독려하는 북을 두들겼던가? 이러한 점으로 보아 또한 의아스럽다 아니할 수 없다는 것이다.

셋째, 그런데다가 당시의 조정은 부패하고 또 시기·질투밖에 모르던 만큼 이순신이 최후의 승리를 거둔 다음에는 반드시 어떤 모략 속에 얽혀 도리어 참혹한 죽음을 만나기가 쉬울 것이다. '이순신은 그것을 생각한 나머지 미리 이같이 자기 목숨을 적탄 아래 짐짓 던지고 만 것이 아니었을까?' 하는 것이다.

이순신의 죽음을 자살로 여기는 사람들 주장의 요점은 대개 위에 말한 몇 가지이다. 이렇게 보는 이가 그 당시부터 많았던 것도 사실인 것 같다. 특히, 대표적인 사람으로 서하西河 이민서李敏敍 같은 이는 이를 노골적으로 지적하기까지 하였다. 그는 이순신이 전사한 지 35년 뒤인 1633년(인조 11)에 태어난 사람으로 숙종 때 대제학을 지냈다. 그리고 유명한 명량대첩비문까지 지은 사람인데, 그가 지은 김덕령金德齡 장군의 전기《김충장공유사金忠壯公遺事》 중에는 다음과 같은 글이 적혀 있다.

> 장군(김덕령)이 죽은 뒤로 모든 장수들이 제 몸 보전하기도 어려울 것으로 의심했던 것이어서, 곽재우는 마침내 군사를 해산하고 생식하면서 화를 피했고, 이순신은 한참 싸울 적에 투구를 벗고 스스로 적탄에 맞아 죽었다. 호남·영남 등지에서는 부자·형제들이 서로 의병은 되지 말라고 경계했다는 것이다.

위의 언급을 뒷받침하는 자료인 이긍익李肯翊의 《연려실기술燃藜室記述》에는 다음과 같이 적혀 있다.

> 그(김덕령)는 남달리 특별한 공로를 이루었는데, 조정에서 은밀히 중사(中使 : 내시)를 보내어 순검한다고 핑계를 대며, 그의 집에 들어가 그의 동정을 살피니, 곽재우가 의심스럽게 생각하였으며, 또 김덕령의 죽음을 보고는 일할 수 없는 때임을 알고 드디어 신선이 되는 도를 배우고 종적을 의탁하였다고 한다.

이민서는 이와 같이 당시의 명장들의 상황에 대한 언급을 통해 이순신도 자살했을 것으로 본 것이다. 한편으로 이순신의 후계자로 평가된 류형의 행장에 의하면 다음과 같은 표현이 나온다. "통제사 이공이 일찍이 마음속을 토로하면서 말하기를, 자고로 대장이 만일 조금이라도 공을 이룰 마음을 가진다면 대개는 몸을 보전하지 못하는 법이다. 나는 적이 물러가는 그 날에 죽는다면 아무런 유감도 없을 것이다."

　이 밖에도 이순신의 죽음과 관련한 많은 언급들이 있었다. 특히, 이순신이 1597년(정유년)에 투옥되었다가 백의종군 도중 어머니의 죽음을 접한 이후부터 이순신의 삶에 대한 초연한 심정을 엿볼 수 있다. 이는 《난중일기》에 나타난 다음의 기록들을 통해 알 수 있다.

- 4월 16일 : 궂은 비, 배를 끌어 중방포에 옮겨대어 영구를 상여에 싣고 집으로 돌아왔다. …(중략)… 비가 억수같이 쏟아지고, 나는 맥이 다 빠진데다가 남쪽 길이 또한 급박하니, 부르짖으며 울었다. 다만 빨리 죽기를 기다릴 따름이다.
- 4월 19일 : 어머님 영연에 하직하고 울며 부르짖었다. 어찌하랴. 어찌하랴. 천지 간에 나 같은 사정이 또 어디 있으랴. 일찍 죽는 것만 같지 못하다.
- 5월 5일 : 나와 같은 사정은 고금을 통하여 짝이 없을 것이니 가슴이 찢어지는 듯 아프다. 다만 때를 못 만난 것을 한탄할 따름이다.
- 5월 6일 : 눈물이 엉기어 피가 되건만, 아득한 저 하늘은 어찌하여 내 사정을 살펴주지 못하는고. 왜 빨리 죽지 않는가?

　그리고 그해 9월의 명량해전이 끝난 후 그가 가장 아끼던 셋째 아들, 이면이 죽었다는 소식을 듣고는 더욱 비통한 심정을 토로하였다. 즉, 정유년 10월 14일의 일기에 "내가 죽고, 네가 사는 것이 이치에 마땅한데 네가 죽고, 내가 살았으니 이런 어긋난 일이 또 어디 있단 말이냐. 천지가 깜깜하고 해조차 빛이 변했구나. 슬프다 내 아들아."라고 비통해 한 후 "마음은 죽고 형상만 남아 있어 울부짖을 따름이다. 하룻밤 지내기가 한

해 같구나."라고 하였다. 이어서 10월 17일과 19일에도 자식을 그리워하는 안타까운 심정을 표현하고 있다.

이러한 일기에서조차도 이순신이 죽음을 결심하는 듯한 뉘앙스를 풍겼기 때문에 이순신은 자살했다고 보는 것이다.

또한 숙종조의 영의정 이여李畬(1645~1718)는 이순신의 전몰 114년 후에 쓴 글에서 다음과 같이 말하고 있다. 즉 "세상 사람들이 말하기를 공이 죽임에서 벗어나온 뒤로는 공이 클수록 용납되기 어려움을 스스로 알고, 마침내 싸움에 임하여 자기 몸을 버렸으니, 공의 죽음은 본시 작정한 바라고들 하는데, 그때의 경우와 처지로 본다면 아마도 그 말에 비슷한 바가 있음직하다."라고 표현하여 이순신의 투옥 사건과 그 이후의 심중을 깊이 헤아리는 바 있어 세간에서 이르는 이순신 자살론에 동조하고 있다.

이와 같이 전근대 시기부터 이순신 자살론에 동조하는 언동이 있었다. 이러한 예외에도 불구하고 많은 사람들의 언급이 있지만 생략한다.

한편 현대 시기에 들어서도 일부 학자들이 이순신 자살론에 동조하고 있다. 예를 들어 이병기는 이순신 문학의 평가에 이어 "충무공이 노량전에서 탄환을 맞고 임종한 것은 그 후 숙종조 영의정 이여가 이를 공이 자처한 것이라 함도 퍽 현명한 견해였다."고 언급함으로써 자살설에 대한 공감을 표시하고 있다(진단학회 편, 《이충무공》, 1950).

또 천관우는 관계 자료를 두루 살펴 "충무공의 죽음은 과연 전사이런가, 전사를 빌린 자살이런가. …(중략)… 그저 하늘이 그날 그곳에서 충무공을 불러갔을 따름인가?"라고 표현함으로써 새삼 자살론에 대한 깊은 관심을 표명하고 있다(《이순신론》, 〈세대〉, 1963년 9월호).

또한 김경탁은 그의 저서에서 "충무공은 명량해전에서 대첩을 올릴 때부터 마땅히 죽어야 할 때와 장소를 항상 모색하고 있었던 것 같다."고 맺고 있다(김경탁, 《충무공의 연구》, 1968).

그리고 석도륜은 1992년에 "이순신이 이락포-노량해전에 있어서 적탄을 자초하여 전몰하였다.", "전신 노출로 적과 더불어 죽음을 같이 했다."는 등의 내용을 인용하여 이순신이 선택한 죽음의 의미를 거듭 되새기고 있다.

이상에서 살펴본 이순신 자살론의 기원은 숙종 때 이민서의 기록에서 유래하여 지금까지 면면히 흐르고 있다.

그러면 이러한 논의에 대한 반감적 표현은 없을까? 그렇지 않다. 이미 판부사 이이명李頤命(1658~1722)은 이순신 장군을 조상한 글[弔李將軍]에서 "또 의심하되 장군은 그러한 기미를 미리 알았을 것이라 하여 마침내 갑옷을 벗고 적중으로 들어간 것이라고 하나, 나는 장군의 마음을 본시 알고 있는 바, 어찌 닥쳐올 화를 겁내어 자기 생명을 가벼이 하였겠는가."라는 뜻으로 쓰고 있다.

또 우윤右尹 맹주서孟冑瑞(1622~?)도 노량에서 올린 〈노량조이통제露梁弔李統制〉에서 자살론에 대한 회의懷疑를 드러내고 있다. 즉, "본시부터 그러한 죽음에 뜻이 있었을 테니, 뒷사람이 그 까닭을 어이 알리오."라고 언급하였다.

이와 같이 이민서의 언급을 계기로 하여 이순신의 자살론에 동조하는 사람들이 늘어나게 되었다. 이와 반면에 자살론을 부정하는 인사도 있었다.

은둔론

'이순신 은둔론'을 주장하는 사람들은 그렇게 많지 않다. 그러나 이순신의 죽음을 안타까워하는 사람들의 심리를 대변하여 근래에 들어 일부 학자들의 주장이 있다. 이들의 주장을 빌면 이순신이 은둔했을 것이라는 증거로 크게 세 가지 면에서 논의하고 있다.

첫째, 자살론과 마찬가지로 이순신이 전쟁이 끝난 후 선조에 의해 죽임을 당할 것이라는 가정을 전제로 하고 있다. 이를테면 전쟁이 끝나도 전쟁 영웅인 이순신이 죽지 않고 살아남는다면 선조가 기필코 이순신을 다시 잡아다가 역적으로 몰아서 죽였으리라는 생각이다. 그뿐만 아니라 정여립 사건과 같이 이순신과 관계 있는 많은 사람들이 연루자로 몰려서 함께 죽게 될 것이라고도 생각하고 있다. 그러므로 그가 스스로 계획하여 죽었다 하더라도 그것은 장차 닥쳐올 죽음이 두려워서가 아니라 가족들을 구하고 또 다른 많은 사람들이 욕되게 죽는 것을 막기 위해서였으리라고 생각하고 있다.

이러한 논의의 증거로 류성룡에 대한 삭탈관직을 들고 있다. 류성룡은 이순신이 전사하기 한 달 전에 이미 영의정에서 쫓겨나 죄를 기다리는 입장이 되어 있었으며, 이순신이 죽고 난 다음 달에는 파직되어 모든 관직을 박탈당하였고, 죄인이 되어 고향으로 쫓겨 간다. 류성룡은 영의정으로서 뿐만 아니라 평양과 서울을 수복할 때 도체찰사로서도 활약하여 권율로 하여금 방위상의 요지인 행주산성을 지키도록 하여 대승을 거두게 하는 등 전쟁 중의 무공이 이순신 다음으로 가장 컸던 사람이며, 또 이순신과 가장 친했던 사람이다. 그러므로 전쟁이 끝나는 대로 이순신과 류성룡을 함께 역적으로 몰아서 마음대로 다스리기 위한 사전 작업이었다고 볼 수 있다. 그러나 이순신이 전사하였기 때문에 류성룡에 대한 처벌이 그 정도로 끝난 것이라고 생각할 수 있다.

한편으로 이순신이 자살을 택하려는 행동은 측근들에 의해 위장 전사 형태로 운둔을 권유받아 결국 이순신은 측근들의 협조를 통해 은둔했을 것으로 추정하고 있다. 특히, 이전 해전에서는 함께 승선한 바 없는 아들과 조카가 함께 있음으로써 이순신의 위장 전사를 도왔다는 주장이다.

둘째, 이순신의 장례 날짜와 묘지 이장 사실에의 의문 제기이다. 이분의 기록에 따르면 이순신은 1598년 11월 19일에 노량 바다에서 죽었으며 영구는 먼저 고금도로 옮겨진다. 그 후 12월 10일경에 고향인 아산으로 다시 옮겨지며, 장례는 다음해 2월 11일에 치러진다. 죽은 지 80일 후의 일이다. 그리고서는 15년이 지난 1614년에 묘지를 600m 떨어진 곳으로 이장한다.

아울러 조정에서 1598년 12월 4일에 이순신에게 우의정을 증직하고, 장례는 국가의 비용으로 치르도록 결정한다. 이때는 전쟁이 끝난 후이며 장례 비용도 국가에서 부담하였으므로 장례를 지체할 이유가 없었음에도 죽은 후 80일이나 지나서 치른 이유에 대하여 통상적인 장례라면 설명하기 어렵다. 그러나 이순신이 살아 있었다면 이순신의 새 생활이 정착되기를 기다렸다가 한 것으로 생각될 수 있다.

셋째, 묘지는 좀처럼 이장하지 않는다. 또 이순신의 장례는 사후 80일이나 지나서 나라의 비용으로 한 것이므로 제대로 잘하였을 것이다. 그럼에도 불구하고 15년 후에 묘지를 다른 곳으로 이장한 것은 그때 비로소 이순신이 죽었으며, 그렇기 때문에 장례를 다시 한 것이라 생각할 수 있다. 그해에 이순신의 나이는 70세였다. 그리고 이순신에게는 소실이 있었고, 그 슬하에는 2남 2녀가 있었기 때문에 이순신이 은둔 생활을 하기에 부족함이 없었을 것이라는 주장이다.

넷째, 이순신이 평소에 쓰던 시중에 다음과 같은 구절을 인용하고 있다.

> 말을 화양으로 풀어 보내는 날이 오면 복건幅巾 쓴 처사되어 살아가리라.

이 시와 같이 그는 초야에 묻혀서 조용히 살고 싶은 소박한 소망을 가지고 있었다는 주장이다. 이러한 이유들 때문에 이순신은 노량해전에서 전사하지 않고 살아서 은둔했다가 그의 나이 70세 되던 1614년에 임종을 맞았다는 것이다.

이러한 주장에 대해 필자는 이미 '이순신 백의종군'에 언급한 내용이지만 이것을 다시 언급함으로써 위 주장에 대한 반박 자료로 제공하고자 한다.

노량해전이 끝나고 이순신의 유해는 다른 전사자들과 함께 현재의 충렬사 부근에 초빈草殯 형태로 두었다. 당시 11월 19일 아침 무렵 이순신이 전사한 후 정오 무렵까지 해전이 계속되었다. 정오가 지나 해전이 종료된 후 조·명 수군들은 이순신의 전사 사실을 알게 되었다. 그런데 당시 노량해전은 종료되었지만 일본군 잔당들은 근해에 표류하거나 섬 안 또는 육지에 상륙해 있는 상태였다. 따라서 이들에 대한 소탕 작전이 약 3일간 소요되었다. 소탕 작전이 종료된 후인 11월 21일경 이순신의 유해는 다시 다른 전사자들과 함께 고금도에 위치한 삼도수군통제영으로 이송되었다.

당시 남해에서 고금도까지의 해상로 소요 시간은 당시의 해상 환경과 이송 수단의 기능을 고려해볼 때 2~3일 정도로 추정된다. 따라서 11월 23일~24일경 고금도에 도착한 것으로 보인다.

이후 고금도에서 며칠간의 수습 절차를 거쳐 집안 인물들에 의해 육로로 운구되었다. 해로로 운구되었을 가능성도 있지만《연려실기술燃藜室記述》과《선조수정실록宣祖修正實錄》에 의하면 육로로 이송한 것으로 확인된다. 고금도에서의 운구 시작은 12월 초에 이루어진 것으로 나온다. 따라서 일단 고금도에서 뱃길을 이용하여 강진 땅 마량으로 이송한 후 역로를 따라 아산으로 운구한 것이다. 그리고 12월 중순경에는 아산 본가에 도착한 것으로 판단된다. 이것은 이미 12월 11일 기록에 이순신의 시신이 아산에 도착한다고 언급되고 있기 때문에 추정할 수 있는 것이다. 그리고 당시의 장례 관습에 따라 3개월 장을 치른 후 1599년 2월 11일에 아산 금성산 자락에 안장된다.《경국대전》(권3,〈예전〉 '상장')에 의하면 '4품 이상의 관리는 3월장, 5품 이하의 관리는 달을 넘겨서 장례를 치른다'고 되어 있다. 따라서 이미 정1품이었던 이순신은 별세한 달(11월)을 빼고 3월, 즉 후년 2월에 장례를 치르는 것이 예법에 적합하다고 할 것이다. 따라서 이순신의 시신은 아산 본가에서 약 2개월간 초빈 형태로 장례를 치르다가 금성산 자락에 안장된 것이다.

그런데 이순신의 묘는 왜 이장되었을까? 정확하게 알 수는 없지만 이순신 자손들에 의해 나라로부터 예장禮葬을 원했던 것으로 보인다. 예장이란, 일종의 국장으로 종친, 고관, 또는 국가 유공자가 죽었을 때 나라에서 국비로 예를 갖추어 치르는 장례를 말한다. 안장된 지 5년 후인 1604년에 공신으로 책훈되었기에 이순신의 장례는 예장을 충분히 받지 못했던 것이다. 이순신이 전사했을 당시 국가에서 어느 정도 예우를 갖추어 장례를 치렀겠지만 정식 예장과는 차이가 컸을 것이다. 그리고 공신책훈 이전에 사망한 사람들에 대한 이장이 성행하던 시기였다. 이에 이순신 집안에서도 선무일등공신다운 예장을 원했던 것이다.

더욱이 공신들의 이장 성행, 선대의 묘소 치장을 통해 문벌의 과시 및 명문으로서 대외적 인정을 받으려는 사회적 분위기 속에서 이순신 집안 에서도 묘소의 이장을 추진한 것이다. 그리고 1614년을 전후한 시기는 풍수지리 사상이 민연하여 이때 이장을 하는 풍습이 매우 성행했었다고 도 한다. 이러한 이유들로 인해 현 묘소인 어라산으로의 이장이 행해졌다 고 볼 수 있다.

일설에 의하면 당시 마침 지역 인사 중에 박이인朴履仁이라는 사람이 풍수지리로 큰 명성을 떨치자 그를 초빙하여 천장지를 물색했다. 박이인 은 금성산 일대를 두루 답사하며 지세를 살피던 중 현 묘소인 어라산이 명당임을 확인하고는 이를 자손들에게 알려주었다고 한다.

이러한 일련의 장례와 이장 절차를 상고해볼 때 이순신 은둔설은 전 혀 사실과 다름을 알 수 있다. 이것은 당시 장례 제도에 대한 무지와 이 순신 사후 상황에 관련된 자료 탐구를 소홀히 한 결과가 아닐까 생각된다.

이순신 죽음의 진실─전사론

위의 자살론과 은둔론은 특수한 시각이고, 이순신 연구자들의 일반 적인 시각은 이순신의 전사론에 동의하고 있다. 필자 역시 전사 사실에 동의하고 있다. 이순신이 전사했다고 생각하는 이유는 우선 당시 노량해 전의 상황을 통해 합리적인 이해를 할 수 있다. 노량해전의 상황을 요약해보면 다음과 같다.

조·명 수군은 1598년 11월 18일 밤 예교성의 고니시군에 대한 퇴로 차단 작전을 변경하여 이날 밤 10시경 노량수로 좌단 쪽으로 이동하였다. 일본의 구원군을 차단하여 먼저 공격할 목적이었다. 이때 참전한 조·명수군의 세력은 조선의 전선이 60여 척, 명나라 전선이 약 400척의 대규모 세력이었다. 약 2시간에 걸친 이동 끝에 조·명 수군은 이날 밤 자정 무렵 노량수로 좌단 쪽에 도착하였다. 이때 진린이 이끈 명 수군은 좌협이 되어 대도 북방의 죽도 부근에 포진하고, 이순신이 지휘한 조선수군은 우협이 되어 노량수로 좌단부터 관음포 입구에 이르기까지 횡렬로 포진하였는데, 닻을 내리지 않고 응전 태세로 대기하였다.

이날 밤 자정 무렵 이순신은 갑판 위에 올라 하늘에 두고 다음과 같이 기원하였다. "이원수를 무찌른다면 지금 죽어도 한이 없습니다[此讐若除 死卽無憾]…" 이러한 의식을 통해 '단 한 척의 적선도 그냥 돌려 보내지 않겠다[片帆不返]'는 결연한 전투 의지를 스스로 다지면서 부하들의 전의도 고양시켰다.

이윽고 한밤중이 지나 척후선으로부터 경보를 받게 되었는데, 적의 대함대가 사천 남쪽에 있는 광주양光洲洋(노량수로 동단의 외양)을 통과하여 서쪽 노량 방면을 향한다는 것이었다. 이어서 복병장으로 나가 있던 경상우수사 이순신李純信이 또한 쾌속선을 몰아서 적의 서항西航을 확인하여 급보하였으므로 좌우 양협은 일제히 노량수로를 목표로 항진하였다.

19일 새벽 2시경에 일본의 구원군이 노량수로 좌단에 도착하였다. 일본의 구원군은 사천·남해·고성 등지에서 왔다. 총 500여 척의 함선 중 먼저 300여 척이 시마즈 요시히로島津義弘의 지휘하에 선봉에 나서서 교전이 시작되었다.

전투가 진행되면서 이순신 휘하 막하 장수들은 생사를 도외시한 채 적극적으로 참전하였다. 예를 들어 가리포첨사 이영남李英男·낙안군수 방덕룡方德龍·흥양현감 고득장高得蔣·군관 이언량李彦良·순천부사 우치적禹致績·안골포 만호 우수禹壽·사도첨사 이섬李暹 등이 죽음을 무릅쓰고 전투에 임했다. 함께 참전한 명군 역시 전투에 적극 참전하였다.

이러한 격전이 지속되자 마침내 견디지 못하게 된 적은 드디어 도망치기 시작하여 관음포 내항을 외해로 오인한 가운데 몰려 늘어가게 되었다. 이때는 동이 트기 전이었는데, 이순신이 가장 선두에 서서 적을 몰아넣었고 해남현감 류형柳珩·당진포만호 조효열趙孝悅·진도군수 선의문宣義問·사량만호 김성옥金聲玉의 배들이 그 뒤를 따랐다.

관음포에 갇힌 일본 함대는 조·명 수군의 화포 공격에 좋은 표적이 되었다. 조선수군의 여러 배에서는 지자, 현자, 승자의 각종 총통을 일시에 집중 사격하여 일본군은 패색이 짙었다. 포구 안에서 진퇴유곡에 빠진 일본군은 궁서반서窮鼠反噬의 최후의 발악을 하다가 총역습을 감행하기에 이르렀다.

이러한 혼전과 격전이 진행되던 중 어느새 날이 밝기 시작하였다. 관음포구 내에 갇힌 일본군과 후미의 응원군이 필사적으로 조선수군에게 대응하였다. 그 격전지는 바로 관음포 입구 부근이었다.

격전을 벌이던 중 이순신 기함을 발견한 일본군은 집중 사격을 퍼부었다. 군관 송희립은 이순신과 같은 기함에 올라타고 독전하다가 적탄으로 이마의 옆 부분을 맞아 갑판 위에 기절하게 되었다. 이때 어떤 타수 하나가 "송희립이 총에 맞았다."하고 큰 소리로 외치니, 이순신이 깜짝 놀라

상반신을 높이 들어 그를 찾아보려는 찰나에 적탄 1발이 그의 왼쪽 가슴을 깊이 뚫었다. 좌우 사람들이 크게 경악하고 그를 장중으로 부축하여 들여놓았는데, 그는 임종하기에 앞서 그의 옆에 있던 휘하 종사들에게 당부하기를 "싸움이 급하니 나의 죽음을 삼가하여 말하지 말고, 군사들을 놀라게 하지 말라[戰 方急 愼勿言我死 勿令驚軍]." 하고 조용히 눈을 감는 것이었다. 종사들이 비통하게 이순신을 부르며 울부짖으니 그는 간신히 눈을 떴다가 미소를 지으면서 고요히 운명하였다.

함상 전사들이 경동하여 소리를 더욱 높여서 "사또, 사또" 하고 연호하니, 이 소리에 송희립이 정신이 들어 일어나 피가 흐르는 이마를 천으로 동여매고는 급히 장대에 올라가 보니 이순신은 이미 숨을 거두었고, 원수기만 홀로 펄럭이고 있었다.

고인의 아들이 이회李薈와 조카 이완李莞이 곡하려 하므로, 그는 휘하 군사들로 하여금 부축하게 하고 그들의 입을 막아 곡성이 나지 않도록 한 뒤에 고인의 갑옷과 투구를 벗기고 홍전紅氈으로 시체를 싸게 하였다. 그리고 자신이 이순신의 갑옷과 투구를 착용한 후 계속하여 북을 치면서 싸움을 재촉하였다. 이러한 상황을 인지한 나머지 군사들도 송희립의 지시에 따라 입을 굳게 다물고 전투에 전념하였다.

전투는 오전 10시경까지 치열한 격전이 계속되다가 정오 무렵에 상황이 종료되었다. 정오가 되기 전까지 적선은 거의 모두 불타 버렸고, 남은 배도 모두 깨어지거나 암초에 올라앉고 말았다. 도망치지 않고 남아서 저항하는 배라 하여도 성한 군사들은 거의 없어진 형편이 되었고, 나머지 50여 척의 배는 결사적으로 탈출을 꾀하여 도망쳐 버렸다.

한편 11월 21일까지 작전을 수행한 후의 노량해전의 전과와 피해 상황을 살펴보면 다음과 같다. 우선 조·명 수군의 전과로는 적선 200여 척을 침몰시켰으며, 200여 척의 적선을 반파시켰고, 온전하게 도주한 적선은 50여 척에 불과할 정도였다. 한편 피해 상황을 보면 전라우수영 소속 함평의 전선을 비롯한 4척이 침몰되었고, 명 수군은 등자룡의 전선을 포함하여 2척이 침몰되었다.

인명 피해를 살펴보면 조선수군은 이순신을 포함하여 가리포첨사 이영남·낙안군수 방덕룡·흥양현감 고득장 등 장수급 10여 명과 이름 모를 다수의 장졸들이 전사하는 피해를 입었다. 빈면에 진린 휘하에서는 부총병 등자룡 및 진잠의 부장 도명재가 전사한 것이 확인된다. 그리고 상호 근접전으로 치러진 혼전과 격전이었기에 명 수군의 많은 장졸들도 희생되었을 것으로 추정된다. 일본군도 장수급만 30여 명이 전사하는 등 인명 피해가 매우 컸음은 물론이다.

이상에서 살펴본 바와 같이 노량해전은 이전의 다른 해전과는 달리 시종 근접전의 형태로 이루어졌다. 특히 관음포에서 탈출을 기도하는 일본군과 이를 결사적으로 막는 조선 함대의 치열한 격전으로 누구도 생명의 안전을 보장할 수 없는 상황이었다. 위에서 묘사한 안방준安邦俊(1573~1654)의 〈노량기사露梁記事〉에 나오는 전사 장면이 가장 신빙성이 클 것으로 추정된다. 즉, 이순신의 죽음은 송희립이 총에 맞았다는 보고를 접하고 구부렸던 몸을 일으키는 순간 우발적으로 총탄을 맞았다고 보는 것이 가장 타당하다고 생각된다.

이순신은 결코 신이 아니라 여느 사람과 다름없는 보통 인간에 불과하였다. 그러므로 스스로의 죽음에 대해 완벽하게 대비한다는 것은 불가능하다. 예를 들어 진주성대첩의 수공자인 김시민도 다 이긴 전투에서 적병의 저격에 의해 목숨을 잃었다. 영국의 해전 영웅 넬슨도 다 이겨놓고 마지막에 적군의 저격을 받아 목숨을 잃지 않았던가? 여기서 한 가지 더 첨언한다면 이순신은 갑옷을 입고 전투에 임했다는 사실이다. 갑옷을 입어도 적 조총의 사정거리에 들면 관통상을 입게 마련이다. 예를 들어 이순신이 1592년의 사천 전투에서 갑옷을 입었지만 왼쪽 어깨에 관통상을 입은 적도 있다. 따라서 이민서가 주장한 '스스로 갑옷을 벗고 총탄을 맞아 죽었다'('면주자중환이사免冑自中丸以死')는 표현은 실제 갑옷을 벗었다기보다는 그만큼 죽고 싶은 마음을 담아 죽음을 두려워하지 않고 싸웠다는 의미의 은유적 표현이라 할 것이다. 최근의 실험에 의하면 적의 조총은 당시 조선수군의 갑옷 두 벌을 관통하는 위력을 보인 바 있다.

따라서 이순신의 죽음은 전사한 것이 가장 정확한 표현이라고 볼 수 있다. 다만 당시의 이순신의 마음을 우리가 알 수 없기에 자살을 가장한 전사인지, 우발적인 전사인지에 대해서는 알 수 없다. 그것은 이순신 본인이나 신만이 알 수 있을 것이다.

KBS 〈불멸의 이순신〉의 이순신 전사 장면(ⓒKBS)

5
이순신이 받은 면사첩은 무엇인가?

　조선 시대 면사첩 제도免死帖制度가 근래에 우리의 관심을 끌게 된 것
은 이순신의 죽음에 관한 일부 학자들의 주장에 근거 자료로 활용된 이
후부터이다. 1990년대 후반부터 2000년대 들어 이순신과 관련된 많은
저작물들의 핵심 테마는 이순신과 선조와의 갈등 관계를 묘사한 것이었
다. 이것을 다룬 저작물들의 장르는 소설류들이 주를 이루었다.

　특히 이 소설들을 원작으로 채택하여 수년 전에 우리나라 공영 방송
국에서 제작, 방영한 드라마 〈불멸의 이순신〉에서도 선조와 이순신의 갈
등 관계를 부각시켰다. 그 가운데 한 장면으로 이순신이 선조가 보낸 면
사첩을 받아 보는 모습이 클로즈업되었다. 드라마 속에서 이 면사첩은 이
순신이 명량해전에서 승리한 공로에 대한 대가로 조정에서 내려준 '죽음
만은 면해 주겠다.'라는 의미의 표징이었다.

　또 다른 형태로 부각된 사례는 흔히 '자살론'과 '은둔론'으로 대별되는
이순신의 죽음에 대한 일부 학자들의 주장과 관련되어 있다. 다시 말해

이들 학자들의 주장에 대해 반박하는 사람들이 이순신은 자살하거나 은둔하지 않았다는 증거로 선조로부터 면사첩을 받았다는 사실을 부각한 것이다. 따라서 《난중일기》에 나오는 이순신이 면사첩을 받았다는 기록은 자살론과 은둔론을 반박하는 근거 자료로 사용된 것이다.

그런데 1990년대 저작들에서는 사료 탐구가 쉽지 않아 《난중일기》의 자료만 원용하다 보니 왜곡된 해석이 일부 있었다는 점을 이해할 수 있다. 그런데 의외로 최근의 이순신 관련 전문 서적들에서조차도 면사첩에 관해 왜곡된 개념을 사용하고 있는 실정이다. 예를 들어 최근 번역 출간된 《난중일기》에서는 면사첩을 '사형을 면하게 해주는 증명서'라고 정확한 정의를 내리면서도 그 예로 일본인이 만들어 적용한 사례만을 소개함으로써 이는 마치 면사첩은 임진전쟁 시기에 일본군만이 사용했던 제도로 오인하게 하고 있다. 또한 2006년에 간행된 이순신과 관련된 한 저작물에 보면 면사첩에 대한 세간의 잘못된 인식을 바로잡는다고 하면서 면사첩은 조선에서 발행한 것이 아니라 명나라에서 도입된 제도라고 주장

KBS 〈불멸의 이순신〉의 '면사첩' 장면(ⒸKBS)

하고 "명나라에서 이 면사첩을 보낸 의도가 정확히 무엇이었는지, 그 수혜 대상이 누구였는지는 정확히 알 수 없다."고 언급하고 있다. 아울러 이러한 왜곡된 인식은 소설류에서도 나타나고 있다.

면사첩의 실체는 무엇인가?

그러면 임진전쟁 시기 이순신이 받은 면사첩 제도의 실체는 무엇일까? 조선 시대 면사첩 관련 사료를 필자가 확인한 바에 의하면 우선 관찬 사료에 나와 있는 자료는 총 25건이다. 《선조실록宣祖實錄》에 12건, 《인조실록仁祖實錄》에 5건, 《비변사등록備邊司謄錄》에 6건, 《승정원일기承政院日記》에 2건의 기사가 보인다. 그리고 이순신의 《난중일기亂中日記》를 비롯한 문집류들에 총 8건의 관련 내용이 수록되어 있다. 문집류 중 면사첩을 언급한 류성룡《서애선생문집西厓先生文集》)·이호민李好閔《오봉선생집五峯先生集》)·이덕형李德馨《한음선생문집漢陰先生文稿》)·신흠申欽《상촌고象村稿》) 등은 모두가 명나라와의 외교 관계에 관련된 인물들이고, 신경申炅《재조번방지再造藩邦志》)은 신흠의 손자로서 그의 조부의 입장을 반영하고 있다.

면사첩에 관한 최초의 기사는 임진전쟁이 발발한 지 2년째에 접어든 1593년(선조 26) 1월의 《선조실록》에 나타나고 있다. 이를테면 당시 명의 원군으로 남방에서 온 장수 황응양黃應暘을 선조가 접견하는 자리에서 언급한 다음의 기사에 나타나고 있다.

황응양이 말하기를,

"제가 남방南方에서 군사를 조발하였기 때문에 대군大軍과 함께 올 수 없었습니다. 섬라국暹羅國에서는 이미 일본을 정벌할 10만의 군사를 징발하였습니다. 제독은 요동인遼東人이라서 흑백을 분별하지 못하고 살육하는 것만 즐겁게 여기기 때문에 제가 면사첩免死帖 1만여 통을 가지고 전적으로 백성들을 살리기 위하여 왔습니다. 어리석은 백성들이 비록 간혹 죽음을 두려워하여 적을 따랐다고 하더라도 만일 향도嚮導한 자가 아니면 제가 모두 면사첩을 지급하여 편안하게 살도록 하고 그 본업으로 돌아가도록 허락하겠습니다. 만일 샛길이 있으면 가르쳐주셔서 대군의 앞에 나갈 수 있게 하소서."

위 기사를 보면 우리나라에 면사첩을 가져온 것은 명나라 장수 황응양이 최초라는 사실과 면사첩을 가지고 온 목적이 적에게 어쩔 수 없이 부역한 백성들을 구제하기 위한 데에 있다는 것을 알 수 있다. 소위 연좌제에 의한 억울한 처벌을 막기 위한 것이라고 볼 수 있다.

그러면 이러한 성격의 면사첩이 조선에 들어온 목적은 무엇일까? 여기에 대해서는 1593년 11월에 명나라의 도사 장방형이 가져온 명나라 황제의 선유첩의 내용을 통해 어느 정도 짐작할 수 있다. 그 내용을 요약해보면 다음과 같다. 즉, '일본군들이 조선을 점령하여 노략질이 심하고 어리석은 백성들을 위협하고 있으니 이대로 둔다면 조선의 환난이 계속될 수밖에 없을 것이다. 특히, 조선에서는 백성들에 대한 선무 정책이 제대로 되고 있지 않아 명군이 계속 주둔하고 있어도 큰 효과를 발휘하기 힘들다. 따라서 위협받는 백성들에게 모두 면사첩을 발급하여 함부로 살육하지 못하도록 해야 한다. 이러한 제도를 시행해야만 국난을 극복하는 중요한 기틀이 될 것'이라는 것이었다.

이렇게 볼 때 당시 조선에서는 일본군에 부역한 백성들에 대해서는 죄의 경중에 관계없이 매우 무거운 형벌을 내린 것으로 추정된다. 이러한 상황을 인식한 명의 조정에서는 중국에서 시행하던 면사첩 제도를 조선 조정에 권유하여 임진전쟁 시기 전란 극복의 한 방편으로 활용하도록 한 것이다.

이러한 면사첩 제도는 1593년 1월에 도입된 이후 많은 백성들을 구제하는 데에 활용된 것으로 보인다. 그리고 명나라 신종의 선유첩을 접한 이후부터는 더욱 이 제도의 시행이 활성화된 것으로 추정된다.

임진전쟁 중의 면사첩 제도

한편 임진전쟁이 강화 교섭기로 접어들면서 피폐된 농지와 농군의 감소로 인한 군량의 확보는 매우 절박한 문제였다. 강화 교섭이 무르익은 1595년경에는 한 명의 농군이라도 확보하는 것이 매우 중요한 문제로 대두되었다. 이러한 시점에서 류성룡은 왜적들이 포로로 잡아간 우리 백성들을 농군으로 활용하는 점을 부각하면서 적에게 붙잡혀 간 백성들을 면사첩으로 불러내어 농사를 짓는 데 활용하자는 건의를 하였다.

그런데 이러한 면사첩 제도는 비단 조선에서만 사용한 것이 아니라 일본군도 이를 발행하여 사용한 것으로 나타나고 있다. 예를 들어 1597년 10월에 명의 제독 마귀麻貴가 언급한 내용 중에 "왜적이 조선 사람을 사로잡아 남자에게는 쌀 5두를 걷고, 부인에게는 쌀 3두를 걷은 후에 면사첩을 준다."라는 표현이 있다. 그리고 1597년 당시 경리 양호楊鎬의 접반사로 활동한 이덕형의 보고에 의하면, 명나라 군이 전라도 구례 남쪽에서 일본군을 공격했을 때에 조선 백성들이 일본군이 발행한 면사첩을 소지하고 있음을 확인하였다고 하였다. 그 면사첩은 요패腰牌와 같이 생겼는데, 그 안에는 '행장의 병영에서 부역을 하니 죽이지 말라'는 문구가 적혀 있었다고 하였다. 이러한 사실로 미루어 보아 일본군도 그들에게 협조한 조선의 백성들을 선무하기 위한 목적으로 면사첩 제도를 활용한 것으로 판단된다.

이러한 면사첩 제도는 정유재란기에 들어 더욱 활성화되었다. 이를테면 명군 지휘부의 군문 형개邢玠와 경리 양호는 면사첩 3만 장을 인출하여 차관 3명을 통해 동로·중로·서로의 3협에 나누어 보내기도 하였다. 앞에서 언급한 바와 같이 이순신이 면사첩을 경리 양호의 차관으로부터 받았다고 한 기록은 바로 여기에서 연유하는 것이다. 다시 말해 이순신이 고하도에 주둔하고 있을 당시인 1597년 11월에 서로 쪽에 위치한 조선 수군에게도 이러한 면사첩 제도를 시행하도록 한 것이다.

한편 이러한 면사첩 제도는 일반 백성들의 부역만이 아닌 실제 전투 현장에서 사용되기도 하였다. 그 대표적인 사례가 바로 1597년 12월의 제1차 울산성전투이다. 다음의 자료를 통해 확인할 수 있다.

"군문통사軍門通事 박의검朴義儉이 방금 경리의 야불수夜不收와 함께 왔는데, 그가 말하기를 '이달 23일에 경리가 친히 좌협左協과 우협右協의 병사들을 독려하여 울산을 공격, 함락시키고 500여 급을 베었으며, 24일에는 800여 급을 베었는데, 적이 모두 토굴 속으로 도망쳐 들어갔다. 25일에는 고중군高中軍과 조총병祖總兵이 군대를 거느리고 서생포西生浦에서 응원하러 나오는 왜적을 차단하였다. 가토 기요마사加藤淸正는 포위된 토굴 안에 있는데 형세가 몹시 곤궁하고 위축되어 있다. 경리가 사람을 시켜 영기令旗와 상공기賞功旗·면사첩免死帖을 가지고 가서 투항하면 죽음을 면해 주고 후한 상을 주겠다는 뜻으로 청정을 효유하게 하였더니, 가토 기요마사가 "항복하고 싶으니 지금 조선에서 항복을 허용할지의 여부를 몰라 감히 즉시 항복을 하지 못하고 있다. 만약 조선과 약속이 된다면 즉시 항복하겠다.”고 하였는데, 경리가 그것을 허락하지 않았다. 중국군이 현재 여러 겹으로 포위하고서 공격하고 있는 중이다.'라고 하였습니다. 군문軍門이 박의검에게 분부하기를 '전일 제독提督의 차관差官에게도 이미 후한 상을 주었으니, 이 사람에게도 후한 상을 주어야 한다.'고 하였답니다.

이와 같이 울산성전투에서 일본군 수뇌부를 대상으로 면사첩을 이용한 회유책을 사용하기도 하였다. 아울러 당시 울산성에는 조선인 500여 명이 왜적을 도와 궁시弓矢를 만든다는 첩보에 따라 명의 어사 진모가 선조에게 작상爵賞을 수단으로 하여 유인하자는 건의를 하였다. 이에 대해 선조는 이미 면사첩을 많이 인쇄하여 불러내온 자들이 많다고 하였다. 이를 통해 볼 때 조선인에 대한 면사첩 배부도 동시에 시행되어 많은 효과를 거둔 것으로 판단된다.

종전기에 접어들어 조·명 연합군의 사로병진작전이 구상되고 실행에 옮겨지면서 이러한 면사첩 제도는 더욱 활기를 띠게 되었다. 당시 서로군의 육군 대장인 제독 유정劉綎은 적 진영에 도달할 때 세자와 조정의 고위 관료가 동행할 것을 요구하고 나섰다. 그렇게 할 경우 아군 측에서도 일을 성실히 수행할 수 있다는 이점이 있고, 적진에서도 두려워하는 마음을 가질 수 있다는 점을 들었다. 그러면서 적진에 포로로 잡혀 있다가 도망하여 나온 사람이라고 하더라도 즉시 면사첩을 발급하여 편의에 따라 탈 없이 지내게 하면 인심을 흥기시킬 수 있다고 주장하였다. 또한 중로군의 동향에 대해서는 당시 포정사 양조령梁祖齡의 다음 보고를 통해 살펴볼 수 있다.

> "중로中路에 나누어 주둔하고 있는 장관將官이 치보馳報하기를, '왜적이 나
> 타날 때에 반은 고려인의 복장으로 변복하고 와서 접전하게 되면 옷을 벗어
> 던지고 칼을 빼어 달려들어 싸우니, 먼저 불의의 습격을 가하고 싶어도 고려
> 인의 복장을 하고 있어서 머뭇거리다가 못하고 만다.' 하였습니다. 그리고 면
> 사첩免死帖을 많이 인쇄하여 내려보내야 합니다. 우리에게로 귀화하는 사람
> 들이 있기는 하나 의심하고 두려워하는 마음이 없지 않으니, 귀화하려는 사
> 람들로 하여금 소문을 듣고 오게 하는 것이 마땅합니다."

위의 기록을 통해 볼 때 중로군의 경우 면사첩 제도가 제대로 활용되
지 못하고 있었던 듯하다.

한편 이러한 면사첩 제도는 주로 명나라 군사들이 주도하여 현장에서
시행되었다. 명군은 원래 조선에 참전하면서 '위기에 처한 번국 조선을 돕
는다'는 명분을 내세웠지만 실제 명의 목표는 그것이 아니었다. 더 중요한
목표는 "조선의 길을 빌려 명을 친다"라고 공공연히 표방했던 일본군의
침략을 조선에서 저지함으로써 전쟁이 요동으로까지 확대되는 것을 막
는 데에 있었다. 곧 요동의 울타리인 조선을 방어함으로써 요동뿐만 아니
라 천진을 비롯한 북경 주변 지역의 안전을 확보하기 위한 것이었다.

이러한 참전 목적을 가진 명군으로서는 결전을 통한 희생보다는 강화
를 통해 일본군이 물러나기를 원하는 방향으로 전쟁을 수행하였다. 이러
한 면에서 면사첩 제도를 활용한 대적對敵 선무宣撫 활동은 상당한 효과
를 거두었다.

특히 사로병진작전 중 서로군의 경우 남해 지역에 부역한 조선 백성들

을 끌어내는 데에 면사첩 제도를 효과적으로 활용하였다. 당시 제독 유정의 접반사로 순천에 있었던 이덕형의 보고에 의하면 남해에서 몰래 도망쳐 나온 조선 백성들에게 어인御印이 찍힌 면사첩을 주어 적 소굴에 있던 조선 백성 800여 명을 유인해내었다고 하였다.

임진전쟁 후의 면사첩 제도

한편 임진전쟁기에 이렇게 활용한 면사첩은 임진전쟁이 끝난 후에도 활용된 사례가 있다. 이것은 주로 반란을 일으킨 자들에게 그들의 항전 의지를 꺾고 투항을 권유하기 위한 수단으로 활용되었다. 예를 들어 1600년(선조 33) 9월에 의주에서 발생한 김덕시의 난을 진압하는 과정에서 식량이 떨어져 산에서 내려온 적도들에게 면사첩을 발급해주고 그들을 흩어지게 하였다. 인조 때 이괄의 난이 발생하여 이를 진압하는 과정에서도 투항한 자들에게 면사첩을 발급해주어 죄를 경감시키기도 하였다.

이러한 조선 내의 난과는 별도로, 1627년에 발발한 정묘호란 시에도 면사첩 제도를 활용했다는 기록이 발견된다. 예를 들어 당시 비변사에서 평안 감사 김기종의 장계를 인용하여 왕에게 청한 다음의 내용을 통해 알 수 있다.

> "포로로 잡혀간 사람들은 임진년의 예에 따라 3명을 데리고 나온 자는 적 1급을 벤 자와 같이 상을 주고, 혹 적에게 넘어간 자를 방편으로 지시하여 한 명을 내보낸 자는 면사첩免死帖을 주도록 하고 부모와 처자를 잃고 적에게로 가고 싶어 하는 자를 개유하여 따라오게 한 자는 적을 벤 예에 의거하여 논상하도록 하소서."

하니, 상이 이르기를, "필시 허위로 꾸미는 폐단이 있을 것이니 의논하여 처리하는 것이 좋겠다. 그중에 한 명을 내보낸 자에게 면사첩을 지급하자는 일은 아뢴 대로 하라." 하였다.

위의 기록을 볼 때 정묘호란 당시의 면사첩 제도 시행은 임진전쟁 시기의 제도를 그대로 답습하고 있음을 알 수 있다. 다시 말해 한 사람을 더 데리고 온 자에게 면사첩을 주도록 한다는 것으로, 이는 임진전쟁 시기의 제도 적용과 유사하다고 볼 수 있다.

더 나아가 조선에 주둔하고 있던 적을 물리치기 위한 방안 중에 면사첩 제도가 큰 비중을 차지하고 있음을 다음의 기록을 통해 확인할 수 있다.

> 대신과 비국의 여러 신하와 삼사三司의 장관을 인견하였다. 상이 이르기를,
> "저 적이 우리 경내에 오래 머물러 있으니 어떻게 하면 저들을 토평討平할 수 있겠는가?"
> 하니, 신흠申欽이 아뢰기를, "부원수副元帥로 하여금 정봉수鄭鳳壽와 합세해서 전진하게 하면 적은 반드시 뒤를 염려하여 꺼리게 될 것입니다. 지금 김기종金起宗의 장계를 보건대, 적에게 붙었던 의주義州의 백성들 중에도 내응하기를 생각하는 자가 있다고 하니 의리로써 깨우치고 면사첩免死帖을 주면 아마도 도움이 있을 것입니다." 하였다.

이상에서 살펴본 바와 같이 면사첩 제도는 임진전쟁 시기 명군이 조선에 건너올 때 가져온 제도로, 포로로 적에게 붙잡혀 간 군사나 백성들 또는 대적 선무 활동의 한 수단으로 활용되었다. 이 제도는 임진전쟁 기

간 중에 상당한 효과를 거두어 수만 통의 면사첩이 활용된 것으로 추정된다. 특히 정유재란기 조·명 연합군의 사로병진작전 시기에 큰 효과를 본 것으로 생각된다. 이 제도는 임진전쟁이 끝난 후 반란이나 정묘호란 등의 변란을 진압하는 데에도 크게 활용되었다.

이순신 면사첩의 진실은?

이러한 면사첩 제도는 임진전쟁기에 명나라에서 도입된 제도이지만, 그 제도의 효용성과 가치를 조선 조정에서도 높이 평가한 것으로 보인다. 그것의 단적인 예로 명나라에서만 발급된 면사첩을 차차 조선 조정에서도 발급한 점을 들 수 있고, 선조나 조정 신료들의 면사첩에 관한 인식 변화에서도 알 수 있다. 더 나아가 인조 시기 이괄의 난이나 정묘호란 시에도 적용했다는 점을 들 수 있다.

따라서 우리가 흔히 이순신이 면사첩을 받았다고 하는 《난중일기》에 수록된 '양경리의 차관이 초유문과 면사첩을 가지고 왔다'라는 기사는 이제 올바른 해석이 가능한 것이다. 즉, 여기서 이순신이 면사첩을 받은 것은 이순신 본인을 대상으로 한 것이 아니라 적에게 어쩔 수 없이 협조한 사실이 있는 사람들을 이순신더러 구제하라고 명의 경리 양호가 보낸 것이었다. 이러한 사실은 면사첩과 함께 가져온 초유문의 성격에서도 알 수 있다. 초유문이란, 적 또는 적에게 협조했던 자들을 너그럽게 용서한 다는 포고문으로, 격려와 권장의 뜻이 들어 있다. 이순신은 이러한 면사 첩을 작전에 활용했던 것이다.

·

6

거북선 복원, 그것이 궁금하다

거북선의 활약상과 변천 과정

거북선은 조선 초기인 태종 임금대인 1413년과 1415년에도 존재했다고 기록되어 있다. 이것은 우리 역사상 가장 먼저 나타나는 거북선 관련 기록이다. 그러나 이것은 고려 말에 왜구들의 침입을 격퇴하기 위해 개발한 다양한 전선들 중 하나로 추정되는데, 거북선에 의한 전투 참여 기록은 보이지 않는다. 그리고 왜구들이 진압되자 이 거북선도 사라지고 만다.

그로부터 177년이 흐른 1592년 4월 12일, 임진전쟁이 일어나기 하루 전에 이순신 장군은 거북선 개발을 완료하였다. 그리고 그해 5월 29일에 있었던 사천해전부터 거북선의 활약이 시작되었고, 임진전쟁 시기 조선 수군의 돌격선으로서 그 위용을 과시하였다. 이후 거북선은 한산도해전, 부산포해전, 1593년의 웅포해전과 1594년의 제2차 당항포해전에 이르기까지 참전하여 그 위력을 떨쳤다. 그러다가 1597년 7월 16일에 있었던 거제 칠천량해전에서 모두 분멸되고 말았다.

사료상에 나타나는 거북선은 임진전쟁 직전에는 2척이 있었고, 임진전쟁 발발 이듬해인 1593년에는 3척의 거북선이 있었다. 그러다가 1595년에는 5척이 있었다고 기록되어 있다. 그후 칠천량해전 때는 5~7척이 참전한 것으로 추정된다. 칠천량해전에서 없어진 후 임진전쟁이 끝날 때까지 건조하지 않았다. 그리고 전쟁이 끝나고 광해군대에 다시 거북선을 만들기 시작하여 점점 그 수가 늘어났고, 종류도 다양해졌다. 조선 후기에는 주로 통제영 거북선과 전라좌수영 거북선이 활동하였고, 그 수도 정조 임금대에 최다 40척으로 늘어났다. 이후 30여 척이 조선 말기까지 존재하다가 1895년 전근대 시기 수군 제도가 혁파되면서 거북선도 자취를 감추게 되었다.

기존 복원 거북선의 현황과 문제점

현대 시기 최초의 거북선은 1980년 1월 경남 진해에서 건조되었다. 당시는 거북선 연구 성과가 부족한 상태였고, 단기간에 복원해야 하는 상황이었기 때문에 여러 가지 오류가 나타날 수밖에 없었다. 이 거북선은 조선 시대 후기 좌수영 거북선을 바탕으로 하여 임진전쟁 당시의 특징을 가미한 혼합 형태의 거북선이다. 이러한 형태의 거북선은 이후 여수와 서울에서 각각 1척씩 추가로 건조되었고, 해군사관학교 거북선이 노후되어 기존 거북선은 남해군에 양도하고 추가로 1척이 건조되어 현재 해군사관학교 부두에 계류되어 있다.

그런데 이 거북선들의 공통된 특징은 크게 세 가지로 언급할 수 있다. 첫째는 임진전쟁 거북선도 아니고, 조선 후기 거북선도 아닌 어정쩡한 형태라는 점이다. 즉, 용머리 부분은 조선 후기 전라좌수영 거북선 제도를

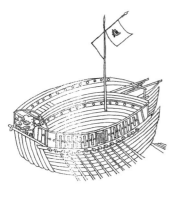

|그림 1| 통제영귀선

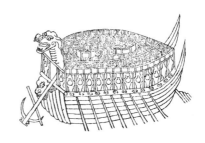

|그림 2| 전라좌수영귀선

모방했지만 철갑을 씌워 그 위에 철침을 촘촘히 꽂은 것은 임진전쟁 거북선의 특징을 가미한 것이다. 정체가 애매한 형태인 것이다.

둘째는 모두가 2층 구조로 건조되어 있다는 점이다. 기존 자료에 나오는 거북선은 3층 구조로 건조되었다는 사실을 충분히 확인할 수 있다. 우선 임진전쟁 당시 거북선의 경우 용의 아가리에서 포를 쏘았다는 기록이 있다. 이를 통해 볼 때 3층 구조임이 확실하고 조선 후기 거북선의 경우도 모두 3층 구조로 되어 있다. 위의 그림들을 통해 살펴볼 수 있다.

위 그림들은 《이충무공전서》에 수록되어 있는 조선 후기 거북선 그림들이다. 위에서 통제영귀선은 포구(또는 총구)가 모두 72개이고, 전라좌수영귀선은 36개이다. 전라좌수영귀선은 위 그림에서는 잘 보이지 않지만, 등 부분의 창 옆에 총구멍이 있다. 위 그림에서 포 구멍의 위치를 보면 당연히 3층 구조로 되어 있다.

다음으로 거북선에 철갑을 씌웠느냐하는 문제도 고려되어야 한다. 거북선은 '세계 최초의 철갑선'이라는 주장이 있지만 이는 잘못된 주장이다. 거북선이 철갑선이라는 근거는 우리나라 기록에는 전혀 찾아볼 수 없다. 철갑을 씌운 것이 아니라 두꺼운 나무로 장갑하고 철침을 촘촘히 꽂았을 뿐이다. 그러면 철갑선 주장은 어디서 연유한 것인가? 바로 일본 측 기록인《고려선전기高麗船戰記》에서 나온 말이다. 일본군들이 안골포해 전을 수행하는 과정을 묘사하면서 조선은 3척의 맹선이 철로 요해되어 있어서 쳐부술 수 없었다는 기록에 근거하고 있다. 즉, 일본군이 그들의 패배를 합리화하기 위해서 철갑선이라고 주장한 것이다.

그런데 오늘날 1980년 첫 복원을 한 거북선부터 지난 2000년에 복원

|사진 1| 현대 시기(2000년) 복원된 거북선(사진 : 제장명)

한 거북선을 망라해보면 모두 철갑선이고, 2층 구조이며, 임진전쟁 시기 거북선과 조선 후기 거북선의 특징을 혼합하여 복원한 모습을 보인다. 다음 〈사진 1〉에서 보면 용머리가 위로 치켜든 형태로 되어 있어서 조선 후기 전라좌수영 거북선 모습을 띠고 있다. 그리고 등을 철갑으로 덮었고, 칼 송곳을 촘촘히 꽂음으로써 임진전쟁 당시의 모습을 재현하려는 의도를 반영하였다. 이러한 형태의 거북선이 현재 여수, 남해, 통영, 진해에 각각 1척씩 있고, 많은 거북선 모형들이 이 사진과 같은 형태를 띠고 있다. 따라서 이 거북선은 임진전쟁 당시의 거북선도 아니고, 조선 후기 거북선도 아니다.

이러한 문제점 때문에 지난 2011년 6월 경남도에서 주관한 이순신 프로젝트 사업의 일환으로 임진전쟁 당시의 거북선을 건조하여 진수하였다. 다음 〈사진 2〉가 그것이다.

|사진 2| 2011년 건조된 3층 구조의 임란 거북선(사진 : 제장명)

이 거북선은 많은 전문가들의 자문과 역사 고증을 통해 임진전쟁 당시의 거북선을 복원하고자 노력한 결과로 탄생한 것이다. 이 거북선은 3층 구조로 만들었고, 용의 아가리에서 포를 쏘도록 건조되었다. 그야말로 심혈을 기울여 만든 것이다. 그러나 이 거북선도 한 가지 잘못된 점이 있다. 바로 등에 철갑(동판)을 씌운 것이다. 나무로 장갑하고 철침을 꽂아야 맞다고 보는데 동판을 덮어 철갑선 효과를 낸 것이다. 이 부분이 참으로 아쉬운 부분이다.

그런데 이 거북선이 거제도 지세포항에 위치해 있다가 용두 부분을 수리한 적이 있다. 그후 용두 부분을 부착할 때 원래 위치에 부착하지 않고 조선후기 거북선처럼 용머리를 위로 쭉 뽑아 올린 형태로 부착하는 오류를 범했다. 이는 철갑을 씌운 것과 함께 참으로 아쉬운 부분이다.

그리고 임진년(2012년) 2월에 통영에서는 조선 후기 거북선인 통제영귀선과 전라좌수영귀선을 복원하였다. 위의 〈그림 1〉과 〈그림 2〉의 거북선을 오늘날 복원한 것이다. 다음 〈사진 3〉이 바로 그중 하나인 전라좌수영귀선을 복원한 사진이다.

| 사진 3 | 2012년 복원한 전라좌수영귀선(통영)(사진 : 제장명)

다음 〈사진 3〉에서 보면 외형상으로는 조선 후기 전라좌수영귀선과 유사하지만 자세히 살펴보면 두 가지 잘못된 부분이 있다. 한 가지는 철갑을 씌웠다는 것이다. 조선 후기 좌수영귀선은 등을 나무로 장갑한 후 거북잔등무늬만 그렸을 뿐이다. 그런데 이번에 복원된 거북선에서는 철갑을 씌웠다. 그리고 또 하나의 오류는 철침을 꽂았다는 점이다. 조선 후기 거북선은 종류를 망라하고 철침을 꽂지 않았다. 그런데 위에서 두 가지나 오류를 범함으로써 참으로 아쉬운 면을 드러내고 있다.

향후 거북선 건조의 방향과 의미

이상과 같이 거북선에 관해 몇 가지 면에서 살펴보았다. 이러한 점들을 고려해볼 때 향후 거북선 건조는 어떤 방향으로 추진되어야 할까? 바로 답은 나와 있다. 임진전쟁 당시의 거북선을 만들어야 한다. 즉, 3층 구조이고, 철갑선이 아닌 나무로 장갑된 형태로서 용의 아가리에서 포를 쏠 수 있도록 만들어야 한다.

기존 거북선들이 하나둘씩 오류를 범하고 있는 현실을 타파하여 이제는 제대로 된 거북선을 만들어야 한다. 일단 외형과 내부 구조만이라도 임란 당시의 기록에 근접하도록 제작되어야 한다. 그리고 이 거북선 내부에는 체험 학습을 할 수 있는 다양한 부대 시설과 관련 물품들을 제작, 전시함으로써 올바른 역사 교육의 장으로 기능할 수 있도록 해야 한다. 그리고 재질도 미리 투명하게 밝혀 추후 문제가 발생하지 않도록 철저한 고증을 겸한 사업을 추진해야 할 것이다.

조선수군의 전술을 제대로 이해했다면 결코 거북선을 철갑선으로 만들지 않았을 것이다. 동시에 피아간을 막론하고 당시 전술의 마무리로 화공전을 통해 상대방 전선을 불태워 없앴다는 사실을 알고 있었다면 결코 바닷속에서 거북선 찾기 사업을 추진하지 않았을 것이다. 이렇게 볼 때 거북선의 건조나 거북선 찾기 등의 사업이 오류가 드러나는 것은 바로 이순신에 대한 제대로 된 학습이 이루어지지 않았기 때문일 것이다. 올해 임진전쟁 마지막인 무술년 7주갑을 계기로 이순신의 실체와 진정성을 공부하는 뜻깊은 계기가 되기를 바라마지 않는다.

'인간' 이순신을
'명장'으로 만든 사람들

이순신이 오늘날 존경을 받는 가장 큰 이유는 해전에서 이겨 침략 일본군을 이 땅에서 몰아내는 데에 가장 큰 공을 세웠기 때문이다. 이순신의 승리 요인 중에 이순신의 인맥들이 차지한 부분도 결코 간과할 수 없다. 이러한 이유로 이순신의 인맥들을 정리하여 소개하였다. 이순신의 파워인맥은 결국 이순신의 승리를 도운 사람이라고 할 수 있다.

이순신의 첫 번째 인맥, 이순신의 성장을 도운 사람들

이 책에서 살펴본 이순신의 파워인맥은 크게 네 가지 부류로 나누어 볼 수 있다. 우선 이순신이 무과에 급제한 후 전라좌수사라는 수군 최고 지휘관에 임명되기 전까지 이순신의 성장을 도운 사람들이 있다. 무과 급제 후 가장 먼저 받은 보직인 함경도 동구비보 권관직으로 근무할 때 감사 이후백은 이순신에게 공직자로서의 자세를 전수하였다. 이순신은 청렴하고 책임감 있는 공직자의 미래상을 그를 통해 배웠을 것이다.

한편, 정언신은 이순신이 제1차 백의종군을 당한 후 나라에서 불차탁
용할 때 이순신을 천거하여 전라좌수사로 가는 길을 닦아준 사람이다.
이순신이 괴로워할 때 그의 심신을 걱정하고 위로한 스승이었던 셈이다.
이 밖에도 이순신의 상관으로 많은 사람들이 이순신의 인격 형성에 많
은 영향을 끼쳤다.

이순신의 두 번째 인맥, 조정에서 이순신을 도운 사람들

두 번째는 조정에서 이순신을 도운 인물들이다. 류성룡은 이순신을
일약 정읍현감에서 전라좌수사로 등용하는 데에 결정적인 역할을 한 인
물이다. 이후 영의정이라는 조정의 최정상 요직에 있으면서 이순신의 정
책 건의를 수용하여 이순신이 포부를 마음껏 펼치도록 도운 인물이다.

정탁은 예지력과 인재 식별 능력이 뛰어나 당대의 명장이었던 곽재
우·김덕령과 함께 이순신을 천거한 인물이다. 특히 정유재란 초기 이순
신이 투옥되어 생사기로에 서 있을 때 정탁은 '신구차'를 올려 이순신의
목숨을 구했다. 정탁의 예지력 속에는 향후 국난을 종식시킬 인물로 이
순신의 모습이 투영되었던 듯하다.

전시 행정을 지휘하는 최고위 직책인 도체찰사 임무를 다년간 수행한
이원익은 이순신의 입장을 잘 이해하고 조정에 정확하게 전달함으로써
이순신의 통제사 임무를 돕고 그의 위상을 높였다. 청렴하기로 소문난 이
원익의 보고는 매우 신뢰성 있게 조정에 전달되었을 것이다.

이순신의 세 번째 인맥, 이순신을 만든 주변 사람들

세 번째는 동급 레벨에서 이순신을 도운 인물들이다. 가장 많은 도움을 준 인물로는 판옥선을 만든 '정걸'을 들 수 있다. 정걸은 78세의 고령에도 불구하고 이순신을 도와 부산포해전을 승리로 이끌었다. 거북선을 만드는 데에도 도움을 주었고, 각종 화포 제작과 함께 수십 년간의 근무 경험을 바탕으로 쌓은 노하우를 전수하였다. 비록 이순신의 조방장과 충청수사로서 이순신과 협조 관계였지만, 이순신의 보이지 않는 멘토 역할을 담당하였다.

원균은 이순신과 갈등을 겪기도 했지만 전쟁 초기에 협조 체제를 구축하여 초기 해전을 승리로 이끄는 데에 기여한 인물이다. 이순신의 전라좌수군이 경상도 지역으로 출동하여 전투를 수행할 때 경상우수사 원균은 정보 제공과 선봉적인 역할 담당을 통해 해전 승리에 기여한 바가 일정 부분 있었다고 할 수 있다.

임진년 초기 또 다른 수사인 이억기는 이순신보다 16세나 어렸지만 동급의 수사로서 이순신의 작전 구사에 크게 협조하였다. 이억기는 37세의 젊은 나이에 칠천량해전에서 전사하기까지 이순신을 따르면서 국난 극복에 묵묵히 최선의 노력을 다했고, 이순신 함대의 한 축을 차지하면서 이순신의 든든한 버팀목 역할을 수행하였다.

이순신의 과거 동기 고상안은 삼가현감으로 재직하면서 통제사 이순신의 한산도에서의 과거 시행을 도왔다. 제1차 백의종군 중 북방에서 사귄 벗인 선거이는 충청수사로서 이순신이 어려울 때마다 상호 마음을 털

어놓으며 고락을 함께하였다.

명나라 수군 도독인 진린은 이순신과 불과 4개월 동안만 함께 활동했지만 이순신의 인품과 능력에 탄복하여 이순신의 활동을 적극 도왔다. 다른 명군 지휘관과는 달리 전투에 적극적으로 임하여 결국 노량해전에서의 대첩을 거두는 데에 크게 기여하였다.

이순신의 네 번째 인맥, 이순신을 만든 막하 인물들

네 번째는 이순신 휘하에서 승리를 도운 사람들이다. 우선 이순신이 가장 아끼던 5명의 핵심 장수들이 이순신을 적극적으로 보좌하였다. 정운은 항상 선봉에 서서 적을 섬멸하는 데에 중추적인 활동을 한 인물이다. 경상도 해역으로의 출동을 가장 적극적으로 권유한 이후 부산포해전에서 전사하기까지 적어도 임진년의 해전 승리는 정운의 힘이 가장 컸을 것이다. 권준은 이순신의 마음을 읽으며 이순신의 전략을 보좌함으로써 전체 전황을 조율하였다. 광양현감 어영담은 경상도 지역으로 출동시 물길을 인도하였을 뿐만 아니라 많은 전과를 올리기도 했다. 동명이인 이순신은 우직하면서도 성실하게 중요한 일을 잘 처리하였다. 당항포해전에 이은 한산도해전 시에도 유인 작전을 잘 구사하여 해전 승리에 견인차 역할을 하였다. 홍양현감 배흥립은 초기 해전에서도 전과가 컸을 뿐만 아니라 칠천량해전 이후 수군재건 시 이순신 측근에서 가장 심력을 다한 인물이다.

전쟁 초기 사도첨사였던 김완은 진중의 활력소 역할을 하였고, 초기

해전에서 전과도 컸을 뿐만 아니라 장사 수완이 좋아 수군의 군량 확보에 기여한 공이 컸다. 김완은 원균 휘하에서 조방장으로 참전한 칠천량해전에서도 고군분투하는 등 군인으로서의 충실한 자세를 잃지 않은 인물이었다. 이순신의 감조군관이었던 나대용은 거북선을 제작하는 데에 기여하였을 뿐만 아니라 군관으로서의 역할도 충실히 해냈다. 이봉수는 전라좌수군의 화약 제조를 담당한 최고의 화기 전문가였다. 이언량은 나대용이 만든 거북선을 타고 초기 해전 시 선봉에서 크게 활약하였다.

비록 원균 휘하의 인물이었지만 이순신을 존경하게 된 이영남은 이순신의 최측근이 되어 이순신을 보좌하였다. 정사준은 조선의 승자총통이 일본의 조총보다 단점이 많은 것을 인식하고 정철총통을 만들어 화기의 성능을 개선시켰다. 송희립은 전쟁 초기 경상도 지역으로의 출동을 적극 주장했음은 물론 이순신 곁에서 전술을 보좌하였고, 노량해전에서도 이순신의 사후 처리를 담당하였다. 제만춘은 경상우수군 소속의 군관으로서 일본에 포로로 붙잡혀갔다가 도요토미 히데요시의 측근에서 서기로 일하던 중 탈출하여 이순신에게 일본군 핵심부의 실상을 알린, 실로 최고급의 정보를 제공한 사람이다.

삼도수군통제사 제도가 시행된 이후 이순신의 종사관으로 근무한 정경달은 이순신 휘하 인물 중 유일한 문관 출신이다. 그는 이순신이 해상작전을 나간 후 이순신의 업무를 대행하였고, 둔전을 관리하면서 군량을 마련하는 데에 매진하였다. 제반 사항에 대해 인근 고을과 원활한 협조 체제를 구축하였으며, 명나라군에게 이순신을 널리 알린 인물이었다. 정운이 전사한 이후 녹도만호로서 역할을 수행한 송여종은 절이도해전에서 최고의 공을 세웠다. 전쟁 초기 육전에 종사하던 중 병에 걸려 고향에서 조리하다가 회복된 후 수군을 사랑하여 수군에 봉직한 배경남은 제2차 당항포해전에서 큰 전과를 거두었다.

거제현령 안위는 칠천량해전에서 탈출한 12척의 경상우수군 소속이었지만 이순신을 도와 명량해전을 승리로 이끌었다. 명량해전 시 수군의 전략이 열악했을 때 마하수는 해상 의병을 이끌고 후방에서 성원하여 명량해전을 승리로 이끄는 데에 많은 기여를 하였다. 명량해전이 끝난 후 무기도 군량도 부족한 현실에서 이의온은 해로통행첩제도를 시행하여 10여 일만에 1만 석의 군량을 확보하였으며, 고금도에서 수군 재건에 더욱 박차를 가할 때 흥양현감 최희량은 수군 재건의 중핵을 담당했다. 1598년 9월 하순, 예교성 수륙 합공전을 치열하게 전개할 때 정대수는 육지에서 제대로 전투를 하지 않는 명 육군 제독 유정을 찾아가 꾸짖은 용기 있는 의사였다. 정유재란이 발발한 이후 이순신 휘하에서 본격적으로 활동한 해남현감 류형은 노량해전 승리에 크게 기여하였고, 이순신이 후계자로 생각할 만큼 최고의 리더십과 전략가로서의 능력을 발휘하였다.

정유재란 시기 칠천량 해전 후 이순신에게 주어진 당면 과제는 허물어진 수군력을 정비하고 이후 해전에서 승리를 하는 것이었다. 이 시기 전라우수사 김억추는 이순신을 도와 수군력을 정비하고 명량해전 승리에 크게 기여하였다.

임진전쟁 초기 경상도지역에서 해전을 치르기 위해서는 경상우수군